高等医药院校系列教材

口腔医学生职业规划与发展

主　编　向　敏　麻健丰
副主编　吴泽洋
编　者　（以姓氏笔画为序）
　　　　邓　辉　向　敏　刘劲松　吴泽洋
　　　　胡荣党　翁志武　黄盛斌　麻健丰
　　　　潘乙怀

科学出版社

北京

内 容 简 介

随着口腔医学日新月异的发展，国家也愈加重视口腔医学生的教育培养。生涯规划是个人对自身角色进行有效定位的方式，有了清晰的发展目标，找准了自己的角色定位，有利于获得更好的职业发展。本教材主要介绍职业生涯规划相关理论、职业生涯规划概述、职业生涯规划制订的步骤和方法，分析了口腔医学生的职业特点，引导口腔医学生深刻了解自己的职业发展潜力，并做出正确的职业选择。同时，本教材还结合医患关系、同行关系和家庭社会关系等，从职场视角进行剖析以帮助读者进一步了解口腔医学的现状。

本教材适用于口腔医学生，同时也是关注口腔医学生职业成长的家长和教育工作者的参考用书。

图书在版编目（CIP）数据

口腔医学生职业规划与发展/向敏，麻健丰主编. —北京：科学出版社，2022.3

高等医药院校系列教材

ISBN 978-7-03-067178-3

Ⅰ.①口… Ⅱ.①向… ②麻… Ⅲ.①口腔科学–大学生–职业选择–高等学校–教材 Ⅳ.①G647.38

中国版本图书馆 CIP 数据核字（2020）第 247234 号

责任编辑：王锞榲/责任校对：严　娜
责任印制：李　彤/封面设计：陈　敬

科 学 出 版 社 出版

北京东黄城根北街 16 号
邮政编码：100717
http://www.sciencep.com

天津市新科印刷有限公司 印刷

科学出版社发行　各地新华书店经销

*

2022 年 3 月第 一 版　开本：787×1092　1/16
2023 年 1 月第二次印刷　印张：11 1/2
字数：330 000

定价：49.80 元

（如有印装质量问题，我社负责调换）

序

《礼记·中庸》有言，凡事豫（预）则立，不豫（预）则废；言前定则不跲；事前定则不困；行前定则不疚；道前定则不穷。随着社会的日益发展和教育理念的不断转变，对医学人才培养更加重视向完整的人和完整的生活回归。本教材旨在帮助口腔医学生了解有关理论并做好人生规划，获得更理想的职业生涯和更幸福的人生。

本教材的特点主要有以下三个方面：

一、展现口腔医学生职业生涯规划与发展的医学人文教育价值

本教材立足于理论指导实践的基本观点，系统地向口腔医学生介绍职业生涯规划相关理论、职业生涯规划概述、职业生涯规划制订的步骤和方法，通过性格、兴趣、能力和价值的自我认知，引导口腔医学生深刻了解自己的职业发展潜力。本教材在体现口腔医学生职业生涯发展的道路上，除自身的专业能力以外，还结合医患关系、同行关系和家庭社会关系等，为口腔医学生打开职场视窗，以适应口腔医生职场的大环境，从而展现本书的医学人文教育价值。

二、诠释口腔医学生职业生涯规划与发展的医学人文教育精神

编者在编写过程中，努力把口腔医学生的职业道德素养梳理成章，以"大医精诚"的生动语言和动人事例赋予了医学人文教育新的内涵，为口腔医学生在未来从业当当好一名口腔医生，成功设计出合理的生涯规划提供了新的思路，并有效地解答了口腔医学生关于职业生涯规划与发展的常见困惑。

三、激发口腔医学生职业生涯规划与发展的医学人文教育活力

大多数的职业生涯规划与发展相关教材多从"求职""职业""就业"等角度进行阐述，教育教学的指向流于"基础操作"。在此基础上，本教材增添了"范例精编"，编者以口腔医学生个人成长过程的个性特点和个人经历进行阐述，以恰当而真切的比喻，赋予教材独特的口腔医学人文精神，使得本教材焕发活力，引发读者全新的体验。

这是一本由长期从事口腔医学教育、教学和管理的专业团队编撰的医学人文教育教材；这还是一本专门写给口腔医学生的职业指导书；同时也是提供给关注口腔医学生职业成长的家长和教育工作者的育人参考书。俗话说，"理想很丰满，现实很骨感"，为了尽可能地防止这样的落差，本教材为口腔医学生解读现实中的医患关系、口腔医疗行业环境和口腔医生职场中的各种情形，引导口腔医学生进行更多理性思考，做好未来的职业准备，明晰如何实现口腔医学生的专业成长和养成良好的医学人文素养。

感谢团队倾力奉献了《口腔医学生职业规划与发展》教材，同时也衷心希望口腔医学领域的专家学者能够与本团队进一步合作，创作出更多优秀的学术与教学成果，为广大口腔医学生迎接职业发展的机遇与挑战提供新思路，也为我国的口腔医学人文教育拓展新视角！

麻健丰

2020 年 4 月

前　言

当前国内口腔医学教育模式主要为单一生物医学模式、单纯知识传授模式和应试教育，在一定程度上忽视了素质教育与综合能力的培养，学生们的继承性学习、创造性学习和终身学习的意识较为缺乏。随着"医学生职业生涯规划与发展"课程的推广与实施，关于课程的定位与主旨及其核心精神等方面均存在再认识的必要。

纵观国内职业生涯规划与发展教育领域，大多数教材没有针对医学专业等特定学生群体展开。而口腔医学作为医学的一个重要分支，以培养高素质的口腔医学人才为出发点，特别强调医学人文精神的重要性。只是，目前国内专门用于指导医学人文教育，特别是口腔医学生职业生涯规划与发展的教材十分稀缺，于是本教材应运而生。

本教材共分为十章，第一章绪论，主要介绍口腔医学的定义、性质，社会背景、发展现状及其影响因素，口腔医学生职业生涯人文性的内涵；第二章职业生涯规划，主要介绍职业生涯规划相关理论，职业生涯规划的基本概念及大学阶段的目标和任务，职业生涯规划制订的步骤和方法；第三章自我认知，剖析性格与职业兴趣，学习理论知识，完善自我认知；第四章职业环境，主要介绍中国口腔医学生面临的职业环境，未来就业方向，西方国家牙科医学生的职业环境；第五章职业决策，主要介绍职业决策的影响因素及应对措施，职业决策的有效性评估，职业决策的必要性等；第六章职业能力，主要介绍口腔医学生专业技能和学习规划的内涵、目标和任务，了解团队精神、创新创造能力和沟通能力等通用技能对职业发展的重要意义，提升各种通用技能的方法和技巧；第七章职业道德，主要介绍口腔医学生职业道德内涵建设，口腔医学生职业道德提高的传统途径、建设现状、提升的新途径；第八章就业策略，主要介绍口腔医学生升学的主要路径、备考研究生的各项注意事项，毕业生就业和口腔医生开业的主要流程；第九章创业教育，主要介绍口腔医学生创业素质、基本素质培养方式，口腔医学生创业的基本步骤，面对问题的简单解决方案等；第十章范例精编，主要介绍口腔医学生的职业规划和创新创业类优秀案例。

本教材的编委成员主要来自口腔医学领域内的专家团队，其中主编麻健丰，现任教育部高等学校口腔医学类专业教学指导委员会委员、中华口腔医学会口腔修复学专业委员会副主任委员；编委潘乙怀，现任中华口腔医学会牙体牙髓病学专业委员会常务委员、口腔生物医学专业委员会委员；编委胡荣党，现任中华口腔医学会口腔正畸专业委员会常委；编委刘劲松，现任中华口腔医学会口腔生物医学专业委员会委员；编委邓辉，现任中华口腔医学会牙周病学专业委员会委员；编委黄盛斌，现任中华口腔医学会口腔遗传病与罕见病专业委员会委员、口腔美学专业委员会青年委员等。

在教材的编写过程中，编者参阅了国内外关于医学生职业生涯规划、医学人文教育等相关方面的著作和论文，温州医科大学口腔医学院·附属口腔医院各临床科室主任对入选本教材的典型案例给予了很多指导。医学口腔优秀学子们的事迹和对理想的不懈追求终将成为口腔医学专业后浪们职业生涯中的指路明灯。王艳、王钰静、骆怡璇、邓晓灵、杨令仪、孙思远、詹蕙璐、茹小梅、叶谦、卢艺龙、吴金、周思思、罗伟丹等对教材编写工作做出了重要贡献。在此一并表示感谢。

由于编者水平和经验有限，本教材还存在一定程度的缺憾，欢迎广大读者在阅读和使用过程中对教材的不足之处提出宝贵意见和建议，以便教材团队在今后的学习工作中不断积累，进行弥补和完善。

编　者

2020 年 4 月

目　　录

第一章 绪 论

学习目标

1. 掌握口腔医学的定义、性质及职业背景。
2. 熟悉口腔医学的发展现状及影响因素。
3. 了解口腔医学生职业人文性的内涵。

第一节 口腔医学职业发展的社会背景

口腔医学是研究牙及其周围口腔颌面部软、硬组织的发生、发育及疾病发生的病因、发病机制、诊断与治疗等的临床医学科学,是现代医学及生命科学的重要组成部分。口腔医学是医学科学的一个分支,具有一定的特殊性。由于口腔疾病的治疗过程离不开包括金属、高分子材料、陶瓷等在内的材料,因此从业者除了需要具备生物科学知识外,还要具备足够的理工学基础。

现阶段,随着研究、设备、器械和材料的进步,我国口腔医学飞速发展,社会对于专业人才的需求进一步扩大。随着各大院校口腔医学专业的逐步开设和本专科学生的扩增,口腔医学生能否合理、及时就业已成为日趋严峻的难题。

一、口腔医学的职业背景

现代口腔医学已经成为一门独立的学科,过去的"牙科学"已然超越牙齿疾病的范畴。

例如,一种以张口受限、弹响为典型表现的疾病,属于颞下颌关节疾病,治疗这种疾病既需要矫正咬合关系,又要缓解咀嚼肌痉挛等加剧病情的其他全身生理和心理因素。此外,牙痛作为常见的牙科疾病,导致其发生、发展的因素极为多样,包括牙本身的龋坏、牙周组织的破坏,也包括人整体的精神状况,某些全身性疾病等,因而其治疗不能仅仅局限于牙本身。又如,医生通过对龋病病因的探索,认识到牙菌斑是形成龋病的始动因素,但经进一步研究发现,构成唾液薄膜的获得膜是形成牙菌斑的开始。唾液成分的不同,导致获得膜的形成不同,需对龋病的研究引申到唾液和涎腺疾病。口腔医学从临床医学中分离出来成为一门独立的学科具有其深刻原因。

目前,口腔医学专业包括口腔颌面外科学、牙体牙髓病学、牙周病学、儿童口腔医学、口腔正畸学、口腔修复学等细分学科,每个专业诊疗项目不同,各具特点。口腔医学是一门跨专业的学科,涉及的医学范围较广,除医学基础学科外,还涉及公共卫生、社会心理、材料学等学科,服务内容涵盖颌面部各类疾病的治疗、牙齿美容、义齿种植等多个方面。

（一）发展方向

本科毕业后,口腔医学毕业生的发展方向主要有以下几种。

1. 升学 目前国内口腔医学教育体制有五年制、八年制。前4~5年口腔医学生均接受相同的本科阶段教育,课程涵盖免疫学、微生物学、病理学、诊断学、内外科学等临床专业课程及口腔解剖生理学、牙体牙髓病学、牙周病学、儿童口腔医学等口腔医学专业课程。所有课程合格的学生可获得口腔医学学士学位。学生于本科毕业1年后可报名考取执业医师资格证。八年制则是学生完成各阶段学业,考核合格,可获得口腔医学学士和口腔医学博士学位。五年制的学生,本科毕业后可选择继续攻读3年取得硕士学位。

2. 就业 对倾向于从事口腔临床工作的毕业生可选择医疗机构工作。目前,我国的公立医疗机构对口腔专业人才的学历要求普遍较高,且部分地区对于人才的需求较少。而私立医疗机构对口腔专业人才需求相对较多且对学历要求相对较低。

偏向于科学研究的毕业生可选择科研机构从事口腔医学研究;偏向于社会活动的毕业生可选择

相关机构从事口腔预防医学工作，宣传防治口腔疾病的知识，从事调查研究等工作。

3. 创业 口腔医学具有专业性强、操作性强、风险相对较低、独立性相对较强等特点，口腔医学生可充分利用这些特性进行自主创业。毕业生或已经有一定工作经验的口腔科医生可以在设施完备的医疗机构独当一面，或在条件允许的范围内开设牙科诊所等，以提高口腔健康理念的辐射范围。目前，不少口腔医学工作者通过开设社区诊所、开办义齿加工厂、生产口腔医疗设备等实现自主创业，在解决自身就业的同时为口腔医学专业人员提供更多的岗位。

（二）就业前景

现阶段，口腔医学专业具有良好的就业前景，这表现在以下几个方面。

1. 口腔医学专业人才存在明显的供需矛盾 现阶段，我国民众对口腔保健的重视程度日渐上升，故口腔医学专业人才需求逐步提升，人才缺口巨大。与欧美国家居民进行定期口腔检查、保健治疗相比，我国口腔医学工作者分布不均衡、密度低，不能适应飞速发展的社会经济水平。目前我国常见口腔疾病如龋齿、口腔溃疡、牙龈出血等患者就诊率不高，因牙列不齐、牙缝过大等患者就诊的比率也不高，但绝对数量在飞速增长，可预见未来，口腔疾病患者的就诊率将有大幅提升。这就要求口腔医学专业需要培养更多专业性人才。

2. 口腔医学具有的保健属性 由于口腔健康是保健项目之一，口腔医学专业具有天然的保健属性，在一线城市，几乎每个社区都拥有口腔私人门诊，故扎根基层对于大众口腔健康的提升尤为重要。因此，如何在口腔医学教育中普及相关方面的内容，重视学生的创新创业能力值得思考和探索。此外，由于口腔医学涉及的学科较广，专业性极强，应在教育中重视口腔治疗风险评估能力、沟通能力，如对于长期服用阿司匹林的拔牙对象，基层口腔医务工作者应建议或安排转诊以保证治疗安全。

3. 大众对于口腔医学的认知将逐步完善 过去非业内人士对口腔医学的认知只停留在拔牙或口腔疾病的治疗层面，对种植、正畸等了解和涉足较少。口腔医学除包括口腔基础疾病的治疗之外，还涵盖了颌面部畸形矫治、义齿种植等多项服务内容，涉及内外科、公共卫生、社会心理、材料学等多学科。随着社会经济的发展，其作为一门跨专业的医学学科的性质已逐步为大众所认知和接受。

二、口腔医学职业发展现状

有研究指出，从 2004 年至 2007 年，全国所有院校的口腔医学本科生就业率逐渐下降。为此，专业人士对其原因做出了剖析。2008 年高校毕业生就业工作视频会议上对该现象做出了解释，会议认为毕业生数量的增加及结构性矛盾是造成该局面的重要原因。就口腔医学生就业来说，结构性矛盾是最为主要的矛盾，其最集中、最突出的表现如下。

第一，毕业生区域分布不均。现阶段，经过多年的医学院校扩招，口腔医学专业人数逐年增加，但口腔医学专业毕业生多集中在东部地区或大中城市，导致部分城市的口腔行业从业人员基本饱和，行业人才市场的竞争日趋激烈。相反，广大中西部地区、农村基层口腔医学人才广泛缺乏。

目前我国医疗卫生机构人事制度改革相对比较缓慢，造成公立医疗机构超编，基层需求大却无人问津，体现了较为明显的供需不平衡的现象。

第二，毕业生从业方向不均。相关研究报告显示，在口腔医学的细分学科中，乐于从事正畸、种植和修复的口腔医学毕业生明显较多，而选择口腔黏膜病、儿童口腔医学专业的口腔医学生相对较少。

第三，毕业生质量有待提高。目前，口腔医疗卫生行业存在着矛盾的局面：毕业生面临较大就业压力、行业竞争较大的同时，用人单位难以招聘到满意的毕业生，甚至机构人才缺失。因此，口腔医学专业人才质量还存在诸多不适应经济社会发展需要的地方。事实上，我国口腔医师基数与人口比例极其不均衡。因此，为促进我国在口腔医学方面实现积极稳步的提升，拉近与国际先进水平的距离，专业人才队伍的建设显得尤为重要。

造成上述现象的原因主要有以下几点。

第一，口腔医学专业教学方面存在不足。目前，我国口腔医学的教学体系仍在不断地探索和发展中，我国教育体系的不足主要表现在实践内容不足、书本知识与临床实际脱节、教学内容难以充分被学生理解等方面。随着口腔医学在材料、治疗方式等方面的飞速发展，前沿领域在逐渐被拓宽，如何让教学紧跟临床步伐成为一个值得探讨的问题。例如，针对口腔畸形矫正中的矫治器，目前在书本和临床实践中仍然以丝弓矫治器为主，而涉及近年较广泛使用的隐形矫治器的内容极少。又如，对于牙根填充治疗，书本以传统的治疗方法为主，对于现阶段广泛应用的根尖显微镜、超声预备技术等则很少涉及。在技术更新换代速度极快的现阶段，如何使教材的编写和使用适应社会的发展值得进一步探索，也需要引导学生在学习过程中及时查阅前沿技术，提升自身认知。

第二，口腔医学生对专业及职业的认知不清晰。目前，很多大学生在专业学习中没有贯彻或思考未来从事的职业，缺乏对职业现状和发展的认知。究其原因在于不少学生填报高考志愿时只是听从家长或老师的建议，或是仅仅根据当下行业的热门程度和学校的专业强弱进行志愿填报。口腔医学作为近年来逐渐兴起的学科已引起了不少学生及家长的关注，但是，对于口腔医学行业现状、发展方向、从业者具备的素养、国内外教育水平等缺乏准确的信息和研究，从而导致部分口腔医学毕业生存在迷茫、就业能力低等现象。此外，职业生涯规划理念的忽视也是造成口腔医学生对自身的职业生涯目标不明确的原因之一。

有学者提出，口腔医学生需要从以下几个角度提高自身竞争力。

1. 完善自身就业规划 口腔医学生需要在对专业有客观认识的基础上正确并全面地认识自我，通过准确分析自身的性格特点对未来职业发展做出合理的规划。

2. 培养自主学习能力 更好地适应工作岗位需要过硬的专业知识，但自主学习的能力仍是适应不断发展的医疗行业和不同的医疗机构必备的能力之一。

3. 加强实践能力培养 对于口腔医学生而言，就业面临的问题就是缺乏工作经验、实践和动手能力不足。为此，参与实践、提高实践能力、提高就业能力是提升竞争力的必要措施。

4. 德才兼备全面发展 随着我国经济不断发展，口腔医学工作岗位需要的不是仅具备专业知识的人才，而是需要在具有强大业务能力的基础上综合素质优良的复合型人才，如具有良好的沟通能力、较强的团队意识等的人才。为此，在教育中需要摒弃旧观念，通过制度的改变逐渐扭转传统的"唯分数论"的教育局面，培养出全面发展、德才兼备的综合型人才。

第二节 口腔医学生职业生涯的人文性

职业生涯是指个人发展与组织发展相结合，通过思考确定事业奋斗目标，继而选择能实现这一事业目标的职业，进行相关学习、培训、实践直至逐渐实现目标的整个过程。口腔医学是一门具有专业性、交叉性、实践性的学科，其对于专业素养和操作技能的要求极高。此外，随着当今生活水平的提高，口腔患者治疗目的除功能上的恢复外，还要求美观度的保障，这就要求口腔医生具备较高的美学素养及强大的沟通表达能力。因此，对于口腔医学生而言，充分理解其人文性内涵，在认识和规划自身口腔医学职业生涯发展中具有重要作用。

一、口腔医学生职业生涯人文性内涵

（一）口腔医学生职业生涯人文性内涵的思想性

职业生涯人文性内涵的思想性是指在职业生涯中良好的思想素质、伦理素质、道德素质等的总和。当下精神文明飞速发展，树立国家、社会所期望的价值观和道德观对于自身职业发展至关重要。

1. 思想素质 口腔医学生需具备一定的思想素质，既是从业后能力的一大体现，又能够在精神活动和实践活动中表现出应有的素养和能力。

2. 学习素质 大学阶段不仅是学习知识的过程,更是进入社会前全面提升个人素质的阶段。在口腔医学教育中渗透社会主义核心价值观的培育,培养学生的人文素养是对马克思主义关于促进人的全面发展学说的践行,引导学生深刻理解社会主义核心价值观作为其中的重点内容不可忽视。

3. 伦理素质 口腔医学生需具备一定的伦理素质,既是医学生职业生涯的必修课,又是掌握并运用人与人、人与社会相互关系时应遵循的道理和准则。

4. 心理素质 在现代生物-心理-社会医学模式下,医学已经不单单是"修理"患病机体的一门自然科学,而是通过医务人员对患者的帮助、安慰、治疗等行为,最终使患者的身心健康得以恢复的生命科学。例如,一名从地震中被救起的伤员,从生理上看仅仅是长时间被压在倒塌的建筑物下所造成的"挤压综合征",但除此之外,经历一场浩劫后的心理阴影对于恢复健康是不利的。因此医护人员不仅要通过医疗手段治疗"挤压综合征",更要综合心理安抚、社会救助等措施,使其快速恢复正常的生活。

5. 道德素质 口腔医学生需具备一定的道德素质,既是将思想转化为正确行动的保证,又是个人道德认识和道德行为水平的综合反映,包含着一个人的道德修养和道德情操。

医,仁术也。仁人君子,必笃于情。医学作为生命科学学科,要求医务工作者尊重生命、爱护生命,方能在日常工作中拯救和守护生命。因此,医学生的社会公德意识、伦理素养、职业操守等一直是医学教育中的重点内容。

同样,在口腔医学教育中,职业道德素质、业务技能素质、身体心理素质和仪态行为素质被认为是医学生综合素质的四大组成部分。因此,充分认识和理解口腔医学生职业道德内涵,及时考察口腔医学生职业道德建设存在的问题,深化口腔医学生职业道德内涵提升的有效途径是加快职业道德素质提升的要点,需要引起足够重视。

(二)口腔医学生职业生涯人文性内涵的创造性

职业生涯人文性内涵的创造性是指在职业生涯中所体现出的创新意识和创造能力,包含对知识、形式或具体物品的创造。

2015 年,党的十八届五中全会提出并全面阐述了以创新为首的"五大发展理念",强调把创新摆在国家发展全局的核心位置,更进一步奠定了创新在每一个岗位中的重要地位。对于口腔医学生而言,随着"生理-心理-社会"的医疗理念的普及,创造性不仅体现在科研能力上,更是体现在临床诊疗过程中对病例的思考、总结,在病例中知识的运用、新方案的实施及现有诊疗手段的改进和创新创造上。

以创新理念引领口腔医学生职业生涯的创造性对生涯规划具有重要意义,主要体现在以下两个方面。

1. 明确目的,把握全局 坚持创新,必然要求口腔医学生在职业生涯及规划中进一步解放思想、实事求是,从自身整个生涯发展的长远角度及各个阶段角色建立和平衡方面进行规划。坚持创新,也必然要求口腔医学生的职业生涯及规划要紧跟时代要求。此外,坚持创新要求口腔医学生的职业生涯及规划面向社会需求,将其自身的发展融入整个社会的大发展当中。坚持创新也意味着口腔医学生的职业生涯及规划需立足自身,在时间管理、角色管理、决策思维等方面进行个人管理,从各个方面坚持、调整和改进,从而在高速发展的社会中,始终可以守正出新、面向未来。

2. 创造可能,促进发展 坚持创新要求口腔医学生在职业生涯规划教育中以贴近社会、贴近实际、贴近生活的原则进行创新创造,在医学实践和岗位作业中潜移默化地合理创新思考方法和行为方式,为我国口腔医学事业的发展奠定基础。过去,职业生涯及规划往往以职业定向为破题点,而当下创新理念的贯彻则提示未来的职业规划教育不能只局限在职业定向这个方面,科学规划、合理发展、不断创新更是规划的要素。随着社会的发展和技术的进步,口腔医学的社会环境、就业形式也发生了多元化的变化,口腔医学生已经无法根据既往经验指导自身的职业生涯发展。

因此，口腔医学生的职业生涯规划教育作为系统关注大学生职业生涯发展的教育，需要被予以支持和推进。

目前各高等医学院校的就业调查显示，口腔医学本科生普遍存在就业压力大的现象。其原因在于省市级医院普遍倾向于招聘硕士研究生及以上学历的口腔专业毕业生。近年来，公立医院相关工作岗位逐渐趋于饱和，相反，民营口腔诊所对口腔专业人才需求逐渐扩大，然而毕业生对于在民营口腔诊所工作或自主创业的意愿较低。此外，有部分口腔医学生缺乏创新意识和创造能力，缺乏灵活变通和有效交流的能力，成为就业形势紧张的原因之一。因此，我国口腔医学仍处于长足发展阶段，加快创新创造的步伐刻不容缓。其途径可概括为以下几种。

（1）革新口腔医学生职业生涯规划教育的工作理念：大学生职业生涯规划教育工作者需要以学生的职业生涯发展为根本的工作理念。在口腔医学领域，职业生涯发展的多面性对教育者提出了更高的要求。首先，针对口腔医学生的职业生涯规划教育要准确把握社会发展的时代特征，以口腔医学生职业生涯的终身和全面发展为出发点和落脚点。其次，口腔医学生的职业生涯规划教育工作者要树立助力大学生医学人文教育的工作理念，并贯彻落实思想政治教育。在口腔医学教育中，端正大学生的口腔医生职业思想，培养其创新理念对于改善大学生职业生涯规划教育效果具有重要意义。

（2）丰富口腔医学生职业生涯规划教育的形式和内容：缺乏针对性是当下大学生职业生涯规划教育存在的一大难题。口腔医学是医学专业中的一级学科，口腔医学生的未来发展具有不同于其他医学专业的特殊性，因此针对口腔医学生的职业生涯规划教育势在必行。

（3）拓展口腔医学生职业生涯规划教育的工作载体：从实践中来，到实践中去，在职业生涯规划教育中除常规的理论教学外，实践平台及其他线上线下平台对于推进创造性具有一定作用。加强口腔医学人文教育，既是目前社会大形势下医患关系改善的客观需求，也是口腔医学生为提高自身素质和从业能力的主观渴求。

二、口腔医学生人文素养的现状

医学技术和生物医学知识需要与人交流，口腔医学更是如此。因此，口腔医学生在公共基础课的学习阶段开阔视野、提高自身人文修养极为重要。但有关数据显示，近年来我国的人文精神教育发展未能紧跟国家经济水平发展的步伐，其中，医学人文精神的缺乏主要表现在以下几个方面。

（一）沟通能力缺乏

现阶段我国医患关系仍处于紧张局势，医患矛盾屡见不鲜，因此，医务工作者应提高自身沟通技能，学会精确表达，使其成为建立良好医患关系的基础。口腔医学是一门理论性、操作性很强的学科，其诊疗自由度也较其他医学专业高。例如，在患者对口腔正畸、口腔修复、口腔种植等相关治疗有要求时，口腔医生需要具有良好的表达能力和沟通素养，与患者就治疗方案进行充分的探讨和沟通，并对患者的疑问进行准确的解答。

（二）综合素质欠佳

在中学与大学的过渡中，大部分学生仍然承袭传统的应试教育理念，忽视医学专业的各项人文素养及自身综合素质的发展。相比具备以奉献和服务他人为理念的医学生，有的学生以自我为中心，团队合作意识差，不善于沟通，对于未来走上工作岗位极为不利。也有学生好高骛远，眼高手低，与理想中脚踏实地、实话实说、勇于牺牲的医务工作者大相径庭。

我国的口腔医学教学体系仍在逐步完善中，总体上有待进一步加强，具体表现在以下几个方面。

1. 人文课程系统性、针对性、专业性有待加强 随着社会的发展，教育已经不再局限于对工作能力的培养，新的指导思想对未来医学教育也提出了新的挑战。口腔医务工作者不仅需要具备过硬的医学专业知识和操作技能，更需要站在"服务人"的角度提升自身医学人文素养。

目前部分医学院校和实习医院未能充分重视口腔医学生的人文课程渗透,或没有专门从事人文教育的师资团队,一些口腔医学专业的教师只注重专业知识和操作技能的传授,而缺乏对医学人文素养的引导和人文关怀技巧的教学安排,造成部分院校存在口腔医学专业课教学与口腔医学人文素养教育脱节,进一步加剧了学生"重专业、轻人文"观念的形成。

2. 学生自身的重视程度有待加强　受传统应试教育的影响,目前我国大部分大学生忽视人文通识课程的学习,践行所谓"唯分数论",对于学校(学院)组织的医学人文相关活动(如校史馆、医史馆、解剖馆及医学名家介绍、名言墙等)不予以重视,对医学人文主题研讨会、医学技能相关竞技活动、医学相关社会活动等校园文化的活动不感兴趣。而事实上一个祥和浓厚的医学氛围能潜移默化地影响医学生的医学人文修养和日常生活,对于医学生人文素养的培养具有重要意义。

一个合格的当代口腔医生,不仅需要过硬的专业基础和实践操作能力,更应该具备优良的医学人文精神。作为一名口腔医学生,在本科阶段就应树立知识输入与人文输入并行的观念,保障自身临床技能和人文素养的稳步提升。

【案例分析】

患者,男性,24岁,大学毕业,未婚,IT工程师,于某口腔医院口腔正畸科就诊。初诊时表示:"我上网查了,我是安氏Ⅰ类,拔牙矫治就可以解决问题。"经检查,患者牙型和骨型都是Ⅰ类,轻度拥挤、前突。考虑到患者对拔牙矫治有充分准备,为简化治疗,医生在没有充分解释治疗效果、讨论治疗方式的情况下拔除了牙弓之外的15和另外3颗第二前磨牙,很快就开始治疗。矫治开始很顺利。至间隙基本完全关闭时,患者却提出其他要求而导致治疗中断。交流中主治医师为其拍摄头颅侧位片证实目前治疗效果,但患者仍然坚持自己对于治疗目标的要求。医生按他的要求模拟出头侧片,尽心解释是否美观。在后续的密切沟通下,患者最终理解并调整了自己的要求,通过进一步的诊疗达到了满意的疗效,但相比之下疗程延长了4个月。

【案例讨论】

1. 口腔正畸过程中初诊的注意事项有哪些?
2. 口腔诊疗过程中的沟通技巧有哪些?

本 章 小 结

口腔医学是现代科学的重要组成部分。口腔医学专业的社会背景、影响因素及发展现状是口腔医学生在自身进行职业规划的过程中首先需要了解的内容。此外,口腔医学作为一门交叉性学科,人文素养在口腔职业生涯中具有重要的引导和支持作用,掌握其内涵和意义是贯穿口腔医学生职业生涯始终的核心。

思 考 题

1. 简述口腔医学的职业背景及发展现状。
2. 简述口腔医学生职业生涯的人文性内涵。

第二章 职业生涯规划

学习目标

1. 掌握职业生涯规划制订的步骤和方法，明确大学阶段的目标和任务。
2. 熟悉职业生涯规划的基本概念，做好自己的职业生涯规划。
3. 了解职业生涯规划的相关理论。

第一节 职业生涯规划相关理论

一、职业生涯规划理论基础

（一）理性决策理论

经济学决策理论认为，做好职业规划能够提高个人理性决策的能力和解决问题的能力。

（二）职业发展理论

职业发展理论以发展的目光看待职业选择的过程，研究个人的职业行为、发展与成熟等各个阶段。

（三）心理发展理论

心理发展理论运用心理分析方法研究职业选择的过程，认为职业选择旨在满足个体需要、促进个体发展。

（四）人–职匹配理论

每个人都有不同的人格特点和特长，而某些特质与特定的职业是相关联的，职业指导能帮助个体找到与其特质相关联的职业，达到人与职业的合理匹配。

二、帕森斯的特质因素论

职业生涯规划最早于 1909 年由美国波士顿大学教授弗兰克·帕森斯（Frank Parsons）提出，他针对大量年轻人失业的情况，成立了世界上第一个职业咨询机构——波士顿地方就业局，首次提出了"职业咨询"的概念，并在其著作《选择一个职业》中提出了一个观点：人与职业相匹配是职业选择的焦点。从此，职业指导开始系统化。

（一）基本观点

特质因素论的前提假设为每个人有稳定的特质，而职业也有一些稳定的条件（即因素）。所谓"特质"，就是指个人的人格特点，包括能力倾向、爱好和价值观等，这些都可以通过心理测量工具加以评测。所谓"因素"，则是指在工作上要取得成功所必需的条件，这可以通过对工作的分析而得到。

帕森斯提出了职业设计的三要素模式：一是清楚地了解自己，包括能力、兴趣、自身优势与局限等；二是了解各种职业必须具备的条件及所需的知识，分析自身在不同岗位上所占有的优势和不足、机遇和挑战等；三是以上两者的平衡。特质因素理论以人与职业的匹配为核心，以每个人都有一系列独有的并可以进行客观有效的测量的特性为前提；为了获得职业成功，不同职业需要具备不同特性的人员并且进行匹配；个体特性与工作需要之间配合得越合理，职业成功的机会越大。

（二）生涯辅导上的应用

在职业辅导中，帕森斯强调每个人都必须对自己在劳动力市场申请工作时存在的优势和劣势进行客观分析，并由此提出理性的策略来帮助自己做出正确的选择。例如，特质是乐于助人、追求稳定，希望得到他人的尊敬等；医生这个职业工作稳定，社会地位高，需要有爱心并有医学专业知识和技能；当个人特质和医生这个职业非常吻合时，获得职业成功的可能性就大。

三、霍兰德的职业兴趣理论

（一）基本观点

约翰·霍兰德（John Holland），是美国约翰斯·霍普金斯大学心理学荣誉退休教授。他于1959年提出了职业兴趣理论及一系列的研究假设和成果。

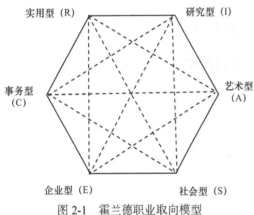

图 2-1　霍兰德职业取向模型

1. 职业兴趣的类型　职业选择是人格的一种表现，某一类型的职业通常会吸引具有相同人格特质的人，这种人格特质反映在职业上，就是职业兴趣。大多数人的职业兴趣可以归纳为六种类型（图 2-1），即实用型（realistic type，R）、研究型（investigative type，I）、艺术型（artistic type，A）、社会型（social type，S）、企业型（enterprising type，E）和事务型（conventional type，C）。

2. 霍兰德代码　个人的职业兴趣往往是多方面的，因此通常用代表最强的 3 种兴趣类型的字母来表示一个人的职业兴趣，这就称为"霍兰德代码"。3 个字母之间的顺序表示了不同类型兴趣强弱程度的不同。至于个人在六个类型上的得分高低，则体现出个人的兴趣分化情况。若六个类型上的得分之间有较大的差异，则代表个人的人格特质发展或对职业环境的偏好清晰。若六个类型的得分比较接近，则显示出个人的职业兴趣仍然不够明确。

3. 职业环境　同一职业团体内的人有相似的人格特质，因此他们对情境和问题会有类似的反应，从而产生特定的职业氛围，即职业环境。职业环境也可以分为六种类型，其名称及性质与人格类型的分类一致。具体职业通常也采用 3 个字母代码的方式来描述其工作性质和职业氛围。

4. 霍兰德职业取向模型　霍兰德职业取向模型可用来解释六种类型之间的关系。在此模型上，任何两种类型之间的距离越近，其职业环境及人格特质的相似程度就越高。例如，企业型和社会型在"六角模型"上是相邻的类型，它们的相似性也最高，因为这两种类型的人都比其他类型的人更喜欢与人打交道。而事务型和艺术型处于相对的位置，它们就缺少相似性而具有相反的特质。例如，事务型的人倾向于循规蹈矩，而艺术型的人则喜欢自由与个性化。

5. 人格特质类型与职业环境的关系　个人的人格特质类型与职业环境越相配，则个人工作满意度、职业成就感和职业稳定性就将越高。六角模型可以帮助我们对人格特质类型与职业环境之间的适配性进行评估，根据霍兰德的假设，适配性的高低可以用来预测个人的职业满意度、职业稳定性及职业成就。因此，霍兰德主张，个人人格特质中占主导地位的类型可以为个人在选择职业和工作环境上提供方向。

（二）生涯辅导上的应用

霍兰德的理论自提出以后，就对生涯辅导产生了广泛的影响。个人可以根据霍兰德编制的量表和测评等进行自我探索。例如，一个霍兰德代码为 SAI 的人社会型、艺术型、研究型占主导地位，这样的职业环境有医生、教师等。而这个人假如选择一个以实用型为主导的职业可能就会感到格格不入、不满意。霍兰德理论认为，在同等条件下，人和环境的适配性或一致性将增加个人的工作满意度、职业稳定性和职业成就感。但需要注意的是，在实际应用过程中，个人不应当过于强调测评所得出的结果或与之相匹配的具体职业，因为这样会限定了个人未来发展的方向，而应将注意力放在由测评结果带来的自我生涯发展的思考上，对于测评的看法要采取"认认真真做测评，平平淡淡看结果"的态度。

四、舒伯的生涯发展理论

（一）基本观点

舒伯（Super）1953 年在《美国心理学》上发表文章，提出了"生涯"的概念。他认为生涯是一个人一生中经历的一系列职业与角色的总称，从年少时起一直伴随人的一生。舒伯理论中的核心概念是"自我概念"，即个人对自己的能力、兴趣、特长、价值观等方面的认识和评价。个人的自我概念形成于青春期前，青春期时较为明朗，并于成年后转为"职业生涯"概念。个人能否在工作生活中实现自我、收获成就感，决定了个人对工作生活的满意程度。

舒伯认为，自我实现即生涯发展的过程，又可以分为五个阶段，在每个阶段都有其独特的任务，扮演独特的角色。前一阶段发展任务的完成情况会影响下一阶段的发展。个人承受及完成发展任务的程度则体现了个人的生涯成熟度（表 2-1）。

表 2-1　生涯发展过程

阶段	年龄	发展任务
成长阶段	<15 岁	发展自我概念，发展对工作世界的正确态度，了解工作的意义
探索阶段	15～24 岁	发展相关的技能使职业偏好逐渐具体化、特定化，并实现职业偏好
建立阶段	25～44 岁	在合适的职业领域稳定下来，巩固地位，力求晋升
维持阶段	45～64 岁	维持已有成就与地位，更新知识与技能创新
衰退阶段	>64 岁	减少在工作上的投入，安排退休后的生活，退休

第一个阶段（成长阶段）：儿童开始分辨周遭的事物，逐渐意识到自己的兴趣所在，并开始学习一些与职业相关的基本技能。在这个阶段，他们的任务是形成自我概念，并对工作世界形成正确态度，了解工作的意义。

第二个阶段（探索阶段）：青少年在学校生活、社团活动等过程中，探索自己的兴趣爱好、能力特长，对不同的工作和职业角色进行探索，并尝试自己感兴趣的职业活动。18～21 岁，青少年开始接受专业教育或进入就业阶段，开始将职业偏好转为自己的职业选择。到了 22～24 岁，个人基本确定自己的职业。在这个阶段，他们的任务就是将职业偏好具体化并实现它。

第三个阶段（建立阶段）：个人通过实践尝试选择适合自己的职业，经过不断的探索，最终稳定于某个领域。这个阶段，他们的任务是在合适的职业领域稳定下来，并巩固地位，力求升职。这一时期常常是人们最具创造力的时期，职业生涯发展也会迎来上升期和高峰期。

第四个阶段（维持阶段）：个人不断提升自我，以期获得职业生涯的发展并取得更高的成就，避免原地踏步。在这一阶段，他们的任务是维持已有地位，不断更新自己的知识与技能，不断创新。

第五个阶段（衰退阶段）：由于身心功能日渐衰退，个人开始退出工作岗位、安享晚年生活。在这一阶段，他们的任务是减少在工作上的投入，安排退休后的生活，为退休做准备。

（二）生涯辅导上的应用

舒伯所界定的生涯辅导的重点不在"职业"，而在于协助个人发展的整合，调整自我形象及角色，强调个人全方位的发展。舒伯的生涯发展论特别强调必须深入地了解每一个人的发展状况，包括其所处的生涯发展阶段及其面临的发展任务、工作角色、工作观念、生涯成熟程度及自我概念等方面的内容。

舒伯还提供了一些具体的方法，如写"生涯自传"、画"生涯彩虹图"等。这些方法可以帮助个人回顾自己成长中经历的事件、重要的他人影响、各阶段所扮演的角色与个人理想之间的差异等，从而增进个人对自我发展的认识，促进其更积极而有意识地规划未来并付诸行动。

【案例分析】

郑同学是医学检验专业的学生。他生性活泼，组织能力强，热衷于社团活动，在校期间一直是学校学生会骨干。担任经济协会会长的他，把学校周末跳蚤市场活动组织得有声有色。大二那年暑假的医院见习生活让他对自己将来的职业选择产生了困惑。他觉得自己是一个喜欢不断面对挑战的人，而医院检验科按部就班的工作显得有点不适合自己。

经过一段时间的思考，他来到学校职业咨询中心，在老师的帮助下认真地为自己做了霍兰德职业倾向测试，结果显示居前三位的类型组合是企业型、社会型和艺术型。职业价值观测评结果显示，他最看重的是创造性、成就感及人际关系。而他的职业能力指数得分，最高的是抗压能力、沟通能力。经过再三权衡，他决定选择一条适合自己的路。大三那年，他凭借着自身的医学专业知识和丰富的社会实践经历及良好的交流沟通能力，争取到一个生物公司的实习机会，在地区经理的带领下，一起跑市场，拜访客户，了解客户在使用产品过程中出现的产品性能问题和服务方面的需求，一个多月下来，慢慢地对试剂销售有了了解并产生了兴趣，而每一个客户的建立也给他带来了莫大的成就感。

毕业那年，他去世界 500 强的某公司应聘，被顺利录取了。现在他已经是地区销售经理，未来 5 年他的目标是创办一家属于自己的生物试剂公司。

【案例讨论】

1. 郑同学为什么会选择了与一般医学生不同的职业道路？
2. 你如何看待他的选择？

第二节　职业生涯规划概述

一、职业生涯规划概念的界定

（一）职业

职业是指个人在社会中所从事的作为主要生活来源的工作。所谓"业"，则是事业、行业。职业主要包括五层内容：经济性、技术性、社会性、连续性、规范性。经济性指从事职业活动的就业者能获得经济收入，并且相对稳定、持续。技术性指从事职业活动的就业者需要具备相应的知识和技术。社会性指从事职业活动的就业者，其从事的职业活动是个人在社会性劳动体系中从事的一种活动，也是为社会提供服务的过程。连续性指的是从事职业活动的就业者，其从事的劳动是稳定的、螺旋上升的，具有明显的连续性。规范性是指每一种职业都有其特有的职业规范。职业是人的社会角色的一个重要部分，也往往代表一个人的主要特征和基本符号。职业能反映一个人的社会身份、社会地位与自身的文化、能力和素质水平。

（二）生涯

在日常生活中，我们经常听到"生涯"一词，如"职业生涯""艺术生涯""创作生涯"等。学术界对生涯有很多种解释，概括起来都包含"一个人终身从事的事业或工作等有关的活动过程"。大多数学者都对舒伯 1976 年提出的观点较为认可。他认为，生涯包含了个人一生中所承担的各种行业和生活的角色，各种角色和事件构成了人一生的方向和历程，并展现出每个人独特的发展形态。生涯就是个人从青春期开始到退休以后所发生的一切，无论是有报酬还是没有报酬的职位的综合，除工作之外，还包括一切与工作有关的角色。在西方人的概念中，使用"生涯"一词就如同在马场上驰骋竞技，隐含未知、冒险等精神。一般来说，"生涯"通常有两种用法，一种是当名词用，有"向上的职业流动"之意，表示某种行业可由基层循级而上。另一种是当形容词用，有"职业稳定"之意，表示某种特定的就业状态。这两种用法意指"持续性"或"持久性"，对个人的前程发展而言，均有跨越"时间"与"空间"的含义。

（三）职业生涯

职业生涯不同于职业，是指个体职业发展的历程，一般是指一个人一生中连续承担的工作职务和职业的发展道路，即整个的人生职业工作经历。从狭义上说，职业生涯限定于直接从事职业的这段时光。从广义上说，职业生涯是从获取职业能力、培养职业兴趣、选择职业到就职、任职的全过程。职业生涯体现的是发展的概念和动态的过程。职业生涯是人一生中很重要的一段历程，科学地将人生划分为各个阶段，制订每个阶段合适的目标和实施方案，进行合理的规划和调整，能够更好地促进人的发展和人生目标的实现。

（四）规划

规划，指的是进行全面长远的发展计划，是对未来的整体性、长期性、基本性问题进行全面的思考分析后，制订出未来整套行动方案。规划与计划基本相似，不同之处在于：规划具有长远性、全局性、战略性、方向性、概括性和鼓动性；规划的基本意义由"规"（法则、章程、标准、谋划，即战略层面）和"划"（合算、刻画，即战术层面）两部分组成，"规"是起，"划"是落；规划从时间尺度来说侧重长远，从内容角度来说侧重战略层面，重指导性和原则性。计划的基本意义为合算、刻画，一般指办事前所拟定的具体内容、步骤和方法，从时间尺度来说侧重于短期，从内容角度来说侧重战术层面，重执行性和操作性；计划是规划的延伸与展开，规划里面包含着若干个计划。

（五）职业生涯规划

职业生涯规划，就是个人根据自己的实际情况，分析总结主、客观因素，综合分析眼前的机遇和职业生涯可能存在的制约因素，选定自己的职业目标，确定职业道路，并对教育、培训和发展做出详细的计划，合理安排自己实现职业目标的每个步骤，规划好为了实现职业目标而努力的方向等。

大学生职业生涯规划，即大学生在大学阶段综合评估自身优劣势、了解外部环境后，为自己确定职业目标，选定职业道路，规划职业方向，明确相关的学习教育计划，并为实现目标而制订行动方案。

二、职业生涯规划的基本原则

1. 清晰性原则　目标措施应明确清晰，实现目标的步骤应直截了当。

2. 变动性原则　目标措施应具有弹性或缓冲性，能够依据环境变化做出适当调整，不影响最终实现职业目标。

3. 一致性原则　主要目标与分目标、目标与措施、个人目标与组织发展目标均应具有一致性。

4. 挑战性原则　考虑目标与措施是否具有挑战性。

5. 激励性原则　考虑目标与自身性格、特长与兴趣的相符程度，对自身能够起到多大的激励作用。

6. 合作性原则　考虑个人目标与他人目标是否协调，是否具有合作性。

7. 全程原则　拟定职业生涯规划时应纵观全局，考虑生涯发展的全过程，从而作出翔实全面的安排。

8. 具体原则　各个阶段的生涯规划与职业路线设计必须具体并具有可行性。

9. 实际原则　规划实现生涯目标的途径时，必须考虑到自身的特质、所处的社会环境、组织环境及其他相关因素，选定切实可行的方案。

10. 可评量原则　规划的设计应包含明确的时间限制或标准，从而易于评量，进行自检可随时把握执行状况，为行动调整方案、行动效益评定提供参考依据。

三、职业生涯规划的重要意义

（一）有利于大学生正确地认识自我，发掘自我潜能，明确发展方向

"知己"过程是职业生涯规划的基础，是大学生对自己的一个客观的剖析。大学生职业生涯规划能让大学生通过自我分析，对自己的性格特征、兴趣爱好、学识水平、思维方式、能力水平及潜能进行综合评述，正确深刻地认识和了解自己，而不是单纯考虑到用人单位的情况。在充分认识自己在职业选择上的优势和不足的基础上，评估个人目标与现实之间的差距，学会科学地采取可行性良好的步骤方法，提高自身职业竞争力，从而获得自己独特的、相匹配的职业定位。

（二）有利于提高大学生的综合素质，培养大学生的就业能力

大学期间是培养和锻炼能力的关键时期，特别是就业能力。就业能力包含了学习能力、实践能力、适应能力、推理能力和责任感等，是综合素质的体现。首先，职业生涯规划能帮助大学生积累人生发展的各种能力；其次，合理的职业生涯规划能培养大学生更好地控制各种能力。例如，通过职业定位反思自己的人生观、价值观，通过对自身各方面的综合评估更全面地认识自己，通过分析就业环境而有选择性地加强某些方面的学习、完善自己的知识体系。

（三）有利于大学生协调个人生活与工作，明确工作重点

职业生涯规划有助于个人平衡工作与个人爱好，做出更好的职业选择，以此更清楚、更透彻地实现自我认知和定位，进一步弄清自己适合从事什么职业，更加合理地安排日常工作，评价工作的轻重缓急，紧紧抓住工作的重点，为工作的需要创造最有利的条件，从而取得成功。

【案例分析】

某医院内科医生小林最近做出了一个惊人决定：辞职！他准备从事医药推销工作。

一个人要成为一名医生是要经历非常艰辛的长期的学习和实践的。一般而言，品学兼优的高中生才有机会报考医学院校。多年来，医学院校的高考录取分数线总是高于同批次院校。更何况，医学学制五年，比普通本科多一年时间。其间，医学生历经见习期和实习期，尤其是实习期更是紧跟老师，加班加点，通宵夜战，在临床一线摸爬滚打，才能掌握基本的临床技能。经过医学院校本科学习，加上同样艰辛的三年研究生学习，再经过执业医师考核获取执业医师资格证书，小林终于走上医生岗位并且已经工作了两年多。他的这个决定是出人意料的，内科医生辞职，去从事医药推销工作，工作虽然与临床医学专业相关，但是药品推销成为他的主要职业，而非临床医生。

【案例讨论】

1. 为什么他要改行呢？改行之后的他是否实现了自己的愿望呢？
2. 你认为学习临床医学专业，以后一定会从事医生职业吗？

第三节　制订职业生涯规划的步骤和方法

一、职业生涯规划制订的撰写原则

1. 预测原则　职业生涯规划是为自己定下事业大计，具体详细地评估主、客观条件，分析自身条件和外部环境，从而设计出切实可行的职业生涯发展方向，确定合适的职业目标，并制订有效的计划，具有较强的预测性。

2. 评估原则　规划的设计具有明确的时间限制或标准，使自己随时掌握执行状况，按计划进行阶段性评估和最终评估。

3. 全程原则　拟定职业生涯规划时应考虑生涯发展的全过程，统揽全局，做出具体全面的安排。

4. 可行原则　规划实现生涯目标的各个阶段的方案时，必须综合考虑自身的特质、所处的社会环境、组织环境及其他相关因素，选定切实可行的方案。

5. 模式原则　常见的有两种模式：一种是"5W"模式，即从自己是什么样的人开始解答。"5W"模式包括 Who are you?（你是什么人？），What do you want?（你想要什么？），What can you do?（你能做什么？），What can support you?（环境支持你做什么？），What can you be in the end?（你最终的职业目标是什么？）这五个问题。另一种是斯韦恩（Swain）的三角模式，即根据自我、环境、教育这三个职业目标的依据，通过自我评估，分析助力和阻力，建立自己的职业目标。

二、职业生涯规划制订的基本要求

1. 资料要翔实　可通过个别访谈、实地调查、图书摘录、网络下载等方式获取资料，多运用图表数据来说明问题，以提高资料的可信度和说服力。

2. 分析要到位　要了解有关测评理论与知识，对自己进行检测时，认真审视并思考测评报告，科学分析职业方向。

3. 规划要科学　先进行科学分析再制订规划，包括以下三个方面：一是自我评价体系要科学，尤其是自我评价的方法、步骤、标准等；二是职业规划应连续、系统，充分体现出个性化；三是要有科学的评估与反馈机制，能够根据具体行动状况及时进行调整。

4. 安排社会实践　要根据职业规划安排相应的社会实践，以此来评量规划的各个环节。要有针对性地选择社会实践的类型，与职业规划点对点的社会实践才能体现其价值。

5. 基本写作要求　要满足最基本的写作要求，行文流畅、条理清晰、用词精练、语言简洁。应关注文章结构与重心，围绕职业目标这一主线展开分析规划的各部分内容，文章应结构紧凑，论述应有清晰的逻辑性与较好的连贯性。

三、职业生涯规划制订的具体步骤

（一）自我认知

科学的职业生涯规划首先需要"知己"。"知己"，即自我认知，充分认识自己、了解自己，主要包含以下方面。

1. 自己的兴趣是什么　要充分认识自己的兴趣爱好所在，将兴趣与能力相结合，来确定职业目标，这样在实现职业目标的过程中能够更有动力，也能够提高行动效率。

2. 自己最重视什么　要明确自己的职业价值观，是喜欢有社会地位的工作，还是默默无闻工作？喜欢节奏快的工作还是轻松自在的环境？

3. 自己适合干什么　即个人的性格、特质与什么样的职业相匹配。自我认知可以通过职业生涯测评来实现，还可以从特长、学识、技能、智商、情商、思维方式等方面进行自我测试，也可以结合身边家人、同学、老师对自己的评价来更全面客观地认识自己。

（二）职业认知

科学的职业生涯规划不仅要做到"知己"，还要做到"知彼"，即职业认知，充分认知个人外部环境及社会职业环境。每个人都处在一定的环境之中，离开了这个环境便无法生存和成长。环境主要包括如下内容。

1. 家庭环境　包括家庭情况、经济状况、家人期望、家族文化等。

2. 学校环境　包括学校办学特点、专业特点及就业情况、毕业生的就业竞争力等。

3. 社会环境　包括社会发展、政治与经济环境、国家政策、就业形势、社会需求等。

此外，对社会职业的认知也至关重要，是大学生必须认真了解的。①职业分类及特点：例如，安全性的职业（如公务员、教师），主要特点是稳定；技术性的职业则要求从业者能耐得住寂寞，专注于专业技术的发展；管理型的职业，要求从业者能够较好地处理人际关系、有较强的分析能力等。②目标地域：包括目标职业的城市、地区的经济发展状况及前景、生活习惯与气候水土、人际关系等。③目标行业发展状况，包括目标行业的发展现状、前景、存在的问题及机遇等。

（三）确立目标

确立职业生涯目标是制订职业生涯规划的核心和基础，职业生涯目标包括以下三个层次。

1. 行业选择　综合考虑自己的性格、兴趣、特长、环境等因素进行行业选择，是机关单位还是企业、金融业还是房地产业、媒体业还是教育业等，这对于人生事业的发展至关重要。

2. 路线选择　确定了行业方向后，就该选择职业路线的类型了，是向行政管理路线发展，还是向专业技术路线发展；或是先走技术路线，再转向行政管理路线……不同的发展路线，对职业发展也有不同的要求。

3. 具体目标　确定了行业方向、职业路线后，就要制订具体的奋斗目标，对照选定的行业方向及职业路线，找到差距，通过一个个小目标的实现，一步步消除这些差距，最终实现人生目标。

（四）制订计划

确定了职业目标以后，下一步便是付诸行动了。只有制订了切实可行的计划，付出一步一个脚印的行动，职业生涯规划才具有意义。制订具体详细的行动计划并切实落到实处，才能收到聚沙成塔的效果；只有实现了每天、每周、每月、每年的小目标，才能将中期目标、长期目标乃至人生目标变为现实。要想实现这些目标，最重要的就是计划要详细，即实现每一个目标的措施必须具体可行，包括积累知识、提升能力、建立人际关系等。例如，在专业知识方面，计划学习哪些方面的知识，通过什么方式进行学习？在专业技能方面，如何提高动手操作能力，要进行怎样的训练，选择何处进行实习？在综合素质方面，如何提升口才水平、交际能力？这些都要制订相应的计划，明确具体措施，并及时进行自检与调整，向着最终要实现的职业目标步步迈进。

（五）评估修正

尽管已经进行了充分的自我认知、职业认知，确立了明确的目标，制订了详细的计划，并且付出了努力，也尽可能地将工作做扎实，但在执行过程中，我们仍可能遇到难以预料的影响因素。遇到困难和挫折，我们不能轻易改变自己的职业生涯规划，但也不能无视各种主、客观因素的变化而一意孤行地实施原计划。必须适时、适度地对职业生涯规划进行评估和修正，这样才能使它行之有效。需要评估和修正的内容有职业目标的修正、职业选择的调整、职业路线的改变及具体实施措施的调整等。

【案例分析】

医学本科生王某，有短暂的工作经历，医学本科生陈某是他的同学。在一次"我的未来"主题班会上，王某希望自己以后成为一名出色的行政管理人员，而陈某在未来要成为一名优秀的外科大夫。

王某在大学期间是个社会活动积极分子，他主动参加学生会、社团，组织过大大小小各种活动；他还是辅导员的得力助手，帮助老师处理一些日常管理事务；在医院实习期间，他作为实习组组长，深受医院、实习生和学校老师的好评。

陈某则不同，他每天过着寝室—食堂—教室三点一线的生活，专业知识扎实，各科成绩优秀，在大学期间就发表了3篇论文。

毕业十年之后，王某成为一家医院的管理人员，陈某成为一家三甲医院优秀的外科医生。

【案例讨论】

1. 你怎样理解这个故事？
2. 如果你是故事的主人公，会怎样安排自己的职业发展路线？
3. 这个故事给你的启示是什么？

本 章 小 结

大学阶段是医学生专业知识启蒙的阶段，也是从学生转变为医生的重要阶段。职业生涯规划的重要意义在于帮助医学生正确地认识自己，明确发展的方向，更合理地安排大学阶段的学习生活，从而更好地完成转型。因此，理解职业生涯相关概念，尽早为自己做好生涯规划，对医学生而言至关重要。

本章介绍了职业生涯规划的相关理论、概念及其意义、制订的具体步骤和方法，旨在引起医学生的重视，也期望高校重视对医学生职业生涯规划的教育。

思 考 题

1. 请对自身的优势和劣势进行评估，通过头脑风暴收集与之相关的职业。
2. 医生属于霍兰德职业取向类型中的哪一种类型？请举证说明。
3. 评估一下自己在职业生涯规划方面的情况，考虑哪些部分是需要特别努力的。
4. 根据所学知识，制订一份自己的职业生涯规划。

第三章　自 我 认 知

学习目标
1. 了解自己的性格与职业兴趣。
2. 掌握理论知识，完善自我认知。

第一节　性 格 探 索

性格是指人的行为方式中较稳定的个性心理特征，是个性的核心部分，最能表现一个人与他人的差异。积极的性格探索能够帮助大学生完善自我意识，使其能够更好地对自己的心理和行为活动进行自我觉察，使其更加明确自己的优缺点与潜力倾向，进一步纠正错误的自我认知，促进个体进一步的自我探索。

一、性格与职业性格

当个体不断完善对自身与职业的认知，进而使两者处于较高的配合度时，一个良好的职业自我认知就形成了。这样，个体的目的性就会更加明确（自己擅长什么，自己需要学习哪些技能），从而产生更为强大的内驱力，促使自身完善。

研究表明，不同的职业对工作人员的性格也提出了不同的要求。如果口腔医学生能够在本科毕业之前，适当了解一些与自身性格特质相匹配的职业，对其升学与就业有一定的参考价值。

要做好职业规划，首先就要对自身的性格做一个完整的评价，借助科学的评价方式，得到较为客观的分析结果。不能只看分析结果中性格特点与其对应的职业，更需要对分析结果与自身的理想职业进行对比，找到性格层面的上升空间。

图 3-1　"性格葡萄串"

（一）"性格葡萄串"

自行绘制一张"性格葡萄串"（图 3-1），用黑色水笔在最符合自己的性格特质下面画圈。如果拥有的性格特质未列出，可自行补填在空白"葡萄"内。填完之后，将这张"性格葡萄串"交给身边的同学、老师、父母填写。请他们用红色水笔把你在他们眼中的性格特质画上圆圈，如果该特质未列出，可自行补填在空白"葡萄"内。

最后"性格葡萄串"回到自己手上，其中黑色水笔圈出的内容表示"主观我"，红色水笔圈出的内容表示"客观我"，同时被圈的代表主、客观相吻合的性格特质。通过这张"性格葡萄串"，分析者对自身性格就有了初步的了解，同时也能分清"主观我"与"客观我"。

（二）个性化职业相关思维导图绘制

写出一个特别想了解的职业，根据自己的经验，绘制职业生涯规划思维导图（图 3-2）。思维导图必须包含两个部分的内容：①目标职业要求；②个体的性格特质。通过上网查找资料，进行相关职业人物访谈等进一步完善思维导图。

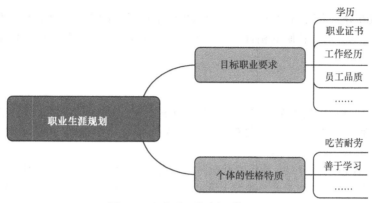

图 3-2 职业生涯规划思维导图

（三）迈尔斯-布里格斯人格类型测验

迈尔斯-布里格斯人格类型测验（Myers-Briggs Type Indicator，MBTI）可对个性进行判断和分析，是一个理论模型，从纷繁复杂的个性特征中，归纳提炼出四个关键要素——动力、信息收集、决策方式、生活方式。通过 MBTI 进行分析判断，从而把不同个性的人区别开来，形成四个维度，每个维度有两个方面。四个维度如同四把标尺，每个人的性格都会落在标尺的某个点上，这个点靠近哪个端点，就意味着个体有哪方面的偏好。如在第一维度上，个体的性格靠近外向（E）这一端，性格就偏外向（E），而且越接近端点，偏好越强（表 3-1）。

表 3-1 MBTI 的四个维度与八个方向

维度	方向
第一维度：我们与世界的相互作用是怎样的？	外向（E）和内向（I）
第二维度：我们自然留意的信息类型有哪些？	感觉（S）和直觉（N）
第三维度：如何做决定？	思考（T）和情感（F）
第四维度：做事方式是什么？	判断（J）和知觉（P）

可以结合自身情况进行 MBTI，查找自己的职业性格类型及匹配的职业分析，提出自己的感想和困惑。温馨提醒：MBTI 只是一个职业性格测评工具，并不代表自身性格的全部，接纳自己、用发展的眼光看待自己才是最重要的。

二、性格对职业发展的影响

相较于高中生，大学生的意志力与自控力有了显著的进步，对自身与外界有着理性的判断。在这一阶段，对自我的认知涉及现实中的自我与理想职业中的自我的差距，从而清楚自身日后发展与进步的方向，为职业规划做好准备。

舒伯提出的职业发展理论认为，职业发展的本质就是个体在对自我概念探索和进一步认知深化的过程中实现自我概念与现实客观因素的相互衡量与妥协的过程，是一个可以被引导的动态的过程。该理论强调对自我的认知，认为每个人的能力、兴趣和个性都不相同，可从事与其他人不同的多种职业，但每一种职业都有一套与之匹配的个人能力、兴趣与个性特征的用人评价模式。例如，医生这个职业就对医学生的性格提出了能够吃苦耐劳的要求。医学生经常自嘲学到"秃头""整本书都是考试重点""年年期末赛高考"，调侃背后，反映出医学知识的广泛与精细，以及医学生身上的重担。医学院校不同于普通的理工科院校，专业知识的复杂性不同于其他专业，如果医学生仅追求"60分万岁",显然与其将来要承担的治病救人的崇高工作性质不相适应。医学生只有具备坚强的意志,刻苦钻研的精神,努力学习医学知识,勇攀医学高峰,才能挑起治病救人、救死扶伤的重担。

【案例分析】

　　医学生 A 的性格比较内向,有耐心,喜欢动手实践,学习能力较强,不畏挑战,但毅力不够,善于倾听和与人沟通。让我们来分析一下 A 同学的性格可能会对他的职业发展产生什么样的影响。

　　积极影响:A 同学有耐心,善于倾听和与人沟通,这一特质特别适用于医患关系,有利于医患和谐;同时医生这份职业需要进行大量的动手操作,而 A 同学的动手能力较强,有利于他熟练地掌握临床技能。

　　消极影响:A 同学的性格比较内向,容易使其在职场中比较被动,需要积极克服这一阻碍;医生的临床、科研压力重,需要医生有着极强的毅力,否则容易半途而废,A 同学的毅力不够,还需要多加锻炼。

【案例讨论】

　　1. 针对 A 同学的性格弱势,请给予他一些改进的建议。

　　2. 请模仿 A 同学分析自己的性格优势与弱势,并思考它们对职业生涯有什么影响。

第二节　兴　趣　识　别

　　从事自己感兴趣的工作可以有源源不断的工作动力,不容易感到枯燥和乏味。因为兴趣是最好的老师,是最初的动力,是成功的关键。调查发现,对所学专业不感兴趣的大学生,在专业考试中不及格的比率相对更高。学习不感兴趣的专业,不仅是对社会教育资源的浪费,对于大学生而言也是虚度青春时光。

一、兴趣与职业兴趣

　　职业兴趣是职业选择和发展的重要因素,测试职业兴趣能够更加明确自己的兴趣类型,可以更好地预测职业选择,从而找到自己适合的职业。我们的职业生涯会因为兴趣爱好而变得丰富多彩,兴趣爱好也会给工作带来巨大动力,会加快自己事业成功的步伐。

　　对于医学生而言,专业兴趣的培养是一个潜移默化的过程。尤其是低年级学生,对未来要从事的专业还懵懵懂懂。有研究显示,大部分医学生对本领域的研究工作不够了解,只是想当然地认为自己将来会成为一名普通的医务工作者。仅有少部分医学生对未来有清晰的规划,未来想要从事某一具体领域的科学研究工作或成为专业技术人员。从长远发展来看,对自身专业感兴趣的研究型人才能够通过自身的不断学习增强医疗服务能力,同时也能紧跟医疗服务行业发展的步伐。

　　如何培养医学生的职业兴趣是医学教育的一个难题,需要共同努力。对于向学生传授医学知识的教师而言,可以在课堂讲授理论课的同时,适当增加本学科的最新研究进展,拓宽知识的广度和深度,激发学生学习的热情和探索精神,引导学生通过多种途径获取相关信息,帮助学生建立科学合理的职业规划。对于医学生而言,可以在老师、家长和同学的帮助下找到自己的兴趣所在,并根据兴趣和自身能力选择具体就业方向。

　　霍兰德将兴趣比喻为一艘船的舵,决定着一个人职业生涯发展的方向。霍兰德认为,人的人格类型、兴趣与职业密切相关,兴趣是人们活动的巨大动力,凡是与兴趣相匹配的职业,都可以提高人们的积极性,促使人们积极地、愉快地从事该职业。不同职业的社会责任、满意度、工作特点、工作风格和考评机制各不相同,这种差异决定着不同职业对员工的职业兴趣有着特殊的要求。人与职位的匹配应该包括两个方面的内容：一是人的知识、能力、技能与岗位要求相匹配；二是人的性格、兴趣与岗位相适应。因此，大学生在进行职业生涯规划时，非常有必要进行职业兴趣的测评，了解自身的职业兴趣和人格类型，减少选择的盲目性，从而最大限度地发挥自身的聪明才智。

霍兰德将职业取向类型分为实用型、研究型、艺术型、社会型、企业型和事务型六种类型。他认为某一类型的职业会吸引具有相同人格特质的人，而具有相同人格特质的人对许多生活事件的反应模式也是相似的。在霍兰德看来职业是人格的延伸，人只有在最适合的环境中才能最大限度地提高工作效率。在同等条件下，人和环境的适配性或一致性将增加个体的工作满意度、职业稳定性和职业成就感。

当然，职业兴趣测试只能确定测试者的大致兴趣方向，对于分工细致的口腔医疗行业而言是远远不够的。想要进一步地了解与探索自身的职业兴趣还需要更深层次的专业理论学习及专业操作实践。

【案例分析】

某同学的霍兰德职业倾向测试结果显示他的职业取向类型为：SAI（社会型、艺术型、研究型），他的理想职业规划是成为一名口腔种植医生。以下是他针对测试结果对职业要求和对自身进行验证得到的分析结果。

针对他的理想职业要求而言，首先，口腔种植医生必须具备社会型的沟通能力。只有学会和患者沟通，才能获得良好的医患关系，更好地完成治疗过程；只有学会和同行沟通，才能在相互竞争和学习中共同进步。其次，口腔种植要取得好的效果，必须讲究艺术。只有讲究艺术，才能根据患者口腔的特点，设计属于他的治疗方案，做出形态和功能相适应的种植牙。再次，口腔种植医生还要具备研究型的科研能力。临床与科研是相辅相成的，临床能为科研指导方向，科研能为临床提供新的技术和材料。科研能力是一个优秀医生必不可少的能力。

该同学还对霍兰德职业倾向测试进行了自我验证：该同学性格特点是理性、精确、求知欲强、思维力强，积极参加创新创业比赛；崇尚美、有激情，多次参加多媒体设计比赛与文艺表演；乐于助人、爱交朋友，课余时经常参加志愿活动，在各个组织也曾担任过职务。

【案例讨论】

1. 简述该同学职业兴趣测评结果与理想职业之间存在联系的原因。
2. 请根据霍兰德职业倾向测试结果分析它与理想职业存在的联系。

二、兴趣对职业发展的影响

职业兴趣由自我效能与结果期待共同作用所形成，即当医学生对从事的职业具有足够的自信心，同时对从事医学相关职业所带来的正向反馈与积极回报能够满足医学生"期望"时，就会产生对该职业的兴趣。职业兴趣可以积极引导医学生树立职业目标，职业目标激发职业选择行为，而职业选择行为最终促使医学生个体获取工作绩效和工作成就。工作绩效与工作成就反过来又促进医学生的自我效能与结果期待，进而形成动态的反馈环路。自我效能与结果期待除受学习经验影响之外，也与个人因素及社会经济因素有关，对医学生形成稳定的职业兴趣产生影响。

根据社会认知生涯理论（social cognitive career theory，SCCT），医学生产生职业兴趣后进行职业选择可以分为以下三个步骤：①根据职业兴趣确定职业目标；②按照职业目标开展职业选择行为，包括通过个人努力满足目标职业的岗位需求等；③通过在工作中得到的积极成就或失败经验，总结个人经验，最终建立职业选择的反馈机制并实现"动态规划"。社会认知生涯理论主张两类环境变量对职业规划的影响：①个体的背景因素，如种族、性别、性格、能力、健康状态、父母职业、社会地位、物理环境等，这些因素直接影响学习经验的形成。②与选择行为相关的环境因素，包括社会因素和经济因素。环境因素一方面直接影响职业目标的确立及职业选择的行为；另一方面通过调节职业兴趣对职业目标产生影响，以及通过职业目标对医学生的职业选择行为产生影响。

舒伯的生涯发展理论将人的职业发展过程分为五个阶段，即成长阶段（0～14 岁）、探索阶段（15～24 岁）、建立阶段（25～44 岁）、维持阶段（45～64 岁）、衰退阶段（65 岁以后），其中每个阶段都有其相应的发展任务。大学生正处于探索阶段（15～24 岁），主要任务是通过学习进行自我考察、角色鉴定和职业探索，完成择业及初步就业，具体可分为三个时期。试验期（18～20 岁），综合认识和考虑自己的兴趣、性格、能力与职业社会价值、就业机会，开始进行择业尝试，对未来升学有自己的看法；过渡期（21～22 岁），开始关注就业市场和升学考试，有目的地进行职业学习和培训；尝试期（23～24 岁），选定工作领域，开始从事某种职业或选定某领域进行深造。

冒险家不怕高山的险峻和海浪的惊骇，发明家不计多次试验的失败——这份浓厚的好奇，主动的接触，深入的研究，全靠兴趣所引发的冲劲和力量。因此，配合兴趣进行职业规划，才能快乐，而且乐在其中。

第三节 能力评估

每个人的职业发展历程都会经过多个探索、试错、建立和掌控的阶段。个体通过连续的学习，寻找不同的机会，不断地试错，来建立、完善相关的职业认知，并确定最适合自己的职业生涯领域。所以说，无论每个人的职业成功观如何，即无论内容如何，都存在着一个构建的过程。而对自身能力有着动态且清晰的评估对进行职业生涯规划和构建职业成功观都有着积极的影响。

一、职业能力评估

医生的职业能力主要包括临床操作能力、科研能力与人际交往能力等几个方面，其中临床操作能力需要长时间的实践练习，医学生在本科期间可以在各类实验课中，锻炼自身的动手能力；此外，目前本科生参与科研的人数越来越多，大学校园内的科研社团及各类创新创业比赛也为本科生科研能力的锻炼提供了良好的平台。

随着国家卫生事业的改革和生命科学的崛起，医学研究人员的社会地位和经济地位逐渐提高，医学毕业生就业的机会也逐渐增加。但同时毕业生数量剧增，社会的需求增速有限，医生趋于饱和，大学生就业形势严峻。提高医学生自身素质是增强竞争力、解决就业问题的根本途径。医学生要明确社会对自身的期望和要求，并且按照社会的需要去充实、完善及提高自己，积极参加各种培训，包括参加学校、社会举办的各项实践、辅导活动，以提高自身的就业能力，正确指引自己走上工作岗位。

【案例分析】

以急诊医生为例，分析工作内容与职业能力要求。

工作内容：负责门诊诊断、参加急诊抢救工作、开具处方、做出饮食建议、询问检查患者、书写病历、记录病案等。

职业能力要求：熟练掌握本专业理论知识，熟悉内科、外科等科室常见病、多发病的诊断及鉴别诊断、治疗原则，同时必须具备多领域多学科的知识；能够分析心电图、胸片，同时熟悉呼吸机、心电图机等常见仪器的使用；应该具有执业医师资格证。具有高度的责任心、良好的职业道德和严谨的工作态度。除此之外，良好的沟通能力、耐心细致的工作作风也是必不可少的。

【案例讨论】
　　1. 口腔医生的职业能力有哪些?
　　2. 职业能力该如何培养与锻炼?

二、能力与职业发展的影响

不同的职业对从业者能力的要求不同,这里主要介绍对职业发展起着重要作用的三种个人能力:主动性人格、职业探索能力与人力资本。

(一)主动性人格在职业生涯规划中的优势

主动是现代社会中一个关键的竞争优势,特别是在职业生涯发展过程中,大学生需要适应社会和职场变幻莫测的发展趋势。主动性人格是指能够积极改进或创造新环境,主动对现状进行挑战而非被动适应当前条件的特质。主动性人格有三大特质,包括自发性、面向变革及聚焦于未来。具有主动性人格的个体目光长远,能够在被分配的任务以外主动做更多的工作以达到期望的目标,能够积极寻求新的信息、新的做法和新的方式去改善现状。有研究表明,主动性高的本科生在就业和升学之前,即他们在大学受教育期间就会朝自身的专业方向逐步努力,积极地规划和发展自己的职业生涯,且程度明显高于主动性低的个体。

除此之外,个体自我认知的过程也离不开主动性。学者 Sternberg 曾强调主动性在个体自我认知发展过程中的关键作用,并对认知过程中如何发挥个体的主动性进行了深入的探讨,认为主动探索、主动发现、主动建构等主动性都会影响认知的发展。

(二)职业探索能力对职业生涯规划的影响

职业探索是指个体收集、分析关于自身特征和职业方面(包括工作、组织和职位等)信息的行为。根据探索对象的不同,可以把职业探索分为自我探索和环境探索两部分。通过研究证明,职业探索行为会影响各种短期或长期的职业结果,如更好的职业决策,更多的面试机会,更高的可雇佣性、工资、工作满意度、工作效能感和幸福感等。在职业生涯中,职业探索贯穿终身,它不仅能帮助青少年从学校走向工作场所,还能帮助成年人从一个工作转换到另一个工作。个体必须经历了解自我和了解环境的过程,才能形成职业生涯发展中连贯的自我意识,从而发展自己所建构的、有适应性的职业身份。在形成职业认同感的过程中,个体需要通过职业探索来了解他们的个人特征,如兴趣、价值观和能力等;同时也需要基于对外部世界直接和间接的探索,来考虑什么样的职业适合他们的个人特征。

此外,职业探索还是人们进行职业发展、获得积极的职业结果的重要因素。有研究表明,大学生积极主动的职业探索行为与其获得的面试机会、工作机会、可雇佣性和获得高工资的机会呈正相关关系。职业探索行为贯穿于个人的整个职业生涯,与各种短期或长期的职业结果相关,这种行为不仅会帮助个体了解自己的个人特征,也有助于获得整个劳动力市场及市场中的企业、职业等信息,从而帮助个体克服职业生涯中的挑战和困难,进一步引导他们选择适合自己的职业等。随着对自身和职业环境的了解,人们逐步清晰和确定自己的职业目标、成功标准及职业价值观等。

(三)大学生人力资本与就业结果的关系

大学生获得的就业结果存在较大个体差异,除受国家政策、社会环境和用人市场等宏观因素的制约外,还与大学生自身因素密不可分。客观方面,在同等的就业环境下,大学生个人凝聚的人力资本不同,其就业结果也会存在显著差异;主观方面,大学生个人职业心理发展状况不同,反映在求职行为和求职心理上就会存在不同程度的差异。

第四节　价　值　澄　清

一、职业价值观的内涵

从职业价值观角度来看，不同人心中的职业成功观不同。职业成功观是指个体心中评价职业成功的标准，包括三个维度：内在满足、外在报酬与和谐平衡。这一观念解释了职场中的许多现象：为什么有人为了高工资可以加班、出差、频繁跳槽，而有人为了接送孩子甘愿换到鲜有发展的"闲职"；为什么有人为了工作中的晋升机会积极应酬、拓展人脉，也有人为了稳定的公务员岗位独自学习、连年备考。这正是由于不同个体拥有不同的职业成功观所致：有人看重外在报酬，有人将和谐平衡放在首位，还有人更加重视内在的提升。于是，他们在职场中有了不同的追求，从而产生不同的行为。然而，尽管职业成功观三个维度的内涵不同，但本身并没有优劣之分。不同的维度代表着不同的职业成功目标，而不同的目标又转化为不同的动机，促使人们选择不同的职业发展路径。这些路径之间并没有绝对的好坏之分，都可以达到成功。正所谓"条条大路通罗马"，成功犹如人们心中的"罗马"，无论它在哪儿，都有千万种路径可以到达。

美国经济学家施特劳斯（Strauss）曾提出未来工作自我清晰度（future work self salience）的概念，其指个体对自己未来在职业领域中形象的清晰和易于想象的程度，这种形象反映了个体对工作的希望和抱负。

虽然上述两个概念都体现了个体在职业生涯中的目标，但未来工作自我是一种外显的形象，而职业成功观是内在的价值取向。未来工作自我的形象可以很泛化，如"成为像某某一样的专家"或是"与创业团队一起忙碌"，也可以很具体，如包括详细的工作岗位、工作地点、工作内容和薪资水平等。这种形象的产生有可能是经过深思熟虑的，也有可能是一时兴起的，而价值取向的形成必然是日积月累的。

二、医学生的职业价值观

由于医学专业本身特点所致，本科生的学术研究能力与临床操作能力与硕博研究生相比仍有一定差距，在求职就业过程中往往处于劣势。因此，大部分本科生对未来的规划都包含"考研"这一环节，但是如果医学本科生没有明确的职业发展方向，对自己能力没有清晰的评估，就容易受他人影响，无法找到适合的升学院校或专业。

医学专业的本科生未参加过工作，由于缺乏社会经验，对于如何确定自己的职业发展方向，往往找不到合适的答案。大多数本科生倾向于听取他人意见和建议或参照其他同学的做法，容易出现摇摆不定或"随大流"的现象，反映了本科生缺乏明确的职业发展规划能力且自我决断能力不强。

想要明确自己的职业发展方向，首先需要确定自己究竟想要什么，可以做到什么。有些医学生选择考研只是为了暂时逃避就业压力或者看到周围人都考研也随之考研。所以即使他们进入研究生阶段后，依然没有明确自己的目标，无法为实现目标而做针对性的努力，更是无法清晰地规划未来的职业生涯。造成这种现象的重要原因就是自我认知能力不足，不能正确了解和评价自己，无法在自我塑造过程中对职业环境进行准确分析，难以明确职业发展方向。

【案例分析】

B 同学想要成为一名口腔修复科医生，理由是爷爷与叔叔都从事口腔修复方面的工作，他将来也想成为"像爷爷和叔叔一样的口腔修复科医生"。这一例子体现职业价值取向形成是日积月累的，并且受到成长环境的影响。

【案例讨论】

1. 请从本例说明家庭成员在职业选择中的作用。

2. 你的职业选择会受到家庭成员的影响吗?

三、价值观对职业发展的影响

不同的心理状态对个人的生活、工作和人际关系等会产生不同的影响。每个人都可能遭遇伤心、委屈等负面情绪，但如果自我调节能力较强，善于控制自己的情绪，就可以做自己情绪的主人。医学生会面临学业、情感、人际、就业等诸多问题，引起思想负担和精神压力，容易出现心理问题。同时，现在的大学生大多成长环境相对平稳安逸，从小学到大学，整个成长过程较为顺利，没有经历过太多挫折，这也导致他们缺乏承受压力的能力，容易有逃避思想，使其在升学与就业竞争中处于劣势，不利于激励自我摆脱困境。一旦求职受挫，就容易一蹶不振，丧失就业主动性，从而影响就业。

从人际交往角度分析，现在很多大学生都是独生子女，在与人交往过程中，习惯以自我为中心，缺乏团队协作精神，欠缺换位思考意识。在求职和考研面试过程中，无法在短时间内充分展示优势，错失就业或升学机会。同时，因为成长过程中缺乏兄弟姐妹的陪伴，缺乏与同辈人沟通、交流的机会，有些本科生在大学期间专心于学习、科研等方面，忽略了培养人际关系的重要性，使得他们难以适应骤然复杂的社会环境，容易在社会中受挫。除此之外，伤医、杀医等医患矛盾也易使医学生丧失信心，降低对医生职业的认同感，减弱求职与升学热情。

针对以上各项医学生在职业规划中可能遇到的问题，医学院校可以开展以下就业指导工作，从本科生入学开始，贯穿整个本科阶段，可对本科生就业、升学起到一定帮助作用。

（一）本科生入学教育，引导学生确立目标

辅导员或班主任在新生入学教育时，根据口腔专业特点与当年毕业研究生的就业情况，为新生详细讲解最新就业动态，使其提前了解就业和升学要求，为新生讲解口腔医学专业毕业生从事不同领域工作的情况，为其拓宽职业视野，寻找自身目标。

（二）学长学姐经验座谈，增加同辈交流互助

每年邀请毕业不同年限、选择不同类型单位的学长学姐为在读本科生传授求职、临床实践与科研实验的经验、体会。同辈人的交流更容易引起学生的共鸣，学长学姐对于心路历程的分享使学生发现自己并不孤单，自己所遇到的每一个困难，其他人也会遇到，帮助其树立信心。

（三）组织模拟面试应对求职中的各项问题

每年邀请各科室专家、本院人事处负责招聘人员与知名诊所人事管理人员为应届毕业生组织模拟面试，从简历制作与筛选、面试要求与技巧、专家本人工作心得体会等各方面进行详细模拟、讲解，使学生提前了解考研与择业面试流程，并可从专家分享的经验中获得面对问题、解决问题的方法。

（四）举办心理健康讲座，帮助学生释放心理压力

定期邀请心理医生进行心理健康讲座，设计互动游戏，引导学生释放压力，并为学生开通绿色通道，便于学生发现问题，及时咨询、就诊。

（五）贯穿始终的个别辅导，随时关注研究学生心理动态

每个人都有自己不同的特质，每个人的心理承受能力也不尽相同，辅导员或班主任随时关注每个学生的心理动态，对有需要的学生给予辅导，必要时帮忙联系心理医生。

本 章 小 结

只有对自身的品格特性有清晰客观的认识，才能完成好自身的职业规划。随着对职业和自我的认知不断加深，心理也在不断重建，在前一次的自我认知的基础之上进行新一轮的自我评价与职业

探讨。良好的心态能帮助大学生进一步完善对自我的认知,进一步对自身的心理活动和行为方式有更清晰的认识,了解自身的优缺点与发展方向。

思 考 题

1. 绘制自己的"性格葡萄串"。
2. 自行进行 MBTI 和霍兰德职业倾向测试,与家人同学分享测试结果。
3. 绘制自己的职业生涯规划思维导图。

第四章 职业环境

学习目标

1. 熟悉中国口腔医学生的职业环境，明确自己未来就业方向。
2. 了解西方国家牙科医学生的职业环境，提高自身各方面素质。

第一节 中国口腔医学生的职业环境

一、职业现状与前景

（一）职业现状

口腔医学事业的发展与国民经济水平是分不开的，人民收入的增长能够带动口腔医学的发展。改革开放以后，中国国民经济迅速发展，人民收入增加。中国的口腔医学事业也迎来了蓬勃的春天，表现在以下几个方面：口腔医师数量大幅度增加；全国口腔院校办学数量快速增加；口腔专科医院明显增多；民营口腔诊所迅速发展。

当今人民对生活的品质更加注重，口腔医学作为诊治人们颌面部疾病、改善口腔内环境、提升生活质量的医疗科学，发展前景日趋向好。据国家统计局发布的 2020 年中国统计年鉴数据表明，截至 2019 年 12 月 31 日，全国口腔执业医师人数为 18 万余人，占执业医师总量的 5.7%；2015 年以来，中国注册口腔执业医师人数约以每年 1.2 万的速度增长。口腔医学专业人才供需矛盾明显：一方面随着中国人群口腔保健意识的提高，对口腔医生需求增长迅速，口腔医学专业人才缺口巨大；另一方面我国口腔医学专业医护人员的密度远低于欧美发达国家。据国开联《口腔医院行业研究报告》2021Q3 版数据显示，以 2019 年数据为例，与欧美发达国家比较，我国牙医缺口数量在 45 万~90 万人左右，为现有牙医人数的 1.83~3.67 倍。假设在人均口腔医疗服务需求没有增加的情况下，需要近 37 年才能回补 2019 年中国口腔医师的市场需要缺口。据统计，我国现有 25 亿颗龋齿待填充，6 亿颗错位畸形待矫正，10 亿牙周病患者待医治。按这一数据计算，在上海口腔医疗中心，畸形齿矫正至少要排 1 年的队。

随着经济水平的提高，以及人民对生活品质的要求提高，人民对口腔医疗保健的需求也在提高，使得我国口腔医师的社会需求量仍在进一步扩大。

（二）经济发展对职业发展的影响

在 20 世纪末，我国常见的口腔疾病就诊率并不高，尤其在改革开放以前及改革开放初期，人民生活的主要关注点在于温饱问题。从一个生活小细节可见——那时候熟人见面寒暄常问"吃过了没有"。那时候，若有口腔问题，如龋齿、牙痛等情况，要么忍着，要么拔了。人民群众普遍认为，人老了牙齿就会掉了，而并不知道是因为牙周病。而牙齿的部分缺失，在很大程度上来说，不影响人的生存，所以在经济条件不允许的情况下，更多人选择"不治疗"（或"劣质治疗"）。只有极少数人可以有经济实力去医院或诊所治疗，因为经济与当时技术的限制，多数会采用较为廉价的且工艺较为粗糙的治疗方案。

改革开放带来了巨大的经济效益，我国人民的生活水平也不断提高，在解决了温饱问题之后，人民对口腔健康的需求也在不断提高。口腔治疗的手段和技术随着社会需求的增长，也获得了蓬勃发展。例如，龋齿治疗的修补剂、充填剂和黏结剂材料都发生了很大变化；口腔内的修复体从原来的金属修复体发展为烤瓷牙、全瓷牙等；3D 技术加入口腔治疗后，以计算机辅助设计（computer aided design，CAD）与计算机辅助制造（computer aided manufacture，CAM）为代表的口腔医疗设备，给义齿制作与加工领域带来质的突破，近些年甚至出现了椅旁扫描并直接打印牙齿，"随治随走"。除此之外，还出现了很多热门的新学科——口腔正畸学（牙齿不整齐不美观，需要口腔正畸矫正治疗）和口腔种植学（牙齿缺失，除了镶嵌修复体以外，还可以种植牙使其成为人类的第三副牙齿）等。人们对口腔健康的需求已发展为"治疗"（或"优质治疗"）——解决疼痛，恢复咀嚼功能，美学重建。

随着我国经济发展，在未来数十年，人民对健康的需求不仅仅停留在"治病"，因此提出了兼具预防治疗、康养的生命健康全周期医学的"新医科"理念，对口腔美学有了更高的要求。在发达国家大部分居民都有定期检查口腔情况的习惯，并且都有专门的医生。在我国，已有窝沟封闭，口腔预防筛查、健康建档，定期洁牙，口腔正畸（下颌后缩、口呼吸面容等）的早期干预——预防系列；口腔美学，已经从一个"边缘性"的学术问题，走到了学术舞台的中央，成为"主流性"的学术领域——牙齿美白、口腔正畸矫治等。这些学科领域都在飞速增长。显而易见，目前我国口腔医生的数量远不能满足患者的需求。

（三）国家战略对职业发展的影响

2016 年是我国整体健康事业发展非常重要的一年。当年 10 月 25 日，中共中央、国务院制定的《"健康中国 2030"规划纲要》对推进健康中国建设、提高人民健康水平、全面建成小康社会、加快推进社会主义现代化具有重大意义，健康中国的建设被提为国家战略。

2019 年，我国公布了《健康口腔行动方案 2019—2025 年》，全面落实《"健康中国 2030"规划纲要》和《中国防治慢性病中长期规划（2017—2025 年）》，实施口腔健康行为普及行动、口腔健康管理优化行动、口腔健康能力提升行动及口腔健康产业发展行动，推动我国口腔健康素养水平和健康行为的提升。可以预见的情况是，随着健康口腔行动方案的逐步实施，我国口腔疾病预防及治疗普及面会越来越广，就诊及参与预防人群数量将会大幅提高，未来口腔医疗行业市场前景十分乐观，口腔医学迎来最佳发展期。据预测到 2024 年，我国口腔医疗行业市场规模将会超过 1700 亿元。

二、职业环境的地域性差异

（一）地域经济影响下的医疗资源分布

在我国市场经济的大背景下，医院受到市场化导向，自负盈亏，所以地域经济很大程度上影响医院的发展。我国医疗资源存在分配不均的现象。从全国范围来看，我国东部沿海（尤其经济发达地区）的医疗资源比中部、西部要充足得多；城市医疗资源明显优于乡镇农村，三级以上的医院几乎都分布在市级城市以上，农村几乎都是县级及卫生院或卫生所（室）、门诊等；城市中，一线城市、省会城市的医疗资源要明显优于其他城市。

三级医院是我国等级较高的医院，拥有优质的医疗服务和管理、医疗质量与安全较高的技术水平和效率，在科研、设备等方面面都有优势，吸引了许多优质资源，如高素质的医生、优质的合作平台等。有数据显示，上海、北京、广州的三甲医院的数量是一般二线城市的 10 倍甚至数十倍以上，执业医师的数量更高出百倍。

口腔医学原本属于临床医学的一个分支，由于其特殊的重要性和相对独立的体系，从有利于该学科发展的角度考虑，才将其从临床医学中独立出来；与成熟的临床医学学科相比，口腔医学还算一个新（小）学科。故口腔医疗资源一般为综合医院中的口腔科（一个科室），口腔专科医院或诊所等。由于口腔医疗事业的发展与经济发展更为密切，故我国口腔医疗资源分配不均的现象更为明显。

（二）地域执业平均水平

如前所述，三级以上的医院主要分布在市级城市以上，其中三甲医院在一线城市与省会城市比较密集，吸引了高素质的医生聚集，造成了各地执业平均水平的差异，与医疗资源分布差异同理，并呈正相关。

全国各地口腔执业医师学历的分布差异很大。因为口腔医疗事业发展迅猛，市场需求量大，行业准入标准不一致。大城市的三甲医院或专科医院，医师学历绝大多数为硕士研究生，博士研究生或从事博士后研究的医师不在少数；而在小城市的非三甲医院或专科医院，医师学历多为本科，少数为硕士研究生，博士研究生或从事博士后研究的医师较为罕见；乡镇医院或者社区卫生院、私人诊所，甚至会有大量大专学历的医务人员。口腔医务人员的职称分布情况和学历分布情况比较相似，高级职称医师在大城市或三甲医院比较密集。据数据统计，一线城市人均拥有口腔副高职称以上的口腔医师要比二三线城市高出数十倍甚至上百倍。

中国各地口腔执业医师继续教育情况有较大差异。中国口腔医疗事业起步较晚，人员学历及专业素质起点参差不齐，且城乡差异显著，高学历的口腔医生集中于经济、文化发达的城市地区，县城乡镇的基层医院学历较低。城市地区口腔医院的医师重视终身学习，对专业知识和技能进行更新、补充、拓展和提高，进一步完善知识结构，提高创造力和专业技术水平。而在县城乡镇，由于人们对口腔疾病的不重视，导致基层医疗结构口腔医生自我要求不高，学历提升与继续学习的情况不多见。

中国不同地区口腔专科分科情况差异也很大，相应的医院规格和设备技术差异显著。在大城市的三甲医院和专科医院，口腔医疗内容一般细分为口腔内科（可再细分为牙体牙髓科、牙周科、口腔黏膜科、儿童口腔科等）、口腔颌面外科（可再细分为整形科、牙槽外科、外伤肿瘤科、颞下颌关节科等）、口腔修复科和口腔正畸科等，每个科室都由专业的医师针对不同的疾病进行专业的治疗。在基层医院，口腔科往往采取全科的医疗模式，即由一名医师对一位患者的口腔病变做全面检查并制订、实施全程（包括口内、口外、修复等环节）治疗计划，全科口腔医师涉猎广却不精，对于一些疑难杂症并不能进行很好的处理。相应地，前者由于所设分科多，专科医师多，医疗资源投入大，其医院规格往往更大，设备技术更为先进。

（三）受众与工作内容

国民经济水平的差异明显影响患者对于治疗方案的选择。经济条件较好的患者，对健康、美观、就医体验有更高的要求，选择医疗水平更高、信誉更好或名气更大的医疗机构就诊，如三甲医院、口腔专科医院、高级民营口腔机构等。此类医疗机构分科更细，各专科口腔医师各司其职，如牙体牙髓科医师补牙，口腔颌面外科医师行拔牙颌面部手术，修复医师行牙体牙列修复治疗等；此外还有更高级的口腔医疗服务项目，如口腔正畸治疗、牙齿美白、整形美容，以满足人们对外观形象的追求。

然而在经济欠发达的地区，多为县级医院、小型诊所等，其中的口腔医师多为全科口腔医师，可以进行相对简单、费用较低的口腔治疗。在此类医疗机构就业，需要熟悉并能使用口腔各学科领域的治疗方法；但在口腔正畸矫治、种植牙、牙齿美白等方面，医疗需求量较少。

三、就 业 去 向

（一）毕业生就业意向

在我国，口腔医学毕业生的主要就业去向包括进入公立专科医院或综合医院口腔科，基层及社区口腔医疗机构，民营医院口腔科，私立口腔诊所，医疗器械公司，自主创业等。在首都医科大学口腔医学院一项口腔毕业生就业意向调查中发现，90.5%的学生毕业后首选到医院等医疗机构工作，5.3%选择到医院的管理部门工作，也有4.2%的学生考虑去口腔相关器械材料企业或其他单位工作。与其他医药类专业相区别的是，口腔医学生就业意向排序选项中，选择口腔诊所就业排位高于二级牙病防治所与社区口腔医疗中心，选择有意自主创业的同学远远高于其他医学类专业毕业生。

随着我国社会经济的快速发展及人们生活水平的日益提升，大学生的就业观念也发生了重要变化。尤其是在社会主义市场经济体制的影响下，薪资待遇及自身发展成为大学生就业的首要考虑对象。受地区经济发展不平衡等因素的影响，高等级医院多分布于经济较发达的东部地区，因此经济发达的东部地区相较于经济欠发达的西部地区，能够为大学生提供更好的发展平台、就业岗位及薪资待遇，因此，虽然根据我国医疗体制改革的发展要求，未来郊区基层及社区卫生服务机构将成为便民利民的重要医疗机构，但当下东部大城市就业还是毕业生的首选。

"双一流"大学毕业生与普通高校毕业生在就业意向方面存在差异。"双一流"大学毕业生往往倾向于继续深造或在大城市大医院就业，而普通高校毕业生，多数直接选择于基层及社区口腔医疗机构、民营医院口腔科、私立口腔诊所等口腔医疗卫生机构就业；也有少部分选择升学提高学历，再谋求好的就业机会。

（二）不同就业方向及其优劣势分析

不同就业方向及其优劣势分析见表4-1。

表4-1　不同就业方向及其优劣势比较

	优势	劣势
三级综合医院或市级以上专科医院	政策优势：由政府规划建设，享有国家财政支持与政策倾向 信誉优势：公立医院具有公益性，其信誉及社会认可度更高，得到患者信赖 人才优势：具有较为成熟完备的人才培养平台及丰富的教学科研资源，促进人才的全方面发展 技术规模：公立医院与民营医院（或诊所）相比，在体量和医疗、服务能力等方面，一般而言，具有绝对优势。（近些年，一些民营连锁牙科医院在体量和医疗能力上不亚于公立医院） 事业单位编制，享有相应的待遇及福利	公立医院还承载科研、教学等多项业务，在资源分配和经济创收上需二次分配，兼顾科研和教学的发展；同时，入职后，也需要承担临床医疗以外的教学、科研任务 技术及材料的引入需要更规范、更严格的监管，市场灵活性有所欠缺 入职门槛较高，对职员有较高要求 对于职员学历及继续教育有更高的要求
基层医疗或社区卫生服务机构	政策优势：由政府规划建设，享有国家财政支持与政策倾向 信誉优势：公立医院具有公益性，其信誉及社会认可度更高，得到患者信赖 事业单位编制，享有相应的待遇及福利	个人发展空间及资源不及大医院 收入不及大医院
私立医院（或诊所）	企业化管理：按照市场规律来运作，可运用多样的营销手段 模式灵活多变，灵活性强，效率高，市场上更具有竞争力 员工的经济收入与其业务能力相关性比较明显，擅长医疗及营销业务者收入可观	受市场经济影响较大，自负盈亏，需考虑医院倒闭风险 社会认可度往往不及公立医院 员工个人发展方向较为单一，且受限于企业管理者
医疗器械材料生产及代理公司	口腔医疗与医疗器械材料是不可分割的，存在医疗市场需求，就存在医疗器械与材料需求 员工经济收入与其业务能力相关性比较明显，擅长销售者收入可观	受市场经济影响较大，自负盈亏，需考虑医院倒闭风险 员工个人发展方向较为单一，且受限于企业管理者
自主创业	若创业成功，可成为企业管理者，管理分配企业所创造的财富	毕业即创业，多数对企业（诊所）的运营及管理在知识结构与经验上较为缺乏 资金和资源贫乏，存在创业失败的可能
继续深造（考研）	是个人发展与层次提升的良好途径 在深造后再就业，就业机会更多	考研存在落榜风险 教育周期加长

（三）毕业就业情况分析

据调查，口腔医学专业毕业生就业与专业匹配度很高；但学生普遍对就业表现出信心不足，多数认为"就业难"。主观因素：择业观念传统——首选稳定、高薪、名气的市级三级医院等。客观因素：家庭期望过高；学校就业、心理指导不健全等。

从近些年全国口腔专业本科毕业生就业数据来看，经过硕士研究生史上3次扩招（2020年第4次扩招）及事业单位入职学历门槛的提高，学生考研人数明显增高。与此同时，由于市级三级大医院或专科医院人才日渐饱和，招收本科毕业生岗位有所减少。大部分的本科毕业生就业去向为县市级医院、社区卫生服务中心或民营医疗机构。随着民营口腔的快速崛起，口腔医学生到民营医疗机构就业呈上升趋势，目前已达到40%以上，已经成为本科生就业的主要去向之一。

四、毕业后教育

口腔医学继续教育是指口腔医学学校教育后，以学习新理论、新知识、新技术、新方法为主的一种终身教育，目的是使口腔卫生技术人员在整个职业生涯中，保持高尚的职业道德，不断提高专业工作能力和业务水平，提高服务质量，以适应口腔医学科学技术和口腔卫生事业的发展。口腔医学是一门发展迅速的学科，对在职医务工作者来说，继续教育是提高其临床专业水平的重要途径。

（一）学历教育

我国口腔医学事业发展起步晚于临床医学，人员学历和素质相对较低，早年间进入口腔临床工作的口腔医生学历多为本科，少数为硕士研究生，极少数为博士研究生。但在近三十年里，中国口腔医学事业经过飞速的发展，且社会本科生的教育已进入大众化阶段，口腔医疗卫生机构对口腔医疗人员的学历要求不断提高，大城市的大医院现今多数要求硕士研究生及以上学历，在职医疗人员中，研究生学历也占了很大比重。

口腔医生评职称与学历教育密切相关。根据我国医生职称及晋升制度，职称晋级存在时间限制，如本科生参加工作满5年可晋升主治医师（中级职称），主治医师工作满5年可晋升副主任医师（副高）；硕士研究生工作满2年可晋升主治医师，主治医师工作满3年就可以晋升副主任医师；博士研究生参加工作满2年就可以晋升副主任医师，副主任医师满3年就可以晋升主任医师了。并且在一些院校附属医院，评职称还有较高的科研要求，所以研究生教育的科研培训经历就非常必要。

在公立医院，职称评审、绩效评分、职务晋升等多方面均与学历挂钩，所以就业后选择在职攻读或脱产攻读研究生学历（硕士、博士）的，均不在少数。

（二）住院医师规范化培训

住院医师规范化培训源于1993年，卫生部印发关于实施《临床住院医师规范化培训试行办法》的通知，是医学生毕业后教育的重要组成部分。通过3年的规范化培训，住院医师打下扎实的口腔科临床工作基础，能够掌握正确的临床工作方法，准确采集病史、规范体格检查、正确书写病历，能够认识口腔科的各类常见疾病，掌握口腔科常见疾病的诊治原则和操作技能，掌握口腔科感染控制的理论知识和操作技能；熟悉口腔科的诊疗常规和临床路径。培训结束时，住院医师能够具有良好的职业道德和人际沟通能力，具有独立从事口腔科临床工作的能力。

通过住院医师规范化培训，医学生理论知识进一步得到巩固，临床实践能力得到提升，而且积累了一定的工作经验，促进其良好职业道德的养成，对于其日后的工作有很大帮助。

（三）专业领域培训

我国口腔医疗行业发展迅猛，进入行业后，有丰富的学术交流与培训。中华口腔医学会成立于1996年11月，截至2020年6月，数据统计在册会员总人数超过10万人，其每年举办不同形式的学术会议，全年举办年会、研讨会、报告会、论坛等学术活动达数十次。

每年在全国领域均会举办大型口腔医疗器械展会，如华东、华西、华中国际口腔医疗器械展等，展会同时也承载了许多学术论坛、培训，以及学科前沿新进展及新技术讲座等。

【案例分析】

李同学，来自四川省，某高校（双一流）口腔医学院本科一年级学生。未来学业规划：通过推荐免试或研究生招生考试直接进入本校继续深造；研究生阶段，完成临床规范化培训和执业医师资格考试。

职业规划：留在本校附属医院工作或者参加家乡公立医院事业编制招聘。

可行性评价：三颗星或五颗星。

姚同学，来自台湾地区，某普通高校（非双一流）口腔医学院本科二年级学生。未来学业规划：通过高校面向港澳台学生的硕士招生，完成硕士学业计划及临床规培。

职业规划：主要去向台商私立医院或其他民营口腔专科医院。

可行性评价：五颗星。

【案例讨论】

1. 如果你是李同学，该如何规划未来学业和职业？除了本校读研，还有哪些国内高校口腔医学院招收研究生？请按本人报考意愿或高校知名度进行排序。

2. 请列举招收港澳台籍硕士生的中国大陆高校。

第二节　西方牙科医学生的职业环境

中国和西方国家的口腔医学学科设置并不相同，在中国为口腔医学（stomatology），在西方则为牙医学（dentistry）。同样，西方国家的牙医学发展受经济水平的影响，西方发达国家的职业环境大致类似，但也有一些不同。下面以美国牙科的职业环境为例，进行简要阐述。

一、职 业 现 状

美国牙医学的大发展时期主要是在第二次世界大战后，由于联邦政府与州政府的鼓励和经济上的援助，加上战后许多欧洲国家的牙医学教授"人才流美"，投奔了社会稳定、经济富裕的美国。

目前美国约有 60 余所牙医学院，其中州立和私立各占一半，联合组成牙医学协会，研究牙医学教育问题。在联邦政府的公共卫生部与州政府的经济资助下，加上毕业生的捐助，所有牙医学院都有宽敞的校舍和完善的设备。

美国 3.3 亿人口，平均每 2000 人可拥有 1 名牙医。但也存在医疗资源分配不平衡的情况。绝大多数的牙科诊所、牙医均分布在主要城市或经济发达地区。

二、就 业 去 向

美国不同的大学学费差别很大，其中私立学校学费要高于公立学校，学费每年在 4 万～8 万美元。多数学生无法负担巨额的学费及生活费，靠贷款来完成学业。贷款途径包含州立银行及其他银行等，贷款利息一般较低，其中州立银行会根据学生的就业情况给予一定的还款优惠。即便如此，学生完成学业后会承受不小数额的贷款。

所以，美国牙医学院绝大多数的毕业生在毕业后会选择私人开业，而在校期间，学校也会开设一些私人诊所财政管理、行政管理、患者信息管理等课程，为学生毕业后开业准备。美国的私人牙科诊所以为患者服务为主，收费也较为昂贵。一般美国牙医年收入平均值在 15 万～20 万美元，属于美国 5%的高收入人群。

此外，也会有少数毕业生选择到公立牙医学院就业。在美国的牙医学院就诊的患者以作为教学病例为主，患者入院时可以选择老师或者学生就诊，选择学生治疗，治疗费用将降低不少。

三、继 续 教 育

美国牙医学的学制设置和中国是有明显区别的。在中国完成五年制口腔医学专业本科学习后，获得口腔医学学士学位，完成八年制，可获得口腔医学学士和口腔医学博士学位。在美国，学士入牙医学院以前，已经完成 3～4 年的本科通识教育，考入牙医学院后再经过 2～4 年的学习（不同的学校学制设置不同）之后获得口腔外科医师学位或牙科医师学位。在美国，牙医学院首要任务是将学生培养成合格的牙医师；每年只有极少数的毕业生会继续深造，成为专科医师的学生，这需要再花 2～3 年的时间获得专科认证。

与中国的住院医师规范化培训相似，在美国，毕业生在获得口腔外科医师学位以后，可以参加为期1～3年的全科住院医师培训（general practice residency，GPR）。这个项目主要使学生更深入地将理论与实践相结合，将知识转化为临床实践，掌握临床工作的必备技能。

【案例分析】
　　方同学，来自上海。国内普通高校（非双一流）口腔医学院四年级本科学生，在校期间的平均学分绩点为3.8。未来学业规划：国外留学，主要方向是日本或澳大利亚的大学。
　　职业规划：回上海就业或者在国外自己创业开口腔诊所。
　　可行性评价：三颗星或五颗星。

【案例讨论】
　　1. 方同学的学业规划可能面临的主要困难有哪些？
　　2. 方同学的职业规划可能面临的主要困难有哪些？

本 章 小 结

　　就业是继高考之后又一次站在人生的"十字路口"，如何选择就业方向是值得重视和思考的问题。本章介绍了中西方口腔医学专业的职业环境与行业前景、影响其发展的因素、不同就业方向优劣势及毕业后继续教育的相关信息。旨在为大学生提供更多职业相关的信息，望其找准自我定位，尽早做好职业生涯规划。

　　我国的改革开放带来了巨大的经济效益，人民的生活水平也不断提高，在解决了温饱问题之后，人民对口腔健康的需求也在不断提高。口腔治疗手段和技术随着社会需求的增加，也获得了蓬勃发展。当前，我国医疗资源存在分配不均现象，特别是地域差异十分明显。口腔医学毕业生的主要就业方向是进入公立专科医院或综合医院口腔科、基层及社区口腔医疗机构、民营医院口腔科、私立口腔诊所、医疗器械公司和自主创业等。口腔医学教育主要包括学历教育、住院医师规范化培训、专业领域培训等。

　　中国和西方国家的口腔医学学科设置并不相同。目前，美国约有60余所牙医学院。美国牙医学院绝大多数的毕业生在毕业后会选择私人开业，也会有少数毕业生选择到公立牙医学院就业。

思 考 题

　　1. 哪些因素是你就业选择时需要考虑的？
　　2. 怎样的一份工作是你认为的理想工作？

第五章 职业决策

学习目标
1. 掌握职业决策的影响因素及应对措施。
2. 熟悉职业决策的有效性评估。
3. 了解职业决策的必要性。

第一节 职业决策理论概述

一、职业决策的必要性

（一）社会总体就业形势严峻

1. 近年就业趋势下滑 以2019年为例，中国经济增长放缓，全国就业趋势下滑。实体企业经营困难，互联网企业也频繁裁员，一些企业出现资金倒挂、欠薪、未上五险一金的现象。即使免于裁员，原本的一批高薪人员也面临薪酬待遇滑坡等现实问题。国家出台去产能化，供给侧结构性改革等政策，促使产能冗余企业转型升级，也造成一部分岗位取消，人员精简。

2. 供需对接出现断层 一方面，近年来，社会对毕业生学历要求持续走高。就医疗行业而言，公立三甲医院普遍需求硕士研究生及以上学历；与需求恰恰相反，中高层次的复合型、外向型和开拓型人才严重短缺，大学应届毕业生的能力素质与用人单位的要求存在较大差距。另一方面，毕业生又普遍持有较高的就业期望值。高不成低不就的心态使毕业生难以找到"理想单位"，因缺乏吃苦精神和处理实际问题能力而跳槽的现象屡见不鲜。同时，许多基层用人单位和欠发达地区却岗位空置，由于待遇无法吸引毕业生，其用人需求居高不下。

（二）口腔医学市场竞争激烈

口腔医学行业处于上升期，且地域发展不平衡，大城市与中小城市、乡镇之间差距较大。我国口腔医务工作者与人口的比例约为1：11 000，而发达国家则平均为1：（2000～5000），这表明口腔医学行业就业缺口非常大。

口腔医学毕业生人数逐年攀升，而社会每年产生的口腔毕业生需求缺口却增速有限。虽然有数据表明口腔专业毕业生的就业率在高校各大专业中名列前茅，但三甲医院的门槛拦住了大多数本科生。此外，医疗卫生事业改革将自主权下放到各大医院和医疗单位，许多医院纷纷采取减员增效促发展的方针，提高对人才质量的要求，就业难度加大。

（三）口腔医学高等教育存在不足

1. 职业决策缺乏指导 首先，就业课程与指导老师的专业性有所欠缺，内容流于纸上谈兵，不具备实际可操作性，内容也偏重理论，缺乏面试技巧等方面的指导，对学生的择业观和职业规划帮助甚微；其次，联系方式更新的脱节，也使得毕业生离校后的就业指导和跟踪服务工作形同虚设。

2. 职业培训与实际需求脱节 一方面，高校的专业设置和课程设置与社会需求之间吻合面较窄，口腔医学专业的大学生在医院实习周期较短，实践课程与理论课程比重安排失当；另一方面，高校扩招后教育质量下滑，口腔专业的基础设施、师资力量有限，口腔专用的牙椅模具等教学器械人均占有量不足，科教研一体化使得教师负担较重，课程安排受限，教学质量难以保证；另外，高校管理松散、严进宽出，导致一些学生对自己放松要求，贪玩享乐，疏于学业，没有在毕业之前培养出应有的专业技能和综合素质。其结果是，高校毕业生自身素质难以满足社会期望，出现口腔医生缺口大、门槛高的反常现象。口腔专业所需要的是全面发展的复合型人才，要求应聘者不仅专业知识扎实，还应具有良好的综合素质、实践和创新能力。而普遍现象是，应届毕业生缺乏广博的专业知识积累和解决实际问题的能力，思维狭隘，动手能力差，语言表达能力欠佳，适应性不强，因而职业决策的选择空间极大受限。

二、职业决策风格

职业决策（career decision making）是个体在职业选择和发展过程中抉择的过程。职业决策是社会认知决策研究在职业应用领域的具体研究，涉及决策过程的研究、决策模式的研究及影响决策因素的研究。

根据职业决策的方式和特征，学术上衍生出职业决策风格的"三分法""五分法""八分法"，辨明决策者的决策风格有助于研究职业决策的影响因素及思维机制，从而有助于正确决策。

（一）职业决策风格"三分法"

参照职业生涯领域的著名研究者哈瑞恩（Harren）的观点，人们的职业决策风格可大致分为三类（表5-1）：

表5-1　职业决策风格"三分法"

风格类型	具体描述
理性型	倾向于收集充分的环境与自我的信息，并将信息整合分析，动用逻辑权衡各种决策的利弊得失，一步步进行理论推导，得出最佳结论
直觉型	缺乏系统收集信息和逻辑分析的步骤，往往根据当时当下的情境和情绪感受，冲动地做出决定。直觉型决策风格的人做决定雷厉风行，依赖感觉而非理性，但他们能为自己做出的决策负责
依赖型	与前两种风格"求诸己"不同，依赖型往往"求诸人"，比较被动和顺从，以社会规范、社会风尚和社会评价为决策标准，做决策时重视他人的意见和期望，常常等待或依赖他人为自己收集信息，做出决定

（二）职业决策风格"五分法"

美国职业生涯专家斯科特（Scott）和布鲁斯（Bruce）认为决策风格是在后天的学习经验中逐渐形成的，将决策风格划分为以下五种类型（图5-1）。

1. 理智型　理智型的决策者拥有深思熟虑、分析、逻辑的特性，以周全的探求，对选择进行逻辑性评估为特征。他们评估决策的长期效用并以事实为基础做出决策。该类决策风格强调综合全面地收集信息、理智的思考和冷静的分析判断，因而比较受到推崇，是其他决策风格的个体需要培养的一种良好的思考习惯。但即使采用系统的、逻辑的方式，理智型决策者也会因为害怕承担决策的后果而不能整合自己和重要他人观点，因而理智型的决策风格也并不是理想完美的。

2. 直觉型　直觉型的决策风格以自我判断为导向，以依赖直觉和感觉为特征，比较关注内心的感受。直觉型决策者能利用有限的信息快速做出决策，当发现错误时能迅速改变决策。由于不依赖理性分析而以个人直觉为基础，这类决策不确定性较大，容易发生偏差和错误。

3. 依赖型　依赖型的决策者以寻求他人的指导和建议为特征，允许他人参与决策并共同分享决策成果，往往不能够独自承担做决策的责任。这类决策者可能因为简单地模仿他人的行为导致负面的反映，但也会受到他人的正面评价。觉察生活中重要他人对自己的影响程度对依赖型的决策者十分重要。

图5-1　职业决策风格"五分法"

4. 回避型 回避型的决策风格以试图回避做出决策为特征，是一种拖泥带水、不果断的方式。决策者往往基于害怕做出错误决策和对重要决策的焦虑心态而回避决策。决策者倾向于不考虑未来的方向，不知道自己的目标，也不思考，不去做准备，更不寻求帮助，自然也不能够承担做决策的责任。这类学生需要努力调整，增强职业生涯规划的意识和动机，意识到自身的决策风格及其可能造成的危害。

5. 自发型 自发型决策是一种具有强烈即时性，并对快速做决策的过程有兴趣的决策风格。自发型决策的个体以渴望尽快完成决策为特征，往往不能够容忍决策的不确定性及由此带来的焦虑情绪，常常在缺乏深思熟虑的情况下，基于一时的冲动做出决策。

（三）职业决策风格"八分法"

著名学者丁克赖吉（Dinklage）根据人做决策的不同行为特征，把职业决策分为以下八种类型。

1. 延迟型 延迟型决策者往往拖延决策的进程，刻意忽视问题的所在，倾向于做决定越迟越好。

2. 宿命型 宿命型决策者倾向于把决定权交给命运或他人，认为选择的结果无论如何都一样，不愿自己做决定。

3. 顺从型 顺从型决策者常常屈从权威的决定，从而放弃自己的观点，虽然想坚持己见但无能为力。

4. 麻痹型 麻痹型决策者依靠自我麻痹来逃避决定，既害怕决策的后果，也不愿负责。

5. 直觉型 直觉型决策者不考虑外在因素，全凭自身感觉和欲望做出决定。

6. 冲动型 冲动型决策者做决定只抓住第一想法，不愿意思考太多。

7. 犹豫型 犹豫型决策者考虑太多要素，在不同选项中痛苦纠结，迟迟无法下最终决定。

8. 计划型 计划型决策者既考虑外界客观环境，又倾听内心的声音，以期做出恰当理智的决策。

各种职业决策风格均存在一定的优势和弊端，综合而言，理智型和计划型的决策者更有可能做出较为正确的决策。

【案例分析】

　　小方是某高校五年制口腔医学生，即将迈入大四的第二个学期，身边的同学要么备战考研，要么找到实习单位，准备为求职积累经验，而他却迟迟拿不定主意。其实刚进大学时，他就听过职业规划讲座，但那时他觉得考虑这些还太早，可一晃眼就到了不得不做出选择的十字路口。父母希望他读研以后进三甲医院，这样工作比较稳定，他找不出反驳的理由，就按父母的话报考了研究生。

　　小方的哥哥小明比他大两届，从小就有自己的想法，他一毕业就应聘进了私立医院工作，理由也很简单，不想再读三年书，想尽早出来赚钱。

【案例讨论】

　　1. 小方和小明的做法符合哪些决策风格？

　　2. 你属于什么决策风格呢？

第二节　职业决策实施方法

一、职业决策流程

　　职业决策大致流程：确定首选职业目标；进行目标分析，即按照自己对目标职业的了解程度，分析职业的薪酬待遇、发展前景等信息；列出首选理由，是因为职业与自己的兴趣爱好相符，还是满足了父母的期望，能够得到一定的社会地位和财富等；确定目标之后是路径设计，按五年一个跨度来制订计划，根据最终目标确定阶段性目标；还需要借助SWOT分析、胜任力模型等量表工具，判断自己与职业目标的契合度。还应确定1~2个备选职业目标，为首选目标未能实现的情况打好预防针（图5-2）。

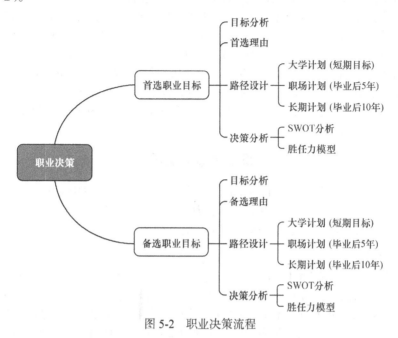

图5-2 职业决策流程

胜任力模型（表5-2）可以帮助个体判断自己是否具备在目标职业脱颖而出的潜质，以下是研究者从访谈中归纳的医学工作者的7个基准胜任力和5个鉴别胜任力，分别代表能使人胜任医学临床工作的7个特质，以及5个对鉴别一般表现和优秀表现有所帮助的特质。

表5-2 胜任力模型

基准胜任力	鉴别胜任力
负责、可靠	
职业道德水平	计算机应用、信息搜集能力
沉稳、有耐心	勤奋努力、钻研精神
熟练掌握专业基本操作能力	科研能力
自我指导和持续学习	团队合作能力
熟练掌握医学基础知识	善于表达、自我展示
沟通能力	

二、职业决策有效性评估

明智的职业决策能使个人特点与工作要求相匹配，不仅使个体终身受益，更惠及行业乃至整个社会。

职业决策分为筛选和比较两个步骤，正如摘苹果时要先把树上的好苹果都捡到一个篮子里，再根据大小形状、成色甜度进行精挑细选。职业决策首先应该搜集具备实现可能性和吸引力的职业选择，对这些选择的优劣进行一一列举和比较。

对口腔医学生而言，预选阶段的列表里可能会出现口腔临床医生、基础科研工作者、医疗器械领域专业人员、医学院校专职教师等备选项，在比较阶段衡量的标准则可能包括工作环境、薪酬、所需学历等职业满意度指标。

而评估职业决策的有效性也正从这两方面入手。在筛选阶段，一般采用职业个性量表对个体和工作进行匹配度调查，个体对自身性格、兴趣、能力和价值观了解得越深，对所选职业的认知掌握得越明确完善，做出有效决策的可能性就越高。在比较阶段，不仅需要详尽地罗列出影响职业满意度的各项指标，并结合自己了解的信息对每项指标进行评估，更要注意不同指标的权重比值。

例如，对某个体而言，口腔正畸科医生无须值夜班、薪酬较高，但竞争相对激烈、与自身兴趣相左，此时就需要抓住关键要素，结合实际做出判断，另外，口腔医学的诸多分支（如口腔正畸学、修复学、牙体牙髓病学、口腔颌面外科学等）之间关系密切，在职业决策时不仅要考虑自身兴趣与专长，更要注意评估的全面性。

三、职业决策的影响因素

2002 年诺贝尔经济学奖得主 Kahneman 在《思考，快与慢》一书中指出，人的大脑有两种决定方式，依赖情感记忆的"系统一"和调动注意力分析解决问题的"系统二"。大量研究表明，职业决策过程与之类似，是由认知机制与情绪机制二者共同作用的。

（一）认知资源

1. 认知负荷理论　该理论的提出者澳大利亚心理学家 Sweller 认为，解决问题和学习工作中的各种认知加工活动均需消耗一定的认知资源，而资源总和并非无限，认知资源短缺是各类活动占用的过量资源的必然结果。资源分配不足使人们的认知策略转向节能化，如使用联系更直接、动用认知资源更少的启发式。这会导致决策者偏向情绪化决策和利用特性对浅显认知进行加工。

2. 应对措施　口腔医学生在大学生涯中应注意收集职业信息，专门选取一段时间，慎重做出职业决策。大三到大四是比较合适的时间段，此时口腔医学生开始接触专业课程和医院实习，对各分科逐渐形成较为直观的认识，而大五面临找工作与考研升学压力，认知负荷较重，不利于做出理性的职业判断。收集信息时应注意信息的有效性和相关度，切忌道听途说，不顾个体差异，照搬照抄他人的职业决策。

适度的认知负荷有助于决策者不陷入典型性启发、有效性错觉等思维陷阱，运用逻辑和理性思维综合权衡各项因素，做出合理的职业决策。

（二）情绪因素

1. 积极情绪与消极情绪　研究表明，情绪通过三种途径对职业决策施加影响，即改变个体思考内容的情绪色彩，干预个体的决策过程和决策策略，作为选择和判断的启发式。积极情绪使决策者高估积极事件发生的概率，对潜在损失容易持保守态度。积极个体在高风险时比消极个体表现出更强的风险回避倾向，而在低风险场景中则恰好相反。消极情绪使个体决策以降低负面情绪而非完成任务为目的。在澳大利亚社会心理学家 Joseph Forgas 的实验中，处于悲伤情绪的个体倾向于选择友好的人作为搭档，而放弃与高能力者合作的机会。处于害怕情绪的个体对风险较为敏感，而愤怒情绪的个体风险知觉度则相对较低。处于悲伤和愤怒两种不同负性情绪下的个体倾向于高估具有相同情绪色彩的事件发生的可能性。在职业决策中，悲伤的个体倾向于高风险高回报的选择，而处于焦虑状态的个体则倾向于低风险低回报的选择。

2. 应对措施　认识到自身在职业决策时所持有的情绪倾向，及时借助自身疏导及心理咨询等手段保持健康的心理状态和情绪反应，可以帮助决策者做出正确的决策。处于特定年龄段的大学生群体的决策过程具有鲜明特点，与中老年人相比，青年人的冒险性、冲动性、成就动机及情绪化水平普遍偏高，求助于年长而经验丰富的职业规划人员协助决策，有助于规避过度情绪化对决策造成的不良影响。

（三）时间限制

1. 时间限制的两面性 时间限制对决策的影响具有两面性，一些研究表明时间限制将降低决策有效性和冒险性，但有时也能提高决策质量。时间限制通过改变前两种因素对决策过程和结果发挥作用。在认知机制中，面临时间限制的决策者有两种策略，他们可能小范围微调决策过程，如加快信息处理速度，也可能大幅度转变决策的基本策略；在情绪机制中，最后期限使个体产生紧迫感，变得更加焦虑且精力充沛，并倾向于利用启发式进行决策。

2. 应对措施 口腔医学从业者的决策贯穿职业生涯的始终，应该早做准备。在大学阶段应尽早确定发展方向和职业目标，定下近期的五年计划和未来十年计划，并不断根据实际进行调整。

本 章 小 结

在社会总体就业形势严峻、口腔行业高门槛和高等教育有所欠缺的职业背景下，对职业决策的理论学习和具体实践势在必行。不同决策风格的个体均受认知机制和情绪机制的双重影响，应合理规避决策类型和影响因素对决策过程的不良干预，按照决策流程进行决策，并对职业决策进行有效性评估。

思 考 题

1. 对照职业决策风格的不同分型，思考自己是哪种类型的决策者，并反思该种决策风格存在的优势和弊端。

2. 根据自身情况，按照职业决策流程草拟自己的职业目标和职业规划。

3. 对照胜任力模型，思考自己的胜任力，若你的职业目标并非临床医生，可以查阅其他资料，根据相应职业的胜任力模型进行判断。

第六章 职业能力

学习目标

1. 了解专业技能的内涵，自觉提升专业技能。了解学习规划的内涵，明确自己学习目标和任务。了解团队精神、创新创造能力、沟通能力等通用技能对职业发展的重要意义。

2. 掌握提升各种通用技能的方法和技巧。

第一节 口腔医学生专业技能的提升

一、口腔医学生专业技能的内涵

何为专业技能？其内涵是指从事某一职业的专业知识的应用能力，一般需要通过专业教育才能获得的知识和能力。口腔医学生专业技能则是指口腔医学生未来从事口腔医学领域职业的专业知识和应用能力，一般需要通过专业教育才能获得的知识和能力。专业技能的获取途径包括学校课程学习和专业实践、社会培训和资格认证。专业技能是一个人成功实现职业化的必备条件，比尔·盖茨的十大优秀员工准则中的第五条准则就是具有远见卓识，并提高专业知识和技能，具体包括：一是对周围的事物要有高度的洞察力；二是吃老本是最可怕的；三是不断学习，提高自己的工作能力；四是掌握新知识新技能，以适应未来的工作；五是做勇于创新的新型员工。

二、口腔医学生应具备的专业技能

口腔医生的基本职能是"治病救人"，即看病、诊断、决定治疗方案、主导治疗过程，直至医治好患者。医学生应具备的能力和素质见表 6-1。

表 6-1 医学生应具备的能力和素质

全球医学教育基本要求（GMER）的七大领域	相应的能力和素质
职业价值、态度、行为和伦理	1. 职业道德
	2. 工作责任心和敬业精神
医学科学基础知识	医学基础知识
临床技能	1. 分析与解决实际问题的能力
	2. 临床技能
交流技能	1. 与患者及其家庭成员的沟通技巧
	2. 团队精神
	3. 表达能力
群体健康和卫生系统	1. 对人群发病和死亡趋势的了解
	2. 对疾病各类危险因素的了解
	3. 对患者及其家庭成员的健康教育
	4. 对卫生保健系统及其运转的了解
	5. 医疗卫生的成本/效益分析
信息管理	1. 收集、分析和解释医学信息的能力
	2. 利用信息和通信技术解决临床问题的能力
	3. 对医学信息技术局限性的了解

续表

全球医学教育基本要求（GMER）的七大领域	相应的能力与素质
批判性思维和研究	1. 科学思维和方法的掌握
	2. 批判性评价现有临床经验和技术的能力
	3. 不断自我学习和评估的能力
	4. 求知创新意识
	5. 科研工作能力
	6. 适应技术和社会迅速变化的能力
	7. 进一步发展的潜力

作为口腔医学生，在专业理论知识方面，必须具备扎实的学科基础和专业知识，掌握医学基本理论知识，如生理学、生物化学、医用物理学、解剖学、组织胚胎学、病理学、病理生理学、微生物学等知识；掌握口腔医学理论知识，如口腔解剖生理学、口腔组织病理学、口腔材料学、口腔生物学、牙体牙髓病学等。在临床实践能力方面，应熟悉掌握病历书写和分析、体格检查和一般基本操作技术、辅助检查结果分析、临床判断和诊断能力等基本的临床实践能力。

三、口腔医学生如何提高专业技能

（一）教学体系

21 世纪，中国经济不断发展，人们生活水平逐步提高，也越来越关注自身的口腔卫生状况，因此对口腔医疗行业提出了更高的要求。口腔医学生专业技能提升的基础途径即学校的教学培养。因此，了解我国口腔医学教学体系很重要。

1. 教学大纲 目前我国的口腔医学教学大纲，是以传统的学科为基础，分为牙体牙髓病学、牙周病学、口腔解剖生理学、口腔组织病理学等。大纲详细说明了每个学科的目的、要求、内容、学时分配，由各学科教研室分别承担教学任务。

2. 教育模式 目前国内口腔医学本科教育模式为三段式教学。

第一阶段：医学基础课教学。学习生理学、生物化学、解剖学、组织病理学等医学基础课程，奠定医学理论基础。

第二阶段：口腔理论课教学。在教学过程中，穿插进行实验实训室实践教学和临床见习。同时，组织学生到医院和技工室进行见习，将理论教学与临床实践更好地结合在一起。

第三阶段：临床实习实践。在第五学年安排学生到医院进行实习，以提高学生的工作实践能力。每位学生都有实习带教教师，在科室实习结束后进行出科考核，以检验实习效果。经过毕业实习的锻炼，学生提高了综合实践能力。

3. 教学资源

（1）实验实训资源：为加强学生的动手能力和职业技能训练，各大院校一般配置有实训室，主要包括口腔临床实训室和口腔技工实训室，配有口腔临床模拟操作系统、口腔技工操作系统和系列教学模型（图6-1）。学生可通过临床模拟环境，进行多种口腔临床医学技能的训练（图6-2），为将来实习和工作打下了坚实的基础。

（2）教师资源：教师在口腔教学活动中扮演传授专业知识和培养学生综合素质的角色。各大院校口腔教研室常依托于附属医院、省市级医院口腔科，承担教学任务的教师一般是口

图6-1 口腔仿真头模教学系统

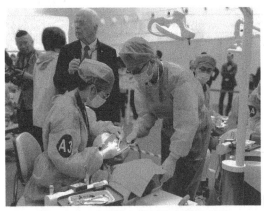

图 6-2 口腔医学生进行临床操作考核

腔临床医生，他们将抽象的理论教学和丰富的临床经验相结合，使专业课教学变得更易懂。为保证实践技能课程的质量，实验课通常由医院的口腔技师配合教师进行教学。

（二）多渠道学习

要成为一个紧跟时代发展和知识更新步伐的口腔医学生和未来口腔医生，仅通过学校课程教学是远远不够的，需要从各种渠道获取学习信息。

1. 网络学习 当今时代，信息技术高速发展，网络信息获得渠道多样，网络学习已成为获取学习信息最有效的渠道之一。相对传统学习活动而言，网络学习有以下三个特征：一是共享丰富的网络化学习资源；二是以个体的自主学习和协作学习为主要形式；三是突破了传统学习的时空限制。学生在网络背景下的这种自主性和探究性学习使他们的学习具有了传统学习无可比拟的优点。

2. 参加学术会议

（1）有助于了解领域前沿：参加学术会议，最直接的受益是快速了解本领域及相近领域的学术前沿，了解行业动态。掌握大家都在做什么，做到什么程度，有什么意义和价值。

（2）有助于启发科研思路：在听报告的过程中，各种思想碰撞会开拓科研思路，激发灵感，很多科研想法会灵光乍现，进而丰富、发展当前研究，优化学术体系。

3. 参观口腔医疗器械会展（图 6-3） 口腔医疗器械会展一般会进行实物展览和课程介绍，可了解最新口腔医疗技术和设备。

4. 与口腔民营机构交流 在网络平台和某些口腔会议上，常会邀请口腔民营机构的成功经营者来分享其经营管理经验，有助于口腔医学生了解更多未来的就业方向。

图 6-3 中国国际口腔器材展览会暨学术研讨会

第二节　口腔医学生学习规划的制订

【案例分析】

两个同学 A 和 B 在同一年进入同一所上海重点大学，就读于同一个专业，且在同一个寝室，A 从大一就进行了详细的学习规划，大学期间努力学习，获得各类奖学金，积极参加各种社团和学校组织，活跃于各种比赛、社会实践活动，在大五顺利获得保研名额。而 B 在大学期间得过且过，一直过得浑浑噩噩，沉迷游戏，大五勉强获得毕业证书。

【案例讨论】

1. 为什么同学 A 和 B 大学会获得不一样的结果？

2. 作为一名口腔医学生，在大学期间，应该如何进行学习规划？

一、口腔医学生学习规划的内涵

（一）学习规划的定义

口腔医学生学习规划，是指口腔医学生在大学学习期间，对其学业进行相关的筹划和安排，以提高其人生职业发展效率。

（二）学习规划的意义

1. 有助于口腔医学新生较快适应大学生活 大学新生刚步入大学，不熟悉新环境，有诸多不适应。通过学习规划，口腔医学生得以了解和分析个人兴趣，找到适合自己的成长方向，树立人生目标，科学地安排学习和生活。学习规划还促进学生学习理论知识，掌握相关技术技能，提高专业素质。

2. 有利于口腔医学生学习规划与就业规划的对接 制作学习规划是做好职业生涯设计的重要前提。因而，口腔医学生在进行学习规划时必须树立自己的未来职业目标，且要重点考虑所选择专业的市场需求。通过认真筹划与安排自己的学业，以最少的时间、精力、金钱等求学成本来实现自身的职业目标和理想。

3. 有利于口腔医学生提升综合素质 不同于中学阶段是以知识教育为中心，大学阶段更重视培养学生综合素质。通过学习规划，口腔医学生可学会正确处理课内理论学习和课外实践活动之间的关系，在不断丰富专业知识的同时，培养自身人际交往能力、沟通能力、团队协作精神，完善修养品德，以提升自身综合素质和能力。除了专业技能学习以外，口腔医学生还可利用空余时间参加校系院学生会、社团等组织的各种活动，并通过体验各种社会实践活动来拓展自己的眼界和思维方式。

4. 有利于促进口腔医学生学业成功 制订有效的学习规划，必须考虑自身条件和现实问题。学习规划可引导口腔医学生认识自身个性和优缺点，以及所具备的资源优势，帮助其重新认识自身的价值，指引他们学会对比分析自身的长短处及综合素质，明晰个人目标与实际情况之间的距离。另外，制订学习规划可以使口腔医学生学会利用科学有效的方法，采取切实可行的步骤，以增强专业竞争力，从而实现最初的梦想。

二、口腔医学生的学习特点和方法

（一）口腔医学生的学习特点

1. 口腔医学教育文理交融，学制长，科系、学科设置多。
2. 口腔医学属于生命科学，社会意义大，必须掌握的内容多。
3. 口腔医学实践性强，实验、实践课比重大，操作多。
4. 口腔医学科学发展快，需要更新学习的知识多。

（二）口腔医学生的学习方法

1. 学会点线面的口腔医学立体思维 法国生理学家贝尔纳（Bernard）曾经说过，良好的方法能够更好地发挥运用天赋的才能，而拙劣的方法，则可能阻碍才能的发挥。这就说明，运用好的方法去培养和提高学习思维，会取得事半功倍的效果。通过建立巧妙的学习思维，可以让口腔医学生更高效地学习专业知识。

（1）点：这里指各个医学学科中的每个知识点，这些点既是学习新知识的起点，又为接下来深入学习打下基础。因此，在学习初期一定要花时间将知识点理解透彻，熟记于心。

（2）线：这里指利用口腔学科各科目的各个知识点相互联系形成的线，形成知识点脉络。专业学习初期学到的知识点是零散的，只有将其联系才能更好地理解其逻辑。

（3）面：将多条知识点纵向联系起来，形成一个面，俗称知识面。要编织好完整的面，就要找到各知识点的内在联系，找到其交汇点和共同规律。

（4）立体网络：即将各个知识面有机结合，构建一个强大的医学知识立体网络。在临床上，很多患者不仅仅只有一种病，经常会同时出现两种或两种以上的病，而且人体是一个非常复杂的结构，疾病之间会相互影响，一种疾病也往往会伴发另一种疾病。

2. 养成良好的口腔医学学习习惯 口腔医学学习是一个终身学习的过程，一个良好的学习习惯对于口腔医学生来说尤为重要。除了课前预习、课后复习、认真听课等一般的学习习惯外，"看书—做题—再看书找资料—归纳整理"也是口腔医学学习的好习惯。

（1）看书：这里指学习的初级阶段。第一遍静下心来通读将要学习的章节，初步了解出现的新名词，各个新知识点，对整个章节有个初步的了解。第二遍就要精读，建议精读之前可以先看一下整个章节的框架，结合大纲，知道这个章节主要讲了哪些问题，需要掌握哪些东西。在大脑中有个基本的框架后，就可将章节分成一个个小部分，带着问题和目的仔细阅读这些小部分，掌握每一部分所讲的问题，把各个点连成线。

（2）做题：做相应章节的配套练习，也是发现问题的过程，是学习的中级阶段。合理做题有以下几大好处。

1）做题加深知识的理解：之前看书由于量大，范围广，容易对一些知识点理解不够深入，通过做题可以加深对核心与重点知识的理解及弥补对某些知识点的遗漏。

2）做题是一个发现问题最快捷的途径：很多人都存在"看书的时候都懂，做题的时候都不会"这样一种情况。这是因为之前看书其实是一种"主动地学习'被动知识'"的过程。

3）做题是对之前看过内容的一种有效的记忆方法：如填空是对之前各个知识点的回忆，简答题是对之前各个问题，或问题的各个部分的回忆，是对各系统的回忆，这些显然可以帮助记忆。

（3）再看书找资料：做完题肯定会有更多疑问，做的题越多，疑问就越多。带着疑问再次去看书，不仅要看本章节的内容，也要看其他相关章节或其他相关学科的书，也可以上网查找相关文献资料。可以找一些同学、朋友一起完成这个阶段，相互学习，相互帮助，相互提高。

（4）归纳整理：把各个问题都弄懂之后，就要把思路完全地整理归纳，记录下来。这个过程第一帮助记忆，第二也方便今后随时回顾。虽然整理的过程比较费时间，但整理之后可长久受用。这也是口腔医学知识，医学功底储备的关键步骤。

通过"看书—做题—再看书找资料—归纳整理"这个流程，可以有效地整理知识，储备起来方便今后运用。

3. 运用各种口腔医学记忆方法（表 6-2）

表 6-2　口腔医学记忆方法

记忆方法	定义	举例说明
口诀记忆法	所谓口诀记忆法就是以整齐押韵的句式概括出所要记忆的内容，形式上近于顺口溜，内容上对其概括，然后实行强化记忆	"上颌中切牙"形态口诀： 上切唇长大于宽，近切角直别左右，唇切三分发育沟，舌窝周是嵴边缘，唇切舌切各轴面，颈三就是外高点；近远中面似三角，顶为切嵴底颈线，根单粗壮唇侧宽，横剖切面三角圆，有些根尖略偏远，此乃皆是它特点
归纳记忆法	对零散的记忆材料进行排队、归类、总结和推理的记忆法称为归纳记忆法，这种方法可以将很多看起来毫无联系的材料归在一起记忆	X 线片里钙化影像的颌骨良性病变有牙源性腺样瘤、牙源性钙化囊性瘤、牙源性钙化上皮瘤、骨化纤维瘤
比较记忆法	在记忆相类似的事物时，可将两种事物进行对比，找出异同	天疱疮：上皮内疱 良性黏膜类天疱疮：上皮下疱
形象记忆法	将知识点以图、表等形象描绘出来，简便易记	（见下表）

	切牙	尖牙	前磨牙	第一磨牙	第二、三磨牙
上颌倾斜方向	唇侧	矫正	矫正	矫正	颊向
下颌倾斜方向	唇侧	矫正	舌倾明显	矫正	舌向
对比	上颌＞下颌				

4. 建立理论和实践相结合的口腔医学学习模式 口腔医学教育的一个突出特点是实验、实践课比重大。对于口腔医学生来说理论和实践是缺一不可的。

在实验、实践课，见习、实习期间，跟着带教老师需要做到以下几点。

（1）勤观察、勤思考、勤归纳整理：要仔细观察各种实验现象，观察患者，观察门诊手术操作等，观察的时候将现象与之前学的理论对应起来，要勤思考，结合理论，思考"为什么会出现这样的现象"，并查找资料，将这些内容进行归纳整理，运用到以后的实践中。

（2）勤动手、勤练习：在实验、实践中要勤动手、勤练习，并在实践过程中积极发现问题、解决问题，积极积累经验，再回归到理论，发展理论。

三、口腔医学生如何制订学习规划

（一）学习目标的选定

把兴趣爱好、能力特长、社会需要结合起来。在确定学业目标时，需要根据社会需要，以及最适合发挥自身优势的专业方向，将想干的、能干的、社会要求干的有机地结合起来。结合点和衔接点正是大学生学业规划的关键所在。

（二）学习目标的分解

制订学习总目标以后，要能自上而下进行分解，并确定各个目标实现的具体时间。可以按照以下思路进行：初步明确学习总目标，再依次制订一年、一学期、一个月、一周及一日的学习目标。从而确保学习的严格执行。

（三）学习规划评估

在实施学习规划的过程中，应当根据实际情况的改变，不断对其进行相应的评估与修改，及时纠正学习规划中不合理或不适当的地方，如生涯路线的选择、阶段性目标的修正、实施措施与计划。

总之，对于口腔医学生来说，应充分认识到学习规划的重要性，尽早尽快地明确大学的学习目标，设计自己的五年学习规划，明确自己需要学什么、怎么学等问题，并且还要不断提高自身的综合素质，以期在未来激烈的社会竞争中把握主动权，从而实现自我。

第三节 口腔医学生通用技能拓展

【案例分析】

从前，两个推销鞋的推销员到一个岛屿，第一个推销员到了岛屿之后，非常生气，因为他发现这个岛屿的居民都赤脚而行。他十分无措，居民不穿鞋，推销鞋怎么行，于是他马上与他的老板联系，说鞋不要运来了，这里没有销路的，没有人穿鞋的。几天后，第二个推销员来了，他高兴极了，认为在这个岛屿上售卖鞋很有市场，大家都不穿鞋，如果能说服他们穿鞋，一个人穿一双鞋，那可要赚翻了，于是他马上联系他的老板，要赶快空运鞋来。

【案例讨论】

1. 同样一个问题，为什么两个推销员得出的结论是不同的？

2. 这个故事对于口腔医学生有何启示？

通用技能是指一些可迁移的技能，如团队合作能力、沟通能力、领导能力、创新能力、自主学习能力等。之所以称为可迁移的技能，因为它是做好任何一个岗位都必备的，促进职业发展的重要推动力。

一、团队协作能力

（一）团队协作能力的内涵

团队协作能力指团队里的每个人精诚合作，同心戮力，发挥团队精神，使团队发挥最大工作效率的能力。医学生团队的协作能力是卓越医师职业素养和综合素质培养的一个重要方面，医学生团队协作能力的强弱，直接影响其在未来职业生涯中参与医疗工作的质量，与患者的健康和利益息息相关。

（二）团队协作能力的意义

1. 团队大于个人（1+1+1＞3）　众所周知，一根筷子能被轻易折断，但许多筷子放在一起，则很难折断。团队的力量要远大于个人的力量。要发挥团队最大的优势，既需要集体的讨论和决策，还需要成员之间的协作及共同贡献。

2. 团队协作的本质是共同奉献　共同奉献需要在团队中建立一个切实可行且让成员能信服的目标。只有这样，才能够刺激团队的工作动力，发扬奉献精神，共同往一个方向努力前进。

3. 团队合作与个人的潜力　团队里大家都应当坦诚相待，都应谦虚好学和心存奉献精神，取长补短，以提高个人的能力。如果大家把团队中每一个人的长处都转变为自己的长处，并能够灵活运用，不仅可使团队的力量日益强大，也可使自己的能力和潜力慢慢提高和升华。

4. 团队精神的核心就是协同合作　协同合作是所有团队必须具有的核心品质，这是建立在信任基础上的无私奉献，使得团队成员能补互助。

（三）如何提高团队协作能力

1. 尊重团队成员　尊重是不讲究地位和资历，尊重是指团队成员在交往时所维持的平等的态度。团队成员若能互相尊重，互相帮助，既尊重他人，又适当保持自我个性，可显著提高团队的协作能力。

2. 学会欣赏他人　团队成员在做同样的事务时，因工作效率差异，有人表现突出，有人表现较差，不知不觉中分出了高低。此时，落在后面的人可能觉得酸溜溜，而不去思考如何学习他人以提高自身工作效率。所以，每个人都要先摆正心态，不是以"假想敌"的眼光而是用客观的目光来看待同伴队友，发现对方的优势长处，取长补短。

3. 懂得宽以待人　雨果曾说过，世界上最宽阔的是海洋，比海洋更宽阔的是天空，而比天空更宽阔的则是人的心灵。在竞争激烈的职场之上，宽容是能尽快融入团队的便捷方法。

4. 建立信任关系　随着现代社会的发展，职业分工日益精细，越来越需要各环节和各专业领域的合作。因此，团队成员之间的相互信任十分重要，队员们应当相信队友的能力，互帮互助，乐于分享，才能共同成长，完成共同的目标。

5. 勇于负责担当　敢于担当，不仅要对自己负责，更要对团队和团队成员负责，并将这种负责担当的精神落实到每一个工作的细节之中。

二、医患沟通能力

（一）医患沟通的内涵

口腔医患沟通是指口腔医师在诊治患者的口腔疾病的过程中进行的一种必需且细致的交流，以更快更有效率地改善患者的疾病。1989 年在《福冈宣言》中，世界医学教育联合会曾指出，所有医生必须学会交流和处理人际关系的技能。

（二）医患沟通的意义

1. 医患沟通是医疗诊断的需要　医患沟通是对患者口腔疾病起因、发展过程的全面了解，是口腔疾病诊断的前提，患者沟通交流的过程主要包括病史采集和体格检查，沟通交流的质量，决定了病史采集是否可信，体格检查是否可靠，在一定程度上决定了疾病诊断的准确性。口腔医疗活动是由口腔医患双方共同参与的过程，口腔医患沟通是口腔临床治疗所必需的。

2. 医患沟通是医学发展的需要 现代医学科技不断发展，口腔临床医生对设备和仪器越来越依赖。生物–心理–社会医学模式的建立和发展，体现了医学人文精神，医学的这种新模式使口腔医患沟通显得更为重要。

3. 医患沟通是减少纠纷的需要 当今中国现状，口腔医患纠纷频出，这主要是因为口腔医患交流沟通不充分，导致患者对口腔医疗服务内容和方式的理解有偏差，产生不合理的期望值，当结果低于患者期望时，就会埋怨甚至投诉口腔医师。

（三）如何提高医患沟通能力

1. 一个根本 尊重、同情、诚信、耐心。

2. 两个技巧 一是倾听，多听患者或家属的病情介绍和心理状况；二是解释，对患者或家属多解释一下口腔疾病的诊断和治疗。

3. 三个掌握 一是掌握患者的病情、治疗情况和检查结果；二是掌握患者经济情况、医疗费用的使用情况；三是掌握患者的心理状况。

4. 四个留意 一是留意患者的情绪变化；二是留意患者受教育程度；三是留意患者对病情的认知程度和期望值；四是留意自身的情绪变化。

5. 五个避免 一是避免强求患者马上接受治疗；二是避免使用不当的词语和语气；三是避免过多使用专业词汇；四是避免强制改变患者的观点；五是避免压抑患者的情绪。

6. 六种方式 包括预防为主的针对性沟通、交换对象沟通、集体沟通、书面沟通、协调统一沟通和实物对照沟通。

三、创新创造能力

（一）创新创造能力的内涵

创新创造能力是人们通过各种方法产生新认识和新思想，并且创造新事物的能力，综合体现了创新意识、创新思维和创新技能。口腔医学生的创新创造能力包括对新知识、新领域的学习探究，对新方法、新手段的大胆实践，对新技术、新学科的引用学习等。

（二）创新创造能力的意义

1. 创新思维能力的有与无，将决定一个人的发展前途 由于创新思维能力上的差异，会导致不同的结果或结局。常说人要脚踏实地，这是行事为人和工作的基础，但是有无创新思维能力对一个人的进一步发展更为关键。

2. 创新思维能力的高与低（大与小），将决定一个人的事业天地 普通人若具有一定的创新思维，就可以较出色地完成工作。古今中外那些知名的有所建树、有所作为的人，他们依靠智慧、特色、创新和点子，在其事业上开拓出了一片疆土，受人敬仰。

3. 创新思维能力的超与凡，将决定一个人的勇气谋略 创新思维能力超高、超众，就能敢于说别人没有说过的话，敢于做别人没有做过的事，敢于思考别人没有思考过的问题。创新思维能力的高超与平凡，将决定一个人的勇气、胆识的大小，谋略水平的高低。

（三）如何提高创新创造能力

1. 树立自信与自主意识 要学会肯定自己的想法，每个人对这个世界的认同都是不一样的，每天也会有各种各样的想法，要勇敢地承认这些想法，并且想办法去实现它们，让其能够改善这个世界。

2. 树立风险与挫折意识 要勇敢地去尝试，在能够承担后果的前提下，去挑战未知的世界，在自己不断地尝试中收获创新带来的利益。当然，若可能产生的后果，自身承担不了，就要选择避免风险，转换方式。

3. 树立缜密思维 要有缜密的思维来思考创新带来的好处和失败后可能承担的后果，并且要勇敢地承担责任，这样才能够踏踏实实地做创新。

4. 树立问题和怀疑意识 敢于提问和质疑，毕竟创新都是从前人总结的经验中得到突出的表现，只有通过提问和质疑权威，才能有新的突破。

5. 树立全方位思考意识 要考虑到创新可以带来的收益效果也要考虑到失败后可能带来的后果，并且尽量选择承担风险较小的方式来进行创新。

6. 树立开放与合作意识 学会借助他人的力量，创新无小事，自身的能力又是有限的，需要与志同道合的朋友一起讨论获得最佳的方案，还需要查阅大量典籍，毕竟前人总结的经验是值得我们借鉴的。创新，不是一味地胡思乱想，而是有根有据大胆假设。

【案例分析】

某口腔医院有一名口腔医生业务能力很强，但性格孤傲，与同事关系冷漠，经常被患者投诉，说他对患者态度恶劣，动作粗鲁，他不以为然。因其业务能力突出，他即将被医院提拔为科室主任。然而，在任职公示期间，被患者投诉于某知名论坛，引起网民热议，很多网民纷纷跟帖，说自己也有这样的遭遇。院方对此事高度重视，在调查过程中发现，患者的投诉中反复强调："在门诊过程中，医生不回答我的任何疑问，就直接操作，动作还很粗鲁。"院方检查病历，以及与患者病情核对，发现医生从诊断病情到处理都是正确的，这说明医生是认真负责的。最后，迫于舆论的压力，这名医生没有被提拔为科室主任。

【案例讨论】

1. 这名医生为什么没被提拔为科室主任？
2. 作为一名医生，除了要有过硬的医术，还需要具备哪些能力和素质？

本 章 小 结

作为一名口腔医学生，需要有明确的学习规划，才能在大学期间有目标地全方位提升自己。要成为一名口腔医生，需要掌握口腔专业技能，这是职业之本。只重视专业技术，只能成为一名合格的口腔医生，若不同时提高自己的团队协作、医患沟通、创新创造等通用技能，就无法成为一名优秀的口腔医生。

思 考 题

1. 作为一名口腔医学生，为了提高自身的职业能力，从现在开始需要做哪些准备？
2. 根据口腔医学生学习规划的特点和方法，请做一份适合自己的学习规划。

第七章 职 业 道 德

学习目标

1. 掌握口腔医学生职业道德内涵建设的三层含义。
2. 熟悉口腔医学生职业道德内涵提升的传统途径。
3. 了解口腔医学生职业道德内涵建设的现状；了解口腔医学生职业道德内涵提升的新途径。

第一节 口腔医学生职业道德内涵建设

"道德"二字拆分开来是"道"与"德"。《论语》有言："四时行焉，百物兴焉，天何言哉！"这是对"道"的论述，通俗地说就是客观存在的规律；而对于"德"，在《说文解字》中的表述是"德者，得也"，意思是说人从客观规律中获得了认知，从而对规律产生了认同，进行了发展。这两个核心衍生出了当今道德建设中的三层含义：通过潜移默化或系统学习获得并认知当今社会认同的规律；通过自身的实践与身边的借鉴认同升华形成价值观；通过职业的成果与工作的奉献将价值观具象反哺到生活与社会中去。

一、多方向认知社会道德的规律

职业道德内涵建设的基础是有足够的认知，这包括自身条件、时代特征、社会需求、职业主客观条件等多方向、多方面的信息要素。对大学生而言，就是明确自身定位，参考大学生活特征，做好短期和长期的计划，做好进入社会的准备。那么该设定怎样的目标，了解哪些必要的信息要素，进而做怎样的准备，就是需要具体讨论的内容。

职业道德建设的目标设定需要有短期和长期的考虑。就短期而言，道德与思想上渐趋成熟与稳定是大学生的一个显著标志，且这个年龄段的青年人最具思想上的可塑性，因此，养成慎独与自省的习惯，形成运用辩证唯物主义观分析问题与解决矛盾的意识，应当是短期目标的核心内容。具体而言，就是在大一充分适应，形成适合自己、适合大学课程的学习方式；在大二丰富生活，发展自身兴趣，投身学生组织工作；在大三紧密结合自身长期目标，在自己最为擅长的几个方向提升自己的核心竞争力；在大四回归专业课并明确考研或就业方向，为自身职业道德观做最终的理论定型；在大五投入临床实习，在丰富的社会经历中映射并验证，为自身职业道德观做最初的实践定型。就长期而言，就是要清晰在大学之后的数十年想成为什么样的人，在什么样的地方做什么

图 7-1 口腔医学生参与"微笑工程"唇腭裂医疗救助公益服务

样的事，如想在市级三甲医院作为一名执业口腔正畸医师，同时走行政发展路线，需要在职业道德建设的道路上明确需要付诸哪些行动来形成哪些必要的道德观念。例如，想要在未来成为一名医院的党支部书记，那么在大学就要努力成为一名中共党员，努力竞选班级团支书，熟悉团委工作；积极参与志愿服务等，发自内心地形成"为人民服务"的道德观念，以便在日后的工作中既能保证服务的质量，又能达成自我价值的实现，形成心理与思想上的良性循环（图 7-1）。

二、多理论引导社会道德实践

2019 年末至 2020 年初，医患关系矛盾引起的社会事件牵动了全国人民的心，从伤医事件到"最

美逆行者"，医生在社会的价值越来越被社会熟知，而医生这个职业的危险性也因网络流传而被人关注。事实上，任何职业都是有风险的，医生这个职业也是如此，毕竟有了风险才能成就价值。那么如何在社会事件与舆论的惊涛骇浪中恪守本心，就需要我们在大学生活中通过实践与借鉴形成坚韧的价值观。

实践来自实习和见习经历，借鉴来自古今中外医学道德理论，借鉴服务于实践，实践映射出借鉴。在全面建成小康社会的决胜时刻，从马克思主义中国化的认识入手，结合中华民族传统文化精粹，加强医师职业道德的正确引导，开展医德基本原则和基本规范的教育，是培养一个医学生必须营造的教育背景。将马克思主义与中国传统文化中的医德思想结合起来，对加强医学生职业道德教育有重要的意义。

"马克思主义中国化"这一概念至今已形成"马克思主义哲学、政治经济学、科学社会主义同中国社会与文化的实际和特征紧密结合"的理论体系，在中国特色社会主义改革各个领域的具体实践中起到了积极的作用，在医学领域也普遍适用。马克思主义中国化，就是要求将马克思主义理论与中国具体情况、具体特点紧密结合，实事求是，具体情况具体分析，从而对社会现状正面发展起到助推的作用。这种时代背景下，医学生需要全面运用"马克思主义中国化"的工具，结合国情与自身的能力，在实践中加深认识，在借鉴中取其精华，加强个人价值观中的实际性。

正如制作一个陶罐，职业道德内涵的形成以"为人民服务、马克思主义中国化的实践"为粗胚，尚需以各种理论进行深入的雕琢与上釉。在这些理论中，唐代孙思邈《备急千金要方》中"大医精诚"一文中提出的"精""诚"二字尤为当代教育家所乐道。这两个字涵盖了古人对医道的两大评价，其一是"至精至微之事"；其二是"大慈恻隐之心"。通俗地说，医学是一门高度重视细节的学术学科，也是一门无差别拯救生命的大爱学科。这也要求广大医学院校培养出专于细节、富于爱心的医学生，坚决杜绝"自逞俊快，邀射名誉""恃己所长，经略财物"的行为，狠抓每个基础科室的诊疗细节，诠释"技精心诚"这一中国传统医德的主旨。"大医精诚"，这一被当今医学界称为东方"希波克拉底誓言"的中国传统医德思想，对医学生的职业道德建设与医德思想的形成有很好的引导作用和实践指向作用。

三、多层次实现社会道德价值

近年来，医患矛盾日趋严重，良好医患关系的维持成为医务工作者的一项重要课题。医学生作为医务工作者的后备军，其职业道德的形成直接关系到我国卫生医疗行业的未来，其职业道德的践行更是与当今社会背景密切相关。医患关系的日益紧张、从业标准模糊化、医学生培养周期加长等诸多问题，均对医学生价值观的形成造成了双面性的影响，使得部分医学生变得悲观，对本行业前途信心不足。因此，真正打造一个具备良好医德的医学生的最重要的一步，就是引导医学生从多个层次上践行自己的价值观，将职业道德转化为实际的社会影响与效益。

冯凤莲等学者提出了以"社会德育背景实践性低下"为核心观点的医学生职业道德失真问题的论断，将学校德育教育理论与应用错位、社会德育教育环境与理想错位、信息化背景价值标准多元化与伦理相对主义产生，总结为阻碍医学生职业道德最后一步形成的"三座大山"。

第一座大山：学校德育教育理论与应用错位。

如今，我国的医学类院校对医学生职业道德建设的教育引导多局限于书面的抽象词汇，而没有转化为有说服力的具体行动，未能为学生提供将理论转化为实践的现实条件与榜样人物，可谓"巧妇难为无米之炊"。一方面，在书上看理论而不用，难以在实践中解决具体问题；另一方面，理论知识的枯燥束缚了学生学习的激情，教师为讲完课本而教，学生为应付考试而学。过分强调群体统一性，而忽视学生个性的培养。长此以往，必然难以达到学生医德教育的理想效果。

第二座大山：社会德育教育环境与理想错位。

在现今多元化标准的社会价值体系中，任何一种现象、理论、行为都会因为价值观、基准线的不同而众说纷纭，以致众口难调的必然发生。而价值取向的错位将导致道德评价的失准。仿佛任何一种选择，都会受到一种价值观的肯定和赞扬，同时又会受到另一种价值观的否定和批评。例如，一名坐诊专家临时对一名急诊送来的重症患者进行抢救，而耽误了原本排到门诊号的患者的诊治，这在一般的道德评价中合情合理，但在那些没有得到专家及时诊治的患者的心中可能就会埋下"不公平"的种子。许多伤医、杀医事件，都是源于患者对医生的一些"学术合理"的行为产生"自我常识性不认同"的见解，随着疾病未见好转、日积月累而最终爆发，造成医患双方的共同悲剧，因此，新时代的医学生不仅要形成良好的职业道德，也要向身边的人、向民众传递常识性的医学基础知识。

第三座大山：信息化背景价值标准多元化与伦理相对主义产生。

当下，信息技术已是大学生获取信息的主要渠道。信息的多元化使部分大学生不再跟从维护传统伦理道德，而是以自我为中心、将个人标准视为自己道德行为的准则。善恶、美丑、是非等道德判定标准的模糊与混乱，造成伦理相对主义的产生与产生。这种倾向使其放弃原有的正确准绳，忘记了医务人员救死扶伤的天职，把个人利益凌驾于社会利益之上。如果说社会环境与理想的格格不入是他人的价值标准带来的影响，那么个人利益观与社会利益的背道而驰则是该部分医学生自身价值标准给职业道德内涵建设带来的毁灭性打击。例如，在一次地震后，个别医生为了自身安危拒绝前往前线救死扶伤，这就违背了职业要求与道德要求，是一名医学工作者职业道德不成熟的表现。幸运的是，这类现象在当今医学团体中属于极个别现象。不论天灾还是人祸，除解放军和消防员外，也总有一群白色的身影在人流中选择逆行，"不计报酬，不论生死"。

对此，医学院校需要引导医学生通过多层次的自我发展实现个人职业道德内涵建设的维度突破。

第一，理论、临床两手抓，打造有能力的医学生。职业道德与职业能力息息相关、相辅相成：没有良好的职业道德，职业能力就会施力不当；没有高度的职业能力，职业道德就会无处落脚。因此，医学院引导医学生多层次实现职业道德内涵建设的第一步应当是提供良好的实践平台，使医学生在大学学习中就有机会印证自身形成的职业道德，并在实践中及时做出调整，了解社会正面影响随时间变化的趋势，达到对正面影响的最大化。

第二，线下、线上两端平，打造有眼界的医学生。21 世纪，互联网为民众提供了一个藏在社会阴影里却又晒在自由阳光下的平台，许多网民在这里探讨医德是非，发表心底的声音，也有许多谣言传播者、网络暴力者肆无忌惮地搬弄是非。因此，学校应该在网络平台上实施正确的教育引导，让学生有选择地、辩证性地看待各类信息，"不传谣，能辟谣""有原则，敢发声"，相信广大医学生能在争论中走出一条具有实践性的正义的医德之路（图 7-2）。

第三，党性、服务一颗心，打造有担当的医学生。近年来，许多大学生志愿服务如雨后春笋般争相出现，"微笑工程""流动的口腔医院""新青年下乡""乐伢派"等志愿服务项目做得越来越大，大学生在其中的参与比例也越来越高。"党员同志要冲在最前面，守在最险处，起到模范带头作用"，以中国共产党为核心的医疗体系在各种灾情、疫情中都起到了急先锋、中流砥柱的作用。因此，在大学时期提升医学生"为人民服务"的意识，培养大学生对志愿服务的认识和经验，对下一代医生职业道德担当的养成有重要意义（图 7-3）。

总的来说，多层次实现社会道德价值是当代医学生职业道德内涵建设的重要命题。同时，加强大学生职业道德教育是党中央对高等教育的一致要求，在许多重要文件中均有体现。诸如《中共中央国务院关于进一步加强和改进大学生思想政治教育的意见》（中发〔2004〕16 号）指出："以基本道德规范为基础，深入进行公民道德教育……广泛开展社会公德、职业道德和家庭美德教育。"

图 7-2　信息化时代中的互联网教育　　　　图 7-3　疫情下学生党员冲锋在前

而《教育部　卫生部关于加强医学教育工作提高医学教育质量的若干意见》（教高〔2009〕4 号）也强调指出："要将德育和职业素质培养列为医学教育人才培养的重要内容。"很显然，通过完善医学生的职业道德建设来提高未来医务人员的整体素质，是解决目前我国医疗卫生事业发展进程中一系列突出问题的重要举措。

【案例分析】

　　小明是一名来自大山的大一新生，通过"百万人过独木桥"的高考如愿考上了心仪的医学院校的口腔医学专业，但是山里孩子天生的腼腆和来到大城市的新鲜感让他渐渐感觉到身边的人与自己格格不入，难以融入大群体中，扑面而来的各种伤医、杀医事件让他惴惴不安。作为一名大山的孩子，他也想在大学毕业后回到家乡为家乡人看牙、治牙，但面对这样的情况却无所适从。于是，他向辅导员进行咨询，他告诉辅导员："他在老家听到过很多庸医谋财害命的民间故事，在这样复杂的新环境中感到很迷茫，既害怕自己成为那些庸医，又害怕自己学成后被患者家属误解而伤害。"

【案例讨论】

　　1. 大一新生需要进行哪些职业道德建设？

　　2. 小明应当如何通过职业道德建设摆脱当前困境？

　　3. 如果你是他的辅导员，从职业道德内涵建设的角度，将如何开导他？

第二节　口腔医学生职业道德提高的途径

一、口腔医学生职业道德教育的现状

（一）医学生认识不足

1. 医学生对医学行业、医学学科认识不足　近几年一些学生报考医学院校并未对医学专业情况进行全面的了解，在校学习课程也"过耳不过脑"，尽管部分医学院校在新生入学后，会开展针对该专业的介绍与前景分析的座谈会，但是医学学科分类与课程结构设置乃至学习内容和学习目的，大多数医学生是不清楚的，甚至不愿意搞清楚，更多学生都是从老师画的重点来认识课程。如何让医学生及其家长提前了解考研、就业等方面的信息，如何从多角度学好医学知识，如何认知医学课程结构与用途都是目前需要进一步思考、解决的问题。

2. 医学生对自身将要承担的社会责任不够重视　社会责任是职业道德规范体系中的要素之一，也是职业道德规范中的最高层次。英国社会学家塞缪尔·斯迈尔斯（Smiles S，1812—1904）指出，职业责任感，是把整个道德大厦连接起来的黏合剂；如果没有职业责任感这种黏合剂，人们的能力、善良之心、智慧、正直之心、自爱之心和追求幸福之心都难以持久。因此，职业道德无论是已成文的"大道理"，还是实践中的"小手段"，都是医生行医的条例与规范。医学生在学好专业知识与技能的同时，更应该重视职业道德的养成。在我国，医学生学习职业道德主要是通过大量的理论学习和少数的实践活动来完成的。虽然导师引导和见习实践可促进理论知识的加深与巩固，但对于理论知识认识不够、实践机会有限的广大医学生来说，在面对职业生涯中出现的种种道德疑难杂症，会产生更多的困惑与负面情绪，进而影响学习与工作的效率，也导致在进一步学习的过程中，目的混淆、态度懒散，单纯应付考试，形成不良的学习模式。

3. 医学生提升职业道德的能力与认识有限　首先，从时间上来说医学生的专业学习与生活规划是具有一定的弹性的，但与其他理工类专业相比，课余时间相对较少，这也导致了学生更倾向将大量的时间用在专业课的学习上，而将影响专业课学习的各种活动与会议视为累赘。因此，合理分配时间，选择先学习好专业知识，并抓住重点来学习，对每一位医学生而言都是必要的，但由于自身认识的深浅不一，导致最终获得的学习效果不一致。其次，校园第二课堂是医学生职业道德理论知识实践的主要场所，对医学生知识的稳固有很强的制约性。第二课堂注重老师的引导而非灌输理论，注重学生实践而非使其死记硬背，这有助于医学生将一部分职业道德的内容消化成自身的习惯，但活动内容与实践形式长期单一、枯燥、陈旧的问题日益突出，特别是在当今的多媒体信息时代，医学生面对职业道德出现的新见解、新问题越来越多、越来越杂，如果没有得到正确的引导与及时的解决势必会对其价值观与职业道德建设产生不良的影响。

（二）医学职业道德的教育模式有待更新

我国医学院校学生的职业道德素养的培养是由政治理论的学习和与此相关的实践活动组成，形式单一；职业道德教育中，与医学学科相关的人文知识、患者生命的关注等道德问题涉及较少，没有统一的、系统的标准。虽然医学院校每学年的评优评奖中，会大量表彰政治素质过硬，实践较多的同学，但未将职业道德纳入学分体系的计算之中，从医学生的考试重点可以看出，学生顺利毕业主要是要求所有主干专业课程合格，选修课程的合格门数达标，所以，大多数学生都是以理论学习为导向，参与一定或少量的实践活动，加之课堂教学也是以理论学习，传授理论为主，那么必然会导致学生的学习兴趣不高、思维与视野受到一定的局限性。

（三）社会环境对医学生的影响

在医学技术飞速发展的今天，人们对医学伦理更加关注与重视，"杏林春暖"的美好成为更多人的夙愿。我国在市场经济的发展过程中发生了巨大的变迁，人们的思维模式也向着多元化的趋势发展，其中拜金主义、享乐主义和极端个人主义相继出现。医患关系的矛盾成为社会热点问题，也成为医疗机构的重点考察任务，影响着所有人的工作生活，乃至其他行业的发展、国家命运共同体的建设。对尚未全面接触社会的医学生、刚刚接触工作的实习生来说，世界观、人生观、价值观的"三观"尚未稳固，加上医药行业严重的功利化、利益化，对刚踏入社会的医学生来说，保持一颗救死扶伤的热忱初心难上加难，造成部分医学生在实习、就医的过程中逐渐漠视生命、丧失思想与败坏风气，最终导致职业道德的缺失和准绳的偏离。

二、传统口腔医学生职业道德提高的途径

（一）全面深化课程改革

党的十八大报告中提出"爱国、敬业、诚信、友善"，这既是医学精神的具体体现，也是对待工作与病患的基本要求；而"自由、平等、公正、法治"，则是要求医学生担起社会法治建设的责任，牢固树立法治意识，建立法治思维和法治方式，端正行业风气，全面团结协作。现阶段，经济稳定发展、多元文化形成、网络空间渗透，医学生职业道德教育迫切需要社会主义核心价值观作为灯塔和船桨。调整部分学科的课程内容，加强社会主义核心价值观的理论与医学知识的融合，打造

以社会主义核心价值观为核心的医学生职业道德教育模式，是医学生形成正确"三观"的基本要求，是培育高水平医药卫生类人才的客观需求。

（二）构建科学管理模式

首先，建立权职明确的科学管理体系。在我国，校级管理部门主要以医学生职业道德教育的思想管理目标、计划、组织为纲，整体规划职业道德的教育教学方向，为院系实施医学生职业道德教育的方案提供方针和依据。院系管理部门则会根据上级的方针与指导，针对不同院系的专业特点做出教学建议与规划方案，并对下级管理工作进行监督。专业年级管理则通过面对面的方式对学生进行教育活动，指导教师不仅是管理者也是直接参与者，根据管理特点、专业特点，结合各年级学生的发展特点，形成明确的认责管理、科学的进程管理与合理的队伍管理，构建医学职业道德教育科学的管理模式。

其次，建立全过程、全方位的过程管理与形成性评价的有效性管理模式。从医学生学习的各时期及实际工作入手，对医学生职业道德理论和原则的理解、运用和表现情况进行合理科学的分析，充分发挥党团活动、校园文化活动、临床实践在医德教育中的角色，建立合理分级、全过程、全方位的管理模式。

（三）转变医学伦理观念

要改革医学伦理学教育的内容，首先要把医学职业道德、理想信念作为重点内容；其次，改革教育手段，坚持理论联系实际；再次，增加医学伦理学的课时，真正把医学伦理学列为培养医学生的核心课程，而不是仅仅把它作为可有可无的"调味品"，更不能以思想品德教育替代医学伦理学教育。

要改变医学伦理学"说道理"的授课方式，重视讲述分析正反典型案例，不仅要面对理论知识世界，更要关注现实社会。特别要把医学伦理学教育融入医学生的实习中，把它作为医学生职业素质的重要部分进行评价和考核。在改善医学伦理学课程的教学方法方面，日本医学院校的一些经验值得借鉴：他们的医学伦理学课程一般由临床教研室的教师主讲，并注重在实习过程中用亲身经历培养学生判断在医疗实践中发生的伦理问题，并提升分析、解决问题的能力。

（四）规范医药卫生市场

要深化医疗体制改革，规范医药卫生行业的市场行为，把市场化环境对医院运营带来的负面影响减到最轻。目前我国医药卫生市场行为在很多方面还没有得到有效的监督管理，出现了很多违背医学本心的现象。例如，有人认为"在市场经济条件下医院需要谋求生计"是"看病贵"的重要原因；也有人认为医生的不正当收入是市场经济背景下的必然产物。对医学生来说，这些不良的现象和观念最大的危害就是使得医学生的医学职业道德素质失去了实践价值。因此，加强对医药卫生市场行为的监管力度对提高医学生的职业道德素质有根本性的意义。医疗体制改革一方面要利用适度的市场调节来促成医疗市场的良性竞争；另一方面要避免医院在市场化的运营环境里偏离救死扶伤的初心。只有这样，才能切实地为医学生形成良好的职业道德素质提供良好的社会环境和职场氛围。

三、新型口腔医学生职业道德提高的途径

（一）构建学科与职业道德教育相结合的实践阵地

医学生职业道德教育引领高校文化教育的发展方向，应当是高校校园文化教育的一部分，是医学院校校园文化教育的精神核心。因此，以社会主义核心价值观为核心思想，指导医学生职业道德教育的发展与建设，是高校精神文化建设的具体落实与体现。医学生职业道德教育的实践阵地除第一课堂以外，还需要其他实践平台与基地。从实践阵地的系统架构来看，它与第一课堂医学职业教育相辅相成，既是有效补充，也需有效巩固。第二课堂、网络阵地是技能实践平台在实践活动的前、

中、后期与医学生实践活动密切相关的医学职业道德培训，践行医务工作者全心全意为人民服务的宗旨，以实际的案例对职业道德、岗位职责等知识进行更加深入的讲解，指导学生在实践中的行为，使其树立以人为本的理念态度，正确认识医学生职业道德教育理论的实践意义，树立为医学事业奋斗终身的崇高理想。

（二）构建马克思主义中国化与传统医德相结合的医学道德教育模式

马克思主义中国化所衍生的先进思想对社会的发展和医学生的成长有很好的引导作用。传统医德思想是中国传统文化中的精粹，是优秀的医学道德思想。一些医学院校依据"培养高端医药卫生人才，首先要使其具备良好的职业道德与职业素养"的教育方针，将马克思主义世界观与传统医德有机结合，融入教育教学的各方面，在加强医学生职业道德认知上起到了显著的效果。具体做法主要有以下几点。

首先，将医学生职业道德教育贯穿于马克思主义基本理论课程教学中，引导思想理论课程的改革创新。例如，在开设"毛泽东思想和中国特色社会主义理论体系概论"等课程的同时，注重援引医学生关注的社会热点，结合医疗卫生行业体制改革及医疗卫生服务中产生的敏感问题进行专题讨论，引导学生在掌握教材知识点的基础上，正确认识社会现象。

其次，将医学生职业道德教育融入中国传统文化活动中。在校园文化活动中，以社会主义核心价值体系为纲领，营造中华传统文化氛围，开展中国传统文化特色社团活动。一方面，通过专家讲座形式，传授中国传统医家事迹和思想，譬如孙思邈《大医精诚》文中的"精诚"思想，扁鹊、张仲景、李时珍等历代名医救死扶伤的故事与医德；另一方面，根据课程要求，有规划地开展社区义诊、"三下乡"社会实践、青年志愿者活动等，将社团活动的开展、专业知识的运用与职业道德教育有机融合，使学生养成助人为乐、团结互助的职业习惯，增强社会责任感。

最后，根据医学院校和医疗卫生行业的特点，在校园文化建设、实习见习环境等方面突出职业特点，树立名医雕像、建立名医纪念馆。同时，在线上专门设立中国历代名医版块，宣讲历代名医事迹，使医学生自然融入这无处不在的职业道德建设教育氛围中。

（三）构建以网络微课为特征的新时代"互联网+"职业道德教育模式

微课是以视频为表现形式，融合图片、音乐、文本等多种元素，支持随时随地学习，是一种新型教学方式和信息化教学手段，它以利用率高、短小精悍、能反复观看、学习个性化等优势成为微时代碎片化学习的重要教学资源，对于突破教师主讲的传统课堂教学模式、激发学习兴趣、提高课堂有效性具有重要意义。韦婵（2017）等学者研究表明，研究微课在"职业道德"教学内容中的适用范围能优化教学形式、激发学习兴趣、提高教学质量，使职业德育课堂更有效。

微课在职业道德内容中适用范围的研究和确定，直接影响教与学的质量。有学者指出，应当依据教学重难点，依据教情、生情和学情，依据学校德育目标，服务于学校学科发展的需要确定微课点。从设计制作策略上来说，德育微课类型、设计、制作方法，直接影响到课堂和课后教育的效果，诸如知识点、时政点、案例性、数字故事等类型的微课均可以在口腔医学生职业道德内涵提升的过程中起到重要作用。

【案例分析】

案例（一）

近年来，北京有医院在门诊大厅安排两位"导医员"。他们每天的任务是解答各种疑难问题，给患者提供咨询途径，受到普遍欢迎和好评，不少医院之后也采取了类似的方案。这些年轻医护人员的行为，无疑是应当受到赞赏的。实际上，这些医护人员的任务不是难以做到的事情，而是一件件力所能及甚至微不足道的小事。若是我们每个门诊急诊的工作人员都学一点礼貌用语，在不影响正常工作的情况下，注意态度亲切、给患者一些指点，那将是一种多么美好的、充满温暖的画面。

案例（二）

在战争时期，军队医院里的医务人员可能没有顶尖的技术水平。他们的可贵之处在于全心全意为患者服务、为患者着想。他们经常在自己的休息时间清洗敷料，乃至为患者盥洗缝补，为不识字的患者写信念书，甚至用自己有限的生活津贴买营养品给患者吃。

有人在提问：在医学科技飞速发展、法律法规日益健全的情况下，医德还能有多大的影响力？这种话反映了一种心态，即认为唯有在科学技术落后、规章法制缺失的"原始社会"才需要强调医德，这实际上是一种片面的、不正确的看法。

【案例讨论】

1. 如果你是一名口腔科临床医生，结合案例（一），你将如何提升自己的职业道德？

2. 如果你是口腔医院院长，结合案例（一）与实际，你将出台什么样的政策提升医院医护人员的职业道德建设？

3. 战争时期的军医，他们是如何诠释医生的职业道德的？

4. 有人认为："在医学科技飞速发展、法律法规日益健全的情况下，医德还能有多大的影响力？"这一说法，你是怎么认识的？

5. 当代社会，医生如何提升自身职业道德？

本 章 小 结

口腔医学生的职业道德建设与马克思主义中国化的当代社会背景、教育背景、中国传统文化密切相关，当代口腔医学生需要多方向认知社会道德规律，多理论引导社会道德实践，多层次实现社会道德价值。广大医学院校通过强化医学生的职业道德内涵建设来提升医务人员的整体素质，这也正是解决当下我国医疗卫生事业发展进程中一系列突出问题的重要措施。

思 考 题

1. 简述口腔医学生职业道德内涵提升的传统途径和新途径。

2. 简述口腔医学生职业道德内涵建设现状。

第八章 就 业 策 略

学习目标
1. 了解口腔医学生升学的主要路径。了解口腔医学毕业生就业的主要流程。
2. 熟悉备考硕士研究生的各项注意事项。熟悉口腔医生开业的主要流程。

当前,我国大学毕业生的就业形势十分严峻,主要源于结构性的矛盾:一方面是大学毕业生的就业难;另一方面是用人单位难以招到需要的人才。

伴随着中国高等院校不断扩招,每年都会有一大批的口腔医学毕业生走出大学校园,开启职业生涯的新旅程。由于每个人的兴趣爱好、家庭背景及社会环境不同等,选择做临床医疗,还是做学术研究? 参加住院医师规培,还是自主创业开设一家口腔私人诊所? 出国深造,还是国内进修? 要想在众多选项中做出最适合自己的抉择,确实是一个令人费脑伤神而又无比期盼的事情。

口腔医学毕业生可以从事的职业:私人口腔诊所工作、综合医院的口腔科工作、口腔专科医院工作、医学院校的口腔教学或研究工作、口腔卫生服务的政府部门工作、口腔医疗器械和保健用品专业公司的研发或经营等。

现阶段,口腔医学毕业生就业的结构性矛盾已较为突出。一般高校的口腔医学院、职业院校或中等卫校的口腔医学毕业生就业去向主要有三种选择:继续深造、直接就业或开设口腔诊所。

第一节　升学的主要路径选择

一、专科升本科

这里主要指有条件的职业院校或中等卫校口腔医学毕业生,应该首先选择专升本进行继续深造。无论牙科技士或者牙科护士,通过继续深造打好扎实的专业基础,将来可以获得更多发展空间。高职生或中专生通过专升本,然后可以继续考研。或者可以先就业,等积累了一定临床工作经验以后,再报考各高校成人教育学院的专升本。

二、培训及进修

先接受培训,然后上岗就业,也可以是一种选择。因为学生在校学习时主要以口腔医学理论知识和基本技术为主,实习的时间较短。虽然一般都有六个月至一年的口腔临床实习,但与用人单位的要求还相距甚远。特别是一些口腔医疗机构的临床岗位,往往要求就职医师有熟练的技术技巧和操作能力。因此,参加相关口腔医疗机构三个月至半年的专项技术培训然后再就业,可以更加适应口腔临床岗位的要求。

三、出 国 留 学

出国学习或培训也是一种很好的选择。不过,留学只能是少数人的职业发展选择。首先,留学需要有较强的经济承受能力。一方面需要承担一大笔学费和生活费;另一方面,需要推迟就业时间,较长时间没有收入来源。每年只有极少数留学生可以拿到全额奖学金。一般美国和英国的大学学费和生活费是最高的,加拿大和澳大利亚,日本和韩国留学费用的性价比较高。其次,出国留学需要极强的自制力和自我保护能力。因为在国外,如果有没足够的自我管理和自我约束能力,会直接影响到学业的顺利完成;如果缺乏自我保护意识和能力,也很难在国外立足。同时,还需要较强的语言沟通和人际交往能力。因此,每一位准备留学的学子都需要做好充分的准备和评估。一个人的性格、经验和综合能力对能否适应留学新环境有着很大的影响。

另外，还存在的一个问题就是国外的学习培训，可能会与国内的临床实务脱节。如果本人并不将医学基础研究作为职业目标，须慎重考虑留学这条路径。当然，如果志向兴趣在于基础研究，而且家庭经济条件不错，不需要背负赚钱养家的压力者，可以选择留学，毕业回国后可以选择到高校谋求专任教师职位。准备出国留学的学子首先要寻找国外学校的资料、确定专业方向、准备相关考试和申请资料等。美国和加拿大、日本、澳大利亚及欧洲（主要是英国和德国）等地是中国留学生选择的主流国家和地区。希望毕业后继续出国深造的国内高校在读口腔医学生还可以关注一些高校的中外联合培养项目，如温州医科大学与加拿大阿尔伯塔大学的硕士、博士联合培养项目。

海外回来的口腔医学专业留学生，可能会面临需要从基础做起，起薪不高，发展空间有限等处境。据教育部数据显示，2018 年度我国出国留学人员有 66.21 万。2018 年度各类留学回国人员有 51.94 万。2018 年度与 2017 年度比较，出国留学人员增加了 5.37 万，增长了 8.83%；留学回国人员增加了 3.85 万，增长了 8%。如今国外发展的部分留学人员，进入国际生物医学前沿，如王存玉、施松涛等已在美国的口腔医学专业领域有了较高的知名度和影响力。

四、考研深造

作为一位口腔临床医生，深造考研获得硕士、博士学位，口腔医疗技术水平提高，心理素质和对社会的认知都会发生很大变化。为了本人将来发展有更多空间，可以先打好扎实的专业基础，再去开创一番事业。五年制本科口腔医学专业毕业后，有能力或有条件的都会首先选择深造考研。本科毕业后直接读研不仅有利于提高起点，还能够促进专业知识的融会贯通。当然，先就业后读研，等积累了一定的工作经验和具备一定的经济实力后再报考研究生也是很不错的选择。

第二节　如何备考研究生

未来要做一名优秀的口腔医师，读研已成为越来越多毕业生的首要选择。根据教育部的有关数据显示：2017 年共 201 万人报考研究生（包括应届考生 113 万人，往届考生 88 万人）；2018 年共 238 万人报考研究生（包括应届考生 131 万人，往届考生 107 万人）。从数据可知，2017 年非应届生报考研究生人数占到全国报考的 43.8%，2018 年非应届生考研人数占到全国报考的 45%，较前一年上升了 1.2%。2020 年，全国硕士研究生招生报考 341 万人（首次超过 300 万人），比 2019 年增加 51 万人，再次创下历史新高。

由于就业形势的日益严峻，越来越多的学生选择考研。考研逐渐成为一种综合实力的竞争。首先，在经济能力方面，考研需要购买教材、辅导书籍和参加考研辅导培训班；其次，备考需要一个较长的时间，很多同学在刚刚进入大学时就开始了考研准备，这是对耐力的极大考验；最后，考研与临床实习相重叠，需要沉住气、静下心，明确自己的目标，提前做好各种准备。选择考研的学生一定要树立坚定的信心，并且要有坚持精神，调节身心，养成好的习惯。要想取得成功，就需要全力以赴、超越自我。

考研的前提是必须学好本科阶段的各门课程。从考研基地走出来的学生进入研究生学习后会暴露知识结构单一、缺乏创新性等不足。主要原因就是为了考研而考研，甚至整个大学阶段都在备考，忽视了大学课程的学习，特别是进入大五阶段弱化临床技能培训，名义上是实习，实际将大部分甚至全部精力都投入研究生的备考当中。

当前的就业形势十分严峻，硕士就业同样面临较大压力。未来三年，就业困难更加突出。报考口腔医学的研究生，应该是出于对口腔临床及科研的热爱。可以通过考研和过去对口腔医疗市场及专业技术的了解，重新定位自己的职业方向。如果已决定了考研，在大四前就要认真学习各门功课，特别对考研要考到的课程更应认真学习。另外，在实习前还需要重点学好英语，尽可能通过大学英语六级考试，这是为考研做准备。报考口腔医学硕士，在大四的下学期就要着手政治及一些专业课程的学习。当然，考研复习方法因人而异，不可照搬照抄。尤其要总结出一套适合自己的复习方法。

一、志 愿 选 择

（一）报考专业（或专业方向）的选择

主要根据自己的专业特点、知识基础和专业兴趣进行报考专业（或专业方向）的选择。在选择时，应尽量倾向于自己的专业兴趣。俗话说，兴趣是最好的老师。如果对所报专业没有兴趣，将来考上研究生后也会因感觉所学知识枯燥乏味而缺少学习动力。当然，为了满足自己的兴趣，而不考虑自己的知识的背景，也可能事倍功半。例如，本科阶段是口腔医学，研究生阶段希望选报别的专业。一是可能会有报考限制；二是缺乏拟报专业的知识基础，复习难度加大，难以通过研究生初试。因此，建议在填报志愿时，要愿望和能力两方面兼顾。一旦方向确定，就要坚定不移地走下去。

（二）报考学校的选择

要清楚自己准备报考的专业有哪些大学或科研单位有招生计划，可以到该校研究生招生网站上去查阅招生简章。在利用各种资源和通过各种途径了解意向学校报考专业的既往招生信息、竞争程度，并评估自己的实力后，再做出报考本校、外校或者名牌大学科研单位的最后选择。

报考本校或非重点院校上岸的机会并不一定会更多。报考重点院校的同学需要更好的英语和专业基础。特别注意外校复试，考试方法会发生变化，如果不能及时获取有效信息，可能会影响到复试的正常发挥。年年都会有实力不错的同学冲击外院名校而落榜。当然，志愿高远的同学，如果不去尝试和追求，可能遗憾此生。年年也会有些平时学业上优势不明显的同学成功突围、实现华丽转身。因此，建议根据自己的实力和意向学校的实际进行决策，一旦选择了报考竞争激烈、难度较大的名校，就要信心百倍、全力以赴地备考，不可患得患失、自我怀疑。对于报考本校本专业的同学来说，一样需要全力以赴地准备专业考试，不可心存侥幸，放松对自我的要求。获得的成果是刻苦努力后的战利品，不是非你莫属。

（三）报考导师的选择

确定好报考学校及专业，紧接着要了解该校该专业的导师拟招生情况。每个高校的研究生院都会有导师的招生计划、研究方向及邮箱等信息。要想知道更详细的导师信息，可以通过中国学术期刊网等下载导师已发表的论文，上面也可能查询到作者的联系方式（邮箱、办公电话等）。在导师选择上报考本校的同学有天然优势，可以通过多种途径提前接触到意向导师，还可以获得本校老师和学长、学姐的重点推荐等。

（四）联系报考学校

主动与报考学校取得联系，以及时获得重要信息。可以借助自己及亲友的人脉资源了解该校该专业的招生情况、专业考试形式及大致范围，做到心中有数，胸有成竹。首先是利用各种关系与报考学校的某个人建立联系，并通过这个人了解该校该专业的报考有关情况。或者提前给导师写自荐信，表达自己对该专业的热爱、自身特长和献身学术研究的决心，注意敬语要谦虚诚恳，不可弄虚作假，显得浮夸。如果该校该专业有几位导师招生，可分别撰写邮件。必要时，最好能够提前到报考学校熟悉环境，体验和感受其中的学术氛围，提振自己备考的信心和决心，还可能遇到良师益友，获取相关的重要信息等。

二、备考注意事项

（一）参加考研辅导班

参加考研辅导班，一方面可能感受到辅导班里的备考氛围，提醒和督促自己抓紧学习，及时完成复习计划。可以组成志同道合的考研小组（三人最佳）一起学习，交流复习经验，相互提醒和鼓励。辅导班上，经验丰富的教师可以传授好的备考方法、解题技巧和如何提高复习效率等。

（二）复习重点提示

第一，需要合理安排好复习时间。需要复习的内容很多，一般来说，大三的第二学期和大四的专业课是考研的重要内容，在此阶段，首先要认真学习和打好基础，备考专业科目时会轻松不少。除了政治理论课一定要参加辅导班外，其他科目需要根据每位考生自己的实际情况及学长、学姐作为过来人的建议选择。第二，复习要务必全面。考研试题并不一定会很难。只是每门考试科目涵盖面广、内容很多。所以，要尽可能全面复习，不要过分依赖考研真题。第三，重点放在英语复习。历年都有考生英语考分过低，未能通过初试。也有考生虽过初试，但英语分数较低，未过大学英语六级，而遭遇导师拒绝。第四，多与考友交流备考心得。取长补短、相互促进。第五，必要的强化训练。考前一个月进行强化训练，可以提前进入考试状态。如要求自己在既定的时间内完成英文写作，训练自己必须在两个半小时内完成口腔医学专业综合考试。

三、备考英语

（一）词汇记忆

考试大纲要求的考研词汇和语法必须掌握。这一阶段需要投入大量的时间，强化考研核心词汇训练。

（二）语法学习

语法是英语的灵魂。考研难在语法上，语法掌握不到位，就不能读懂内容，不能写出经典句子。英语语法虽然内容很多，但考研英语中的大部分语法都已在中学和高中阶段学习和掌握了。在考研中频繁出现的六种固定语法包括定语从句、状语从句、并列句、插入语、分词结构和定语后置。看似简单，其实需要深入研究和学习。

（三）阅读训练

听说读写译五个方面构成了英语语言全部内容，只是对大多数人来说，学英语主要为了看懂专业领域内的英文著作、了解本专业最新进展。阅读能力越来越受到重视，试题难度越来越大。因此，阅读理解是考研复习的重中之重。强化方式是大量阅读、有技巧地阅读。阅读的文章不能限于历年真题出现的阅读理解部分。当然，通过阅读真题上的阅读理解文章，也能发现这类文章的语言风格和难度系数相近。所以，平时的阅读训练要注意选择难度相当、风格相近的文章。一年的英语复习备考是必须有的时间长度，每天阅读理解训练也要有量上的保证，此外，还需要保证一定量的英语报刊阅读，因为有很多的考研阅读理解题都是摘自一些著名的英文报纸，如美国的《纽约时报》、英国的《泰晤士报》。

（四）翻译练习

可以通过翻译历年考研真题中的阅读理解文章，训练自己的英语思维方式。常用的翻译技巧包括增减词法、反义正译法、正义反译法、词汇转换法、被动译为主动、定语从句译法、拆译法、长句顺译法和逆译法等。这些方法需要综合运用，不但要忠于原文语意，还要符合中文的表达习惯。

（五）写作部分

必要的强化训练，可在考前一个月开始，先参考作文书和网上资料选好 50 个主题，每天随机抽出一个主题在半小时内写一篇 200 字短文。还可以熟读和熟背多篇经典短文，作为备考补充。

四、备考政治

考研政治复习内容包括"马克思主义哲学原理""马克思政治经济学原理""毛泽东思想概论""邓小平理论和'三个代表'重要思想""当代世界经济与政治"。目前考研政治辅导班和辅导书很多，需慎重对待。可以听取刚刚参加研究生初试并取得不错成绩的学长、学姐的建议选择辅导培训班和复习资料。严格按照政治考研大纲要求备考，扎实掌握基础知识是决胜考研政治科目的关键。

五、备考口腔医学专业综合

目前口腔医学专业综合都是由各招生学校自主命题。口腔医学专业综合试题内容主要包括口腔颌面外科学、口腔内科学、口腔修复学、口腔正畸学、口腔组织病理学和口腔解剖生理学，考试时长3小时。平时复习和强化训练时要注意把握好时间，适应考研时的快节奏。首先，研究历年试题，划出重点。一定要拿到考研学校的历年专业综合试题，研究试题，总结规律、重点和难点、出题习惯等，从而确定下一步的复习重点。其次，考前准备，掌握专业答题习惯。考前两个月，亲自到学校深入到同专业学长、学姐中了解信息。最后，自信迎考，沉着应考。相信自己通过扎实的复习和精心的备考一定能够取得满意的成绩。

六、复试准备

由于各高校的研究生招生实行差额复试，少部分考生即便参加了复试也有可能不被录取，因此要高度重视和充分准备每一场复试。考生的专业知识、科研潜力和综合素质等是复试考查的重点。同时，复试也是考生全面展示自身形象和综合素质的好时机。

（一）科研能力和临床操作技能

考生的科研能力是导师们最看重的方面。考生最好主动了解所报考专业的前沿最新动态。前面提到在中国学术期刊网上查询拟报考导师已发表的论文，主要是希望查询到导师联系方式。在此，仍然建议在准备复试时，将初试上线学校本专业的导师论文尽可能下载后，认真阅读。首先，提前去见意向导师，在交流过程中若能提及对该导师的研究领域和研究方向有所了解，并且很感兴趣。既可以避免交流时无话可讲，出现冷场；又可以通过深入交流，提前留下勤学好问的良好印象。其次，因为复试时的专业试题一般会由该校本专业的某几位导师命题组成，而这些老师最了解的、最愿意呈现的便是自己的研究领域和方向，自然极有可能也会是出题方向。即便没能遇到现成的题目，也可以在复试提问环节表达自己备考时已悉心拜读了担任复试考官的导师们的学术成果，导师们的好感度会明显提升。复试前一个月，可以申请将自己的实习岗位调整到拟报考的专业岗位，并向带教老师虚心请教，加强实操训练，以提升临床操作技能。

（二）英语能力测试

有的考研学校一般会在复试安排英语能力测试，可能包括笔试和口试。需提前了解相关要求，并做好准备。随时听英语、训练听力；提前准备好常规问题及答案；自我介绍的内容需烂熟于心等。

（三）着装言谈举止注意事项

1. 面试着装注意　有领有袖、整洁合身，避免穿亮色或花色衣服，超短裙、无袖衣、紧身衣裤或牛仔裤。男女生最安全着装，上着白衬衣，下穿黑裤，脚配浅色运动鞋或黑皮鞋；指甲修剪整齐、干净；头发梳洗干净、整齐。鞋面保持干净、不沾泥，忌太时髦的鞋子。女生可修眉和化淡妆。若特地为面试而买了新衣服，则最好先穿洗一两次，自然舒服了才穿去参加复试。

2. 言谈举止注意　进入复试考场时，一定要自信得体、面带微笑、展现自己积极阳光的精神风貌。回答问题时条理清楚、术语规范。不会回答的问题一定要诚实告知。切勿不懂装懂、胡言乱语。应对可能出现紧张情绪的主要方式：面试前少进餐、少饮水；感到紧张时，可以多次深呼吸；还可以告知考官，自己感到很紧张，此时善良的考官们一定会很宽容地提醒你"请放松，不用紧张"类似的对话，一定程度上可以缓解考生的紧张情绪，恢复常态、发挥出应有的水平。复试结束退场时要说："谢谢老师们，再见！"

强烈建议复试前至少一个月时间自行到医院做一次体检。因为经过一年的考研准备，身体消耗较大，有些指标可能会亮红灯。如有不符合研究生录取的情况，可以早治疗，早恢复，以免因为身体健康影响到正常入学。

七、调 剂 策 略

1. 调剂准备 第一种情况，初试成绩已过国家线，未能达到第一志愿学校复试要求的同学。第二种情况，已入围第一志愿单位的复试，但该招生单位复试还没开始的这段时间里，可以申请调剂。首先，这种情况下第一志愿单位可以看到考生填报的调剂信息。其次，你一旦确认接受调剂院校的待录取通知，将不可能再参加别的招生单位的复试（包括第一志愿单位）。第三种情况，虽然参加了第一志愿学校的复试，却因表现不佳、发挥失常或竞争激烈而被淘汰的同学。这些情况的同学可以做好调剂准备。时刻关注网上发布的考研信息，搜集自己所报考的专业在全国有哪些院校招生，根据这些院校的调剂信息或是专业招生情况，选定和自己的意愿及实力配备度相对较高的几所招生单位，向该校的研招办咨询或通过学长、学姐等资源获取到该校调剂的最新信息。

2. 志愿填报 每个考生可以同时填报 3 个志愿。考生考研调剂志愿提交后，会被目标学校锁定不超过 48 小时。如果在 48 小时内，目标学校接受了调剂申请，就会发出复试通知，考生可以选择接受或拒绝；如果目标学校拒绝了复试申请，考生可以重新填报自己的志愿。建议不要同时报满 3 个。因为如果全部填满，可能会错过重要目标学校的报名机会。考生还可以将注意放在西部高校或者往年调剂名额较多的高校，增加调剂成功的机会。

第三节 就 业 选 择

一、确定就业方向

口腔医学专业毕业后，绝大多数同学都会按照所学专业选择从事口腔临床工作。学术研究的基础需要较长时间的积累，在大学的附属医院工作，从事口腔临床医疗、教学和科研三个方面的兼顾者才可能成为口腔医学界的权威。还可以选择与专业相关度高的职业，如口腔医疗器材、口腔护理用品的设计生产和营销。如果跨度太大，完全从事与专业不相关的职业，需要慎重选择。因为，从零开始不仅需要勇气，还可能付出更多时间和精力。

二、确定就业地点

目前，口腔医疗从业人员集中选择的热点地区，首先是北京、上海、广州和深圳；其次是浙江、江苏和山东等省市。如果毕业生希望到某个地区就业，就需要提前对这个地区进行实地考察，了解其就业环境、生活习惯、单位状况和发展前景等，并征求家人意见。有的人毕业后选择到一线城市工作；有的人选择回家乡求职；还有的人选择去西部城市就业，选择到我国最需要口腔卫生人才的地方去工作。随着我国政府的引导和鼓励高校毕业生面向基层就业或创业，政策力度越来越大，手续越来越便捷，呈现出新特点。只是，求职者无论去到何处都应该是在充分调研、结合自身实际和深思熟虑基础上的理性选择。

三、确定就业场所

公立口腔医疗机构能够提供较高福利待遇及社会保险，一直是求职者关注的焦点；民营口腔医疗机构为了抢夺人才，往往会提供高出公立机构数倍的薪资，同样也吸引到求职者的关注。在选择就业单位时，首先考虑该单位所在地区自己是否喜欢；其次所在城市给予的发展空间和机会有多少；最后是单位对职工个人的专业发展支持力度有多大。若能一步到位到知名口腔专科医院或综合医院，固然是求职者的才能和运气俱佳的选择。如果其他条件不太满意，而用人单位提供的专业岗位和发展空间适合自己，也需要尽力去争取。刚刚毕业的口腔医学生一定要明确自身定位、不图虚名、不好高骛远，每个单位都会喜欢和重点培养积极阳光、踏实工作的人。

第四节 创 业 选 择

创业，即创办口腔医疗机构的过程。创业者通过创业，提供服务，发展事业，不仅解决自身的就业问题，还为其他求职者创造了就业机会。鼓励自主创业已经成为解决大学生就业问题的一个重要途径。很多人都有当老板的愿望，即使是公立医院的主任医师也多有此想法。当品尝过残酷的社会现实后，不少人还是愿意留在保障较多，烦恼相对较少的公立医院。所以，在决定将自己的时间、精力和技术投入到口腔诊所经营以前，需多想想公立医院的诸多好处：可以只专注于看病，业务培训有单位安排，考研相对有时间，晋升有人组织，差旅费可以报销，器材设备有人采购，消毒有专业人员负责，工作有保障，丰厚的薪水，权责明确，风险小等。

一、开设口腔诊所的劣势

自主创业开设口腔诊所，压力非常大，除需要设法吸引和留住患者外，还需采购物品、消毒器材、保养设备、安排员工等；同时，需要面对与开设诊所有关的诸多事务，如与卫生行政管理监督、工商税务及街道办事处等部门打交道，才能保证诊所正常运转。在我国，由于相关法律法规还不是很健全，社会大众的口腔健康意识还较为薄弱，开设口腔诊所的难度非常大。目前，各地方创办口腔诊所的门槛高，要求严格，创业者需要面对各种检查，不合格可能被罚款和需要整改。开诊所还需要大量的资金投入。特别是受到 2020 年新冠肺炎疫情的影响，长时间没法营业，不少口腔诊所的资金流出现了问题，只能倒闭或转手。

二、开设口腔诊所的优势

开设口腔诊所，作为一个独立的经营者命运完全由自己掌握。一个喜欢独立自主的人，对于在公立医院工作受到的约束，会感觉十分痛苦。而在民营医疗机构就业的人，又无法忍受可能会被突然解雇的风险。自己创业可以最大限度地发挥自身潜力，追求成就带给自己的快乐。口腔医生可以单独开设诊所，管理比大型口腔医院更灵活、服务更具个性化、诊费更有竞争力。目前，根据中国口腔医疗市场及服务特点，口腔诊所适合小规模的连锁式发展。

当然，不是每位口腔医生都适合开设口腔诊所，更不是每个口腔诊所都能进入可持续发展状态。开办口腔诊所，首先是要求口腔医生技术上要熟练；其次是服务态度要好；再次是诊疗环境要舒适。独立开设口腔诊所，工作时间长，非常辛苦。数家联营，可取长补短，集中不同专科口腔医生提供更全面的服务，同时也存在医患关系不易深入、合作伙伴关系难处等问题。加盟口腔诊所，拥有人力和软硬件可以共享的优点，同时也存在个人局限性大，能动性发挥不明显等问题。专科诊所的自主性强、服务项目单纯、工作时间较为弹性，同时也存在格局小、产能低等缺点。在竞争激烈的口腔诊所行业，没有商业运作是很难成功的。一个口腔诊所创业失败的主要原因可能是缺乏敏锐的商业洞察力，而不是临床口腔医疗技能的不足。

三、就业是创业的基础

"先就业，后创业"正成为当前口腔医学毕业生的就业选择和职业目标。由于刚刚走出校园的口腔医学毕业生对即将从事的口腔临床工作还较为生疏，对自我的价值定位还较为模糊。建议先"就业"成为主治医师后，再考虑去"创业"。有了公立医院从业经验的口腔医疗人才一般更愿意跳槽到民营口腔医疗机构。而刚刚走出口腔医学院校的应届毕业生则更愿意选择有保障的公立医院就业。

刚毕业的口腔医学生，虽然生理和心理已基本成熟，希望尽快独立，实现人生理想。但是由于多年的学生生活，实践经验缺乏，面临错综复杂的事务时，受制于年龄、阅历、知识和能力的局限性，时常会感到力不从心。有的大学毕业生习惯了在经济和生活上长期依赖父母，遇到具体问题时也摆脱不了依赖心理，应根据口腔医学职业需求，有意识地接触和了解社会，培养必要的心理素质，按角色需要调整自己的行为，提高社会适应力。先就业，就是一个比较好的实践机会，通过就业岗位的锻炼，将所学专业知识、专业技能和临床实践有机结合，检验自己专业基础是否扎实，临床技能是否能够满足岗位需要。通过就业提高独立工作、独立思考和独立解决问题的能力，能够尽快适应工作环境。学习人际沟通与交往的方法，培养自己人格独立，减少依赖，处理好各种关系，使心智逐渐成熟。

四、创业是就业的特殊形式

当今世界，生产高度社会化和科学化，人类已处于知识经济时代。高新技术不断出现，并广泛运用于医疗机构。随着我国经济体制改革的不断深入，越来越多的灵活多样的私营口腔诊疗机构的开设，冲击着我国当前的口腔医疗市场，必然会对这一市场的未来发展产生重要影响。未来，口腔医生就业将面临两个趋势。一是公立口腔医疗战略调整和体制创新将使原来的口腔医疗机构吸收的大量口腔医生逐步向社会释放，大批口腔医生进入市场，寻找新的机会；二是随着户籍和劳动人事制度的改革，将促使大量口腔医生的异地流动。朝气蓬勃的新生代口腔医生必将逐渐成为自主开设口腔医疗机构的中坚力量。只有掌握了主动权，才能立于不败之地。开设属于自己的口腔诊所，是就业的特殊形式。通过创业不仅可以实现自己的职业理想和人生价值，还能创造更多的就业岗位，缓解就业压力。

【案例分析】
案例（一）

某高校 2015 级口腔医学本科毕业生安同学认为在大学中可以接触到一切想学习的有趣、丰富及专业的知识，这段时间有充分的机会和时间给青年人去试错，去成长，去感受成功与失败。她的大学生活，是在不断地"折腾"中度过的。从一年级开始，她就在不断学习新的东西，加入校记者团，学习科研，加入创业团队等。其间，她也经历过多次的挫折和打击：大一时忽视了本科学习的重要性；大二时参加创业团队，尽管花费心血和力气最终成绩不理想；在科研项目上投入了大量时间和精力也没有收到有效结果等，经历种种，她思考和开启新的方向。在学习上利用大量碎片化时间，保持自我的专注力，她从大二开始每一年都是专业综合成绩第一名；创业团队第一次失败后，重整旗鼓，在和教师、成员不断沟通下结合专业知识成立新的创业项目，夺得国家级电子商务大赛三等奖（省级电子商务大赛一等奖）、省级互联网+大赛银奖等佳绩；科研上方向不适合，就和指导教师不断沟通，寻找问题，解决问题，她作为第一作者投稿于 *BMC Oral Health* 杂志的文章已被接收。正是这样不断地在失败与挫折中拓展自己的兴趣面，拓展自己解决问题的能力，安同学也在大学生活中不断成长，不断前行，不断地变成更好的自己。在她的大学生活即将结束时，收到了一份珍贵的礼物——成为上海交通大学的直博生。

【案例（一）讨论】
  1. 你从安同学的事迹中得到的启示是什么？
  2. 尝试画出自己的职业发展导图，并分享。

案例（二）
2000 年陈同学考入温州医学院临床医学五年制本科学习，初进大学校园的他，面对未来也曾迷茫过。只因从小有个梦想，就是志在一身的橄榄绿。2001年底，他暂停了学业，选择参军入伍。两年的军队生活带给他的不仅是思想上的成熟，学会了怎样做人、做事，还使他格外重视自己的全面发展能力，同时也有了很明确的人生目标——当一名自主开业的优秀牙医。重回校园后，他转入到口腔医学专业学习。用三年半年的时间完成了五年制口腔医学的全部必修课程顺利毕业。

毕业当年，他放弃了考研，准备先就业，后创业。经过层层选拔后的他得以进入当时中国口腔界唯一的上市集团通策医疗，并在杭州口腔医院做轮转医生两年，其间学习到大量的口腔新知识、新技术。在这两年的时间里，他如饥似渴地拼命学习，每天除了睡觉，就是学习和查资料，跟着带教教师学技术、做笔记。2008年顺利拿到执业医师证后，开始独立接诊患者，在临床中不断锤炼了口腔治疗技术，积累了大量的患者客户群。经过六年临床实践的沉淀，他已经是一名擅长牙周专科，且一专多能的牙医了。

从2013年开始启动自己的创业计划，这时候，他才深深感受到，口腔医疗行业的特殊性，独自创业的局限性。如果独立开诊所，除了技术与患者，还需要应对各种检查，了解法规和市场营运等太多与专业无关的事情，还需要大量的资金支持，30年后诊所的传承也是一个大问题……于是，便想到了要组团队合伙创业，一群志同道合的口腔医生合伙人一起创业，成立精英口腔医疗合伙人制度，构建口腔人能够放飞的平台。通过多年探索，目前已建立了一套口腔医疗版科学管理体系，使更多的口腔医疗合伙人加入到团队中来。从2013年的第一家门诊发展到2020年6月，公司已拥有14家门诊部和1家1200多平方米的专科医院。在合伙创业的这几年，他还不断积累总结开业经验，并一直坚持到临床一线上班；跟国际医学接轨，每年去国外著名大学参加学习和培训，考察国外的优秀诊所，学习先进技术和管理经验。他曾在荷兰阿姆斯特丹口腔医学中心（世界排名第二的牙科教育和培训机构）求学，2019年底顺利拿到口腔种植学研究生毕业证书。"不忘初心，砥砺前行"，他相信：虽然30年后的自己可能干不动了，但是只要有持续培养的合伙年轻医生，只要公司内部机制科学，便可以让自己的口腔梦想持续腾飞，让尚善品牌代代传承。

【案例（二）讨论】

1. 你能从陈同学的成长经历得到哪些启示？
2. 尝试画出自己开设口腔诊所的创业导图，并分享。

本 章 小 结

口腔医学生升学的主要路径选择包括专科升本科、培训与进修、出国留学和考研深造；由于就业形势的日益严峻，越来越多的学生选择考研。考研逐渐成为一种综合实力的竞争。五年制本科口腔医学专业毕业后，有能力或有条件的都会首先选择深造考研。考研是必须以学好本科阶段的各门课程为基础，主要根据自己的专业特点、知识基础和专业兴趣进行报考专业选择。了解意向学校的报考专业的既往招生信息、竞争程度，并评估自己的实力后，再做出报考本校、外校或者名牌大学科研单位的最后选择。确定好报考学校及专业，紧接着要了解该校该专业的导师拟招生情况。主动与报考学校取得联系，以及时获得重要信息。备考研究生需要合理安排好复习时间；复习要务必全面；重点放在英语复习。听取刚刚参加研究生初试并取得不错成绩的学长、学姐的建议来选择相应的考研辅导班和复习资料。考生的专业知识、科研潜力和综合素质等是复试考查的重点。

就业选择的主要流程包括确定就业方向、确定就业地点、确定就业场所。每个用人单位都会喜欢和重点培养积极阳光、踏实工作的人。

创业者通过创业，提供服务，发展事业，不仅解决自身的就业问题，还为其他求职者创造了就业机会。自己创业开设口腔诊所，压力非常大。"先就业，后创业"正成为当前口腔医学毕业生的就业选择和职业目标。不是每位口腔医生都适合开设口腔诊所。新生代口腔医生必将逐渐成为自主开设口腔医疗机构的中坚力量。

思 考 题

1. 口腔医学应届毕业生直接创业的利与弊有哪些?
2. 选择考研学校、专业方向及导师有哪些注意事项?
3. 口腔医学毕业生就业的主要流程是什么?

第九章 创业教育

学习目标

1. 了解创业素质培养包含哪些方面。了解基本的素质培养方式。了解作为医学生创业的基本步骤。

2. 熟悉面对问题的简单解决方案。

第一节 口腔医学生创业素质的培养

一、医学人文情操的培养

人文,代表人类社会的各种精神文化现象,涵盖了物质利益和精神利益。人文精神表现为对人的尊严、命运、价值的维护、关切和追求,是一种广泛的人类自我关怀,是对人类遗留的各种文化现象的高度珍视,对全面发展的理想人格的认同和追求。医学人文精神的核心是以人为本,是人文精神在医学领域中的集中体现。对于医学院校来说,人文精神教育应与医学知识和技术教育同步。

西方医学之父希波克拉底这样阐述医生职业的崇高性:医术,是一切技术当中最美和最高尚的。美、高尚、德行,都属于"人文素养"范畴。裘法祖——"当代医圣""中国外科医学之父",这样定义成为医生的条件:德不近佛者,不可以为医。由此可见,从古至今、从西方到东方,"人文素养"始终是成为合格医生的必备条件。但随着时代的发展,尤其是技术的进步,越来越多的人认为,医学仅是一门技术,学好技术,就能当医生。我国的一些医学院校没有对学生的人文课程渗透引起足够重视,没有配备专业从事医学人文教育的师资团队,甚至对带教教师的教学素质和职业道德素养缺乏严格考核。但是在一些发达国家,学校已通过设置严格的考核标准和激励政策来选拔优秀教师,将医学人文课程设为医学教育的重要内容。

现代医学教育体系的变革要求高等医学教育不仅要着眼于躯体疾病,也要在研究人类的健康与疾病中贯穿生物、心理和社会三个因素。口腔医学是医学的重要分支学科,口腔医学的教育同样需要与时俱进的变革与创新。然而,我国一些口腔专业教师只注重医学专业知识和操作技能的培养,而缺乏对人文关怀技巧和医学人文素养的塑造。同时教师配置水平和教学质量难以保证,不合格的带教教师易对学生产生消极的影响。此外,在我国一些院校存在口腔医学专业课教学与医学人文精神教育脱节的现象,固化了学生"重专业、轻人文"的观念。随着医学的发展,社会对医务工作者人文素养的关注度逐渐提高,新的指导思想对未来医学生创业方向发起了新的挑战。这对未来医学的积极发展与社会和谐进步起到了重要作用。

医学是和疾病作斗争的学科,论其本质是一门人学,医学生在熟练掌握医学专业知识的基础上,还需注重医学人文精神的塑造。随着社会的发展,现代医疗理论和技术突飞猛进,医疗机构迅速转型。医学人文始终围绕着医学发展,在现代社会医疗进程中发挥着重要作用。社会期望值的升高与医患关系的不协调引发了很多医疗纠纷,医务人员职业素养的提升依靠提升人文素养是行之有效的。我国的人文精神主要是通过儒学经典来传承的,要对学生进行文化教育,就离不开对儒家经典的学习。儒家经典一般以"十三经"或"四书五经"为代表,也包括《颜氏家训》《三字经》《弟子规》等后世儒家作品。让儒家人文精神内化为学生的自我意识,取之精华去其糟粕,发挥"扬弃"的辩证思维,在创新创业时便能够自发获得精神上与心理上的支撑,更好地突破难关,持之以恒。

二、创业实践能力的培养

创业教育是当下知识经济的产物，是符合市场需求的一种人才培养模式，其实质在于让受教育者蜕变成长为创业者，通过树立创业意识、培养创业品质、塑造创新思维和学习创业知识，开拓创业能力，使他们"想创""敢创""会创""新创"。因此，创业教育已成为医学教育发展史上一种新的国际教育理念，开展必要的创业教育、培养大学生的创业能力是当今全球医学教育发展与改革的一个重要趋势，是医学生创新教育和素质教育的重要组成部分。然而，由于医学专业的复杂性和生命科学的特殊性，我国医学教育在创业教育方面显得十分薄弱，医学生普遍创业意愿较低。近年来，高等医学院校就业情况数据显示，医学本科生的就业形势严峻，大型公立医院往往偏向招聘硕士以上学历的毕业生，其中以口腔医学专业尤甚，主要原因是省市级公立医院口腔科岗位已趋于饱和，更多的岗位集中于民营口腔诊所，但口腔医学毕业生就业于民营口腔诊所或自主创业的意愿较低。

口腔医学是一门实践操作性很强的科学，具有扎实的实践能力对于有着创业意向的医学生来说是十分有必要的。不能以传统的医学教学方法或单纯增设、扩充医学课程的方法培养现代口腔医生。想要进一步推动教育观念与思想的转变，改变将教育作为纯粹的教与学的活动、片面强调课堂训练的落后认识，积极组织和探索各种以医学实践为载体的社会实践活动，是提高学生实践能力的必经之路。在传统理论教学过程中，辅以口腔医学实验课程的设置，积极模拟实践、实战操作和加深对新技术、新材料的了解，进行理论和实践多维度结合，启发思维，拓宽学生眼界，适应时代的发展，使学生在口腔专业课程学习过程中做到学得透彻、做得深入。此外，口腔医学院校应充分整合有效资源支持和帮助学生，拓展校内外实践基地；与附属口腔医院、社会口腔医疗机构合作，在教师和临床医生的指导下，鼓励学生到大型正规私营口腔门诊见习、交流、学习；鼓励学生参与运作、管理，为门诊患者、社区群众进行口腔卫生宣教和口腔检查，深化学生执业的实践能力，并通过职场模拟的形式考量在校生是否掌握规范的口腔技能操作技巧。

口腔医生也是一种极具挑战的职业。在发达国家的口腔医学教育中，只有10%左右的口腔医生在院校或公立医院工作，绝大部分口腔医生都是自己开业，因此，在国外私营口腔诊所开业管理是一门必修课，但在国内，口腔医学院校尚未涉及相关管理课程。我国的口腔诊所采取的大部分是口腔医生管理模式，即在口腔医学方面有所建树的口腔医生成为口腔诊所的管理者，在管理实践中，往往只侧重体现口腔医生的职责，而诊所的营业管理和服务质量急需改善。因此，口腔医学生在校期间应增加口腔诊所的资格注册和开业准备、室内设计和硬件管理、财务人员和软件管理、市场拓展和营销策略、患者管理和员工管理、竞争战略和形象设计、国外现状和开业案例、事故纠纷和法律顾问等相关知识的储备，以促进口腔诊所的成熟化、规范化和多层次、多元化的发展。

实践并不是简单的行动而已，它可以说是一门艺术，一个人可以通过合理、科学的实践，从而成功创业乃至成就自我。实践能力则可以分为以下几部分。

（一）调查

调查就是解决问题，调查就是读无字之书。"没有调查，没有发言权"。对于一个问题，如果不能解决，就去调查这个问题的历史和现状，知道它的来龙去脉，将客观情况调查清楚。等调查明白了，就有了解决的办法。因为调查就是研究的过程，去其糟粕，取其精华，透过现象看到本质。离开调查，其结果不是盲动主义，就是机会主义。

（二）从失败中反省

失败和成功，需要辩证地去看待。什么是失败？无非是迈向更好事物的第一步，仅此而已。真正的失败者，是不懂得从错误和失败中吸取教训的人，要么一路走到黑，要么一蹶不振。而聪明的人，经过失败之后，分析失败的原因，吸取教训，将失败转变成自己的经验，从而走向成功。

（三）丰富感性的认识

从《实践论》中得知，认识的过程，是由感性的认识上升到理性的认识，是由低级向高级发展，由浅入深，由片面到更多的方面。所谓的感性认识，即人的肉体感官对客观外界的感觉，也就是对于事物的直接经验。要丰富自己的感性认识，感觉的材料要丰富，不要零碎不全，要合于客观实际，然后经过分析、思考、实践验证，将感觉材料去粗取精、去伪存真、由此及彼、由表及里地经过改造，形成正确的理论系统。需要强调的是，感官认识往往可以使得初始模糊的东西变得清晰易懂。

（四）利用间接经验

人精力和时间有限，不可能什么东西都依靠直接经验。要学会"拿来主义"，从历史中取得间接经验，服务实践。所以，更多的时候，需要将直接经验和间接经验相结合，细心地留意和观察。

（五）在实践中发展理论

通常而言，获取知识有两种积极的方式：有一种是通过回想、识记，掌握知识，这已经算是比较积极的学习方式。还有一种是让知识通过运用而得到发展。实践和理论需要密切联系在一起。实践如果没有理论的指导，就会变成盲目的实践。理论如果没有和实践联系起来，就会变成无对象的理论。知识的获得不是一蹴而就的，会有一个过程，要有计划，确立一个目标，努力地去完成它。事实上，到最后会发现原来的目标变得若有若无，无足轻重，但在实现目标的过程中你会发现一个全新的自己，全新的世界。

三、创新发展理念的培养

对于高等院校口腔医学专业的学生来说，以后的就业方向很可能是私营口腔诊所医生，因此，培养出具有较强专业素养、创新能力、具有一定实践能力和发展潜力的应用型、综合型口腔医学专业人才是至关重要的。要着力实施创新驱动发展战略。将创新设为第一位，因为创新是引领发展的第一动力。发展动力决定发展效能、速度、可持续性。创新发展、协调发展、绿色发展、开放发展、共享发展都有利于增强发展动力，但核心在创新发展。对于医学生来说，抓住了创新，就是抓住了创业发展的精髓；抓住了创新，就抓住了牵动经济社会发展全局的"牛鼻子"。

传统的口腔教学中学生学习的积极性不够，极少有学生乐于主动了解所学专业的发展状况与前沿信息。而在创业中学生是主体，需要独立完成项目的所有内容。因此可以通过相关文献和专业书籍及网络数据库搜寻相关知识，进行深入学习来增加相关专业知识储备，这既能扩大学生的知识面，从而有效锻炼学生快速接受新知识的能力，又能潜移默化地提高学生自主学习的积极性。

在创业项目进展中，学生会学到该领域的最新研究动态，拓宽视野，有利于加深对学科知识的了解和提升研究兴趣，激发学生研究的兴趣和创新愿望，在很大程度上提高了学生的学习积极性和创新能力。

【案例分析】

80后医生陈某，与另外3名口腔科医生一起创办益皓口腔门诊部。此前，他已经在深圳一家区级综合公立医院工作了11年，是一名副主任医师。

回溯他的创业之路，他首先花了一年多时间，从自己的同事、朋友里确定了同样是口腔科医生的另外3名合伙人，又花了半年时间为诊所选好址，租下来。2015年年底，陈某等4名医生筹建的益皓口腔门诊部正式开业。门诊部占地270平方米，位于福田区联合广场3层一隅，有6间诊室，3个消毒间，2个拍片房，小巧而精致。陈某很满意自己现在的工作状态，工作时间一般从上午10:00至下午5:30，周一到周日，他每天都去诊所。

自己开诊所后，陈某发现，他最主要的患者来源是同行、亲戚、校友这些熟人。与之前他所在的公立医院不同，在诊所预约周末和下班后治疗的患者比较多，诊所也会为了满足患者的需要适当调整经营时间。来诊所就医的患者经济条件相对宽裕，对医生的信任度也较高。医患之间很少有纠纷，相互信任，这是陈某最为看重的。

"风险也确实考虑过，万一诊所经营不下去，大不了关门去做生意。"陈某说，"年轻还输得起。"实际上，陈某对于诊所的未来还是比较有信心的，开业半年多来，诊所目前已经达到盈亏平衡，他自信地认为随着诊所口碑的积累，诊所的经营会越来越好。

什么样的口腔医生适合创业？陈某认为，首先专业医疗技术水平要高，要得到患者的认可；其次是有广阔的人脉资源，如信任你的朋友、同学、亲人，愿意来支持你的诊所；最后要有服务患者的理念。"我们的护士在患者拔牙后第二天，一定会电话随访患者，看看他们有没有不适。而这些服务目前在公立医院是不会有的。"陈某说。

【案例讨论】

1. 开办私立口腔诊所需要具备哪些条件？如何进行营销？
2. 私立口腔诊所相较公立医院在个性化服务方面有哪些可以做得更好的地方？

第二节　口腔医学生创业流程步骤

一、选择创业项目

一个正确的方向是一次成功创业所必备的起点，应该如何确定自己的创业方向呢？

首先，要做的事情是认清自己。我擅长什么？我的性格是怎么样的？我想在什么领域内一展宏图？这次创业我的目标是什么样的？我想收获什么？只有对自己有了一定清晰的认识，才能更好地做出符合自身现状的决定。在中国高等教育学生信息网（学信网）旗下的学职平台上有着许多测试能够帮助大家更好地了解自我。

其次，作为口腔医学专业的学生，在创业方向的选择上总的来说要遵循一个原则：把握自身的优势和环境的大势。作为医学生，自身的优势包括了专业领域的知识、获取医疗行业内信息的途径、学校提供的资源等。而将目光局限于自我是不够的，在国内创业更要把握大势，顺势而为，通俗地说就是"要站在风口上"。政策扶持、政府重视、学校孵化，对于创业的大学生来说无疑是非常重要的环节。

最后，便是具体内容的选择了。这可能是一次灵光乍现的创造，也可能是长久以来的积累，甚至可能是对国内外成熟模式的借鉴。

二、组建创业团队

创业团队是指在创业初期（包括企业成立前和成立早期），由一群责任共担、才能互补、愿意为同样的创业目标而奋斗的人所组成的具有凝聚力的群体。经过深思熟虑找到了自己创业的方向，这时就该着手于创业团队的组建。首先要做到的是在理念上的和谐。和谐，志同道合，价值观一致，分配机制公平，这是一个创业团队能够长时间维持并发挥作用的前提。

创业团队成员可以来自口腔医学专业，但也有可能来自别的专业，甚至是外校的同学。作为口腔医学生，在专业领域知识上的精通自然也意味着在别的（如管理运营）角色上的稍逊一筹。如果能找到外校管理专业的、金融专业的同学，自然能让自己的创业团队多出一份胜算。然而，创业团队的身份多元化是一把双刃剑。它既可以丰富团队的思路，扩展团队的技能，做到"术业有专攻"，也会在一定程度上导致方向不统一，遇到问题内耗增大。这时就需要一个果断和平衡兼具的决策者来统领全局。作为决策者，在考虑团队成员时就一定要注意到这方面的领导力。

三、编制创业计划书

（一）可行性分析

口腔医学生创业有着很大的优势，有试错的机会，也能在一定程度上得到家人的支持，即使失败了也不会造成无法挽回的后果。但是即使如此，谁又不希望成功呢？那么在团队真正投入更多的时间和精力之前，一定要做好充分的准备，而对创业的可行性分析就显得非常必要了。可以将可行性分析主要分成市场调研、财务分析、人力资源分配与分析、政策研究四个步骤。

1. 市场调研 是一种把消费者和市场及公共部门联系起来的特定活动。调研信息可以识别和界定市场营销机会和问题，产生、改进和评价营销活动，增进对营销过程的理解，监控营销绩效。实际上市场调研是一个寻求市场与企业之间共谐的过程。一个项目的前景如何很大程度上取决于市场对其的反应。市场对其可能的反应则可以通过市场调研预测。

市场调研的步骤主要有：①调研计划撰写；②调研问卷设计；③调研问卷实施；④调研问卷收集、整理；⑤数据分析，可以用一些常用的统计分析方法（如卡方、方差分析等），如果有数学专业的伙伴也可以适当用一些模型，模型要恰当合适，实用才是最好的；⑥调研报告撰写。

2. 财务分析 是以会计核算和报表资料及其他相关资料为依据，采用一系列专门的分析技术和方法，对企业等经济组织过去和现在有关筹资活动、分配活动、投资活动、经营活动的盈利能力、偿债能力、营运能力和增长能力状况等进行分析与评价的经济管理活动。财务分析的方法与分析工具众多，应根据分析者的目的具体应用。最常见的还是围绕财务指标进行单指标、多指标综合分析。再加上借用一些参照值（如预算、目标等），运用一些分析方法（比率、趋势、结构、因素等）进行分析，最后通过人性化、直观的格式（报表、图文报告等）展现。

创业初期无法做到详细严谨的研究，适量的分析计算也能避免因为在财务上的缺少规划而无法继续创业。以下为一些简单的分析步骤：①取得市场行情及主要经营数据水平；②根据创业计划，做投入启动预算；③根据市场平均行情分析自己的各项财务投入是否合理；④分析自己的盈亏平衡点；⑤分析自己的回收或者盈利预期。

3. 人力资源分配与分析 一个成熟企业内的分工必然是十分明确而合理的，各部门各司其职，像一台精密的机器一丝不苟地运作着，发挥着"1+1＞2"的功效。同时合适的人数也是必要的，过多的冗员会带来效率的低下，而过少则会导致人手不足，每个人付出过多的精力甚至无法完成特定的目标。

创业者作为团队的核心，许多事都亲力亲为，同时还伴着学业的压力。成大事者必有人助，合理的分工合作才是成功的关键。创业团队人数较少，可万万不能因此忽略了分工的重要性。分工意味着职责明确，不会出现互相推诿的情况，更能够发挥各自的长处，掩盖不足。

下面提供一个简单易操作的人力资源分配方法。准备一张 A4 纸，将其按照团队人数平均分为若干份，在纸的正面写上各自的优缺点。另准备一张白纸写上可能会遇到的困难，并剪成小方块，共同商讨平均地贴在各个人的名字旁边。在遇到问题时就按照这张纸所定好的分工完成。

4. 政策研究 相信每个项目申报者都对项目申报政策不陌生，"了解和掌握项目申报政策及更新情况"已经成为必备基础，很多创业者已经养成每天到各大政府主管部门网站上快速浏览有无政策更新的习惯。

但是，绝大多数人却停留在"政策有无更新"的关注点上，而不关注研究申报政策的设计逻辑或规律，能进行政策深度解读的更是少之又少，解读也往往停留在申报通知的简单比对式的照本宣科，无法做到从背景出发，从趋势收尾。从长期来看，这样做会使人对行业的认知水平停步不前，无法精准把握政策能给团队带来的红利。

相反，掌握了政策设计逻辑或规律，能够让团队从更多维度去对项目申报工作进行全面统筹规划，也能帮助团队快速了解一个新行业新领域的申报政策。养成政策研究的敏感度需要的是一个长期积累的过程。

锚定思维即无论发生了什么，本质上都是利益的交换和流动，以事件中的一方为锚，在脑海中或在白纸上以他为中心画出一张关系网，像蜘蛛一样一圈一圈往外扩展，而组成网络的"蜘蛛丝"就是利益的联系。直到网络的边缘和创业团队有关为止。锚定了利益传递的关键，便能找到其中所蕴含深层次的趋势。

（二）商业计划书的撰写

商业计划书（以下简称BP）是一份全方位的项目计划，其主要目的是让人了解项目，以便对项目或企业做出评判，从而使企业获得融资。口腔医学生创业虽然可能偏重专业性，但适量的市场调查仍然是不可避免的。商业计划书有相对固定的架构，涵盖投资商所有感兴趣的内容，包括企业成长经历、产品服务、市场营销、管理团队、组织人事、财务运营、股权结构和融资方案。商业计划书作为企业融资筹资、企业战略规划与执行等一切经营活动的缩影，也是企业的执行方案和行动纲领，其主要意图在于为投资者提供一份创业的项目蓝图，展现创业的潜力和价值，并说服其对项目进行投资。

大学生创业的商业计划书可以简略一些，但也一定要包括用户需求、产品和团队三方面。在保证展示重要内容的前提下，页数越少越好。很多投资人可能每天都能收到十几份的商业计划书，如果页数太多，看不完的概率会很高。另外，宏观的分析（政策、风口）、行业的分析（产业链、市场容量）也可以去网络上寻找观点和内容。而网络上也有着很多付费或者免费的内容可以提供参考。

当然，写好一份优秀的BP绝对不是一件简单的事情。商业计划结构不够合理；图标格式、作品名称、排版等不够规范；重产品介绍，缺乏市场分析，营销模式，财务分析；客户定位不准确，市场前景分析模糊。以上这些都是一些很常见的问题。只有不断地学习磨炼，才能写出完美的创业计划书。

【案例分析】一位口腔医学生的创业计划书（删减版）

目　　录

第一章　项目概况

1.1 公司概况

本团队拟创立 i 展颜科技研发有限公司。作为一家科技研发公司，i 展颜科技研发有限公司致力于口腔医疗器械、产品的开发、生产和销售。

所建公司主营业务为两类：一是在售产品，如便携式保持器盒、超声波保持器盒、多功能记忆保持器盒（精简版与升级版）；二是在研产品，如义齿压膜保持器、义齿、矫正器保持器超声清洗器等。公司主要团队组成分为三大部分：以口腔医学生为核心的管理运营和产品研发团队；由新材料专业形状记忆合金博士生导师，超声波清洗技术、恒温水浴技术研究员等组成的高级技术顾问团队；以注册会计师协会资深成员为主的财务顾问团队。依托大学优秀的人才培养模式，采取筛选制建立了强大的人才储备库，奠定了坚实的设备、技术、人员基础。

1.2 项目背景

牙齿保持器可巩固牙颌畸形矫治完成后的疗效、保持牙位于理想的美观及功能位置。医学研究证实，牙移动后，有回到原来位置的倾向，牙周韧带至少需两百多天才能重建，牙槽嵴修复需要一年时间。因此,如果口腔正畸患者想限制自然发展和变化,终身使用保持器至关重要。而保持器盒是人们放置保持器的器具,也将伴随口腔正畸患者终身。

保持器等牙科器械操作面小而尖锐,在诊疗操作中可能会沾有患者龋齿上的细菌、唾液或黏膜的血液,如不能彻底灭菌则容易引起交叉感染。大多数保持器佩戴者采用传统人工手洗,不仅清洗不彻底,而且有可能将细菌和传染性病毒带给医护人员。随着科技的发展,超声波清洗器被广泛运用。有研究表明,超声波用于清洗口腔类器械,洗涤后残留量仅为0.04‰,在日常保持器清洗中的应用也是愈加普遍。如今,作为口腔正畸最后环节的必要工具,保持器的需求量正在上升,保持器盒等相关产品市场完善也更加迫切。这是因为人们的生活水平不断提高,变得精细的主食使人们不能充分发挥咀嚼功能,存在由颌骨的生长发育不良导致颌骨畸形的趋势。同时,随着人们对外貌美观的追求增加,能够改善牙列、面型的口腔正畸也越来越普遍。

但由于传统保持器钢丝易变形、保持器清洗不方便不到位(每天需要流动清水或牙膏冲洗,不可用热水和乙醇以免发生变形)、保持器更换麻烦且易丢失、保持器不可自行调整、口腔正畸治疗的保持期长久易遗忘佩戴(摘除矫正器的最初3～6个月,除吃饭、刷牙和使用牙线清洁牙的时间以外,需要一天24小时佩戴保持器)等,目前人们对保持器能坚持按规定时间佩戴率低、保持器巩固矫正疗效差。据统计,口腔正畸人数中,二次正畸比例者高达5%,保持器丢失重做者约达15%(其中80%是因为吃东西把保持器用纸巾包住而误当垃圾丢掉的)。现有的保持器盒难以解决此类问题,市场上存在需求空缺。

针对此种情况,本项目团队学习改进现有技术(形状记忆合金、超声波清洗、恒温水浴技术、薄膜压力传感技术),自主研发生产多功能记忆保持器盒,解决使用者困扰已久的问题。

1.3 产品介绍

本公司拟作为一家科技研发和产品设计公司,主营业务为销售以多功能记忆保持器盒(精简版与升级版)为主的保持器相关用品。其中精简版和升级版装有的防丢神器待机时间分别为3～6个月和10～12个月,音量分别为60分贝和90分贝。通过绑定的手机APP即可寻找保持器盒,保持器离开手机一定范围可自动提示,通过防丢神器上的按钮还可以使手机震动发音。其他设置有加热模块,通过温度设定旋钮,根据需求设定相应相变温度,便于将保持器的钛镍形状记忆合金钢丝恢复到原始形状以维持保持器形状;薄膜压力传感器通过低功耗蓝牙,将数据传输至手机APP,系统智能计算保持器离盒使用时间,并提供给用户清洗时长建议;超声波模块对保持器进行高效去污,提高清洗效果;另设有增值保障项目,如回收补贴等。

在售产品包括各种便携式保持器盒、超声波保持器盒、多功能记忆保持器盒(精简版与升级版),在研产品如义齿压膜保持器。

1.4 商业模式

实现研发新型产品与推广盈利的正循环,打造可持续发展的商业模式,即通过销售产品实现盈利,并及时与市场反馈联系,总结数据,推进产品改善,投入部分盈利来研发新产品,增加产品选择的多样性和多元性。

销售与推广将采用线上线下相结合的模式。以前期设定正确的推广路线为基础,通过低价试行、媒体报道等形式增加公司知名度,进而逐步打开巨大的营销市场,将产品依次推广至浙江省、东部地区乃至全国。

第二章 行业及市场情况

2.1 PEST分析

PEST分析指宏观环境的分析。P指政策,E指经济,S指社会,T指技术。

2.1.1 政策

2.1.1.1 "十三五"对服务创新消费主导型经济规划

我国经济进入了中高速增长的新阶段,中国的宏观经济正在发生着一场深刻而全面的结构性变革。中国经济换挡转型期的基本内涵和主要特征表现为由工业主导型经济将在"十三五"时期转向服务业主导型经济，由传统产业主导型经济转向创新主导型经济，由投资主导型经济转向消费主导型经济。保持器盒类产品设计生产也应该努力响应国家政策，顺着改革的大潮实现自我蜕变与超越。

2.1.1.2 口腔保健的积极政策

中国目前的口腔正畸主要以治为主，但实际上最薄弱环节还在于预防和保健。2017 年 5 月国务院办公厅印发《关于支持社会力量提供多层次多样化医疗服务的意见》明确提出"在眼科、骨科、口腔、妇产、儿科、肿瘤、精神、医疗美容等专科以及康复、护理、体检等领域，加快打造一批具有竞争力的品牌服务机构。"为口腔医疗发展提供了良好方向。

2.1.1.3 口腔诊疗器械清洗规范

一方面，口腔器械灭菌不彻底将导致患者之间的交叉感染；另一方面，很多口腔医护人员操作中都会生产锐器伤，也将导致职业暴露的高风险性。根据《医疗机构口腔诊疗器械消毒技术操作规范》要求："凡接触患者伤口、血液、破损黏膜或者进入人体无菌组织的各类口腔诊疗器械，包括牙科手机、车针、根管治疗器械、拔牙器械、手术治疗器械、牙周治疗器械、敷料等，使用前必须达到灭菌。"

2.1.2 经济

口腔正畸行业市场增速带来口腔正畸保健需求。《2018 年中国正畸市场消费蓝皮书》指出，综合口腔行业协会统计及其他资料，全国看牙人次年均已达 3 亿以上，人均客单价在 300～400 元，口腔医疗服务的市场规模在 1000 亿元左右。公开资料显示，过去三年来口腔医疗市场每年增长 25% 以上，按照这种速度，预计未来三年将接近 2000 亿人民币。

2.1.3 社会

2.1.3.1 口腔和口腔正畸保健重视程度上升

随着人口增加、老龄化加速（通常会带来一系列更复杂的口腔科问题）、城镇居民整体消费水平提升、患者保留自己天然牙齿的愿望增加、口腔医疗从治愈到预防方向的转变、民营医院为主体的市场教育及口腔医疗技术的不断发展，以及口腔医疗作为医疗健康的普及项目（2016 年出台的《"健康中国 2030"规划纲要》）中，明确提出"三减"（减盐、减油、减糖）和"三健"（健康口腔、健康体重、健康骨骼）等，口腔医疗消费潜力势必持续增长。

2.1.3.2 人们对保持器的佩戴存放存在困扰

保持器清洁麻烦、会造成交叉感染、易遗忘导致不能定期佩戴、保持器钢丝易变形、易丢失等问题普遍存在。而市场上现有的保持器盒常难以考虑周全，仅以保存为主要功能。

2.2 SWOT 分析（图 9-1）

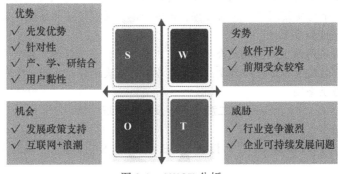

图 9-1 SWOT 分析

第三章 产品介绍

作为一家科技研发公司，i展颜科技研发有限公司致力于研发口腔医疗器械、产品的开发、生产和销售。目前的在售产品包括便携式保持器盒、超声波保持器盒、多功能记忆保持器盒，在研产品包括义齿压膜保持器、义齿矫正器、保持器超声清洗器等。其中多功能记忆保持器盒为本公司的核心产品。该产品通过使用形状记忆合金、超声波清洗技术、恒温水浴技术和薄膜压力传感技术等，旨在解决现存保持器易变形，保持器清洗不方便、不到位，保持器更换麻烦且易丢等问题，打造一个集存放、清洗、修复、定位、时长监测等功能于一体且携带方便、续航时间长、抗摔能力强的器盒。此外，针对不同人群消费水平，设计了精简版与升级版两个版本，精简版具有恒温水浴塑形保持器、超声波清洗、日常放置等功能；而升级版在此基础之上增加了GPS定位追踪系统，防止器盒、保持器丢失。

第四章 组织与管理

4.1 公司基本情况

本团队拟创立i展颜科技研发有限公司，致力于成为研发口腔医疗器械、产品开发与生产销售的企业。i展颜（tooth guard）的名字表明了本公司以保卫口腔健康为己任，潜心研发质量一流、价格亲民的口腔医疗器械及相关材料。初期的主要业务以主打产品——多功能记忆保持器盒为核心，并保持对核心产品的改进、临床试验及口腔医疗保健周边产品的开发，以保证公司长期的可持续发展。公司初期选址定于高教园区——众多研究机构、人才所在地并毗邻合作单位，有利于与其开展深入交流，招募技术、管理人才及研发产品。与此同时，线上建立公司官网及用户信息端，方便用户实时掌握最新动态与产品信息、使用注意事项、反馈意见等。

4.2 顾问团队

本公司拥有由新材料专业形状记忆合金博士生导师，超声波清洗技术、恒温水浴技术研究员等组成的高级技术顾问。

4.3 公司发展现状

4.3.1 发展目标

公司以多功能记忆保持器盒为主打产品，通过与各大医院和私人诊所合作并大力开展线上线下的宣传推广，同时团队内部不断提高核心技术与竞争力，计划成为在全国拥有一定知名度的口腔医疗器械、产品开发与生产销售公司，并不断扩大规模，形成"设计-生产（外包）-销售"完整的产业链。

4.3.2 发展规划

2020：成立技术小组，收集数据深入研究，并进行前期试用反馈改进，打造出合适的器盒并申请专利。

2021：线上线下宣传推广，重点与合作单位合作销售。

2022：通过合作销售、用户反馈、后期改进，不断提升产品竞争力。

2023：推广至市各大医院、诊所，公司初具规模发展期。

2024：加大技术研发力度，设计推出更多口腔医疗产品，在省重点城市试点宣传销售。

2025：形成较为完备的"设计-生产（外包）-销售"产业链。

2026：逐步推广至浙江省内各市、县级城市。

2027：在东南地区通过合作、设立分公司、寻找代理商等方式不断推广，扩大辐射范围。

2028：与知名医疗科技研发公司、医疗器械生产公司深入合作，创新发展。

2029：向全国市场进军，锐意进取、研发不止。

4.4 公司文化

以人为本：客户的需求和利益是公司立足之根本，要时刻谨记为客户提供最优质的服务。另外公司内，所有成员的目标都是一致的——为了公司的美好明天而奋斗，大家都是平等独立的。

创新不止：作为医疗创业类公司，突破创新、革新改进、创新研发应是第一要义。

合作共赢：公司要以海纳百川的包容心态践行多元化合作，求同存异进行商业整合，驱动协同创作。

居安思危：生于忧患，死于安乐。要时刻保持紧迫感和冲劲。乐观迎接时代大潮，也要保持警惕做好准备。

第五章　商业模式与营销策略

5.1 商业模式分析

5.1.1 商业模式

本公司拥有比目前国内市场上所存在的产品更适合口腔正畸患者拥有的保持器储存装置，为首创的集超声波清洗、防丢失、智能监督佩戴时长、安全保存等多功能于一体的核心竞争力产品，为口腔正畸患者提供了更多的便利。同时我公司也谋求研发更多的同类型相关产品来回报社会，造福更多的患者。本着这样的初衷，本公司将采取一个正循环的商业模式，即研发新型产品，推广盈利。

5.1.2 销售模式

网络销售：网络营销有信息量大、传播范围广等特点，而企业在网络营销投入的成本比传统营销模式要低很多。通过互联网来进行产品销售，给企业提供了直接面向消费者的平台，一方面降低了企业的销售成本，使产品的价格可以实现价格的最低化，使企业获得最大利益，另一方面还能突出产品销售过程的价格优势，缩短了消费者与产品之间流通的时间。

直销：不经过代理商，直接把商品卖给消费者。在公司的前三年，将采取这样的销售方式，更直接地接触客户，同时也是为了积累客源，为接下来的发展奠定基础。同样直销存在的很多好处，如减少中间费用，让客户能以一个更合理的价格获得更好的产品；也能让本公司接触到更多的客户，为未来的发展打下基础。

经销：在三年后，本公司将努力实现发展代理商和经销商的目标，利用各大经销商促进公司的产品销售，同时扩大影响力，实现互利共赢，占据更广阔的市场，保持公司平稳快速的发展。发展经销商的同时能为公司带来不可估量的广告和宣传收益，同时让公司占据更大的市场，更好地实现发展目标。

5.2 营销总战略（表9-1）

表9-1　营销总战略

发展阶段	阶段策略	营销手段
市场初创期 （1～3年）	产品研发 推广宣传	线上主要依赖互联网平台，通过公司官网、微博和微信公众号发布产品视频、在论坛博客上发表产品信息、自媒体网红大V推广等 线下主要是利用学校平台资源，期刊投稿或投放广告等
市场引入期 （4～5年）	研发新型产品 传播企业文化	继续产品研发，同时，保持上述推广渠道，重点推进"代理商模式"，形成直销-经销联动模式 注重企业文化的传播，做好企业公关，以良好的形象吸引更多客户
市场成长期 （6～7年）	提高创新水平 提升品牌地位	投入部分资金研发新产品，增加产品选择的多样性和多元性 注重回馈优惠活动的开展，逐渐形成品牌效应，通过促销、折扣、会员制等吸引客户、稳定客源
市场成熟期 （8～10年）	国内外协调发展 扩大综合影响力	在品牌有一定基础后，通过名医名师和著名学者推荐，以及派遣业务代表出国洽谈等方式，争取国外市场，扩大影响力

5.3 服务策略

售前服务：开展一系列刺激顾客购买欲望的服务工作。协助客户做好需求分析，使得产品能够最大限度地满足用户需要。提供信息咨询、产品定制、加工整理、提供多种方便和财务服务等。

售中服务：建立完善的销售网络，加强线上网络平台建设，网站日常维护、保证客服部和物流部的服务质量，使商品高效、快速、及时、准确地送达消费者手中，提高商品的销售率。

售后服务：优质的售后服务是品牌经济的产物。建立信息交流反馈渠道，接受消费者的意见，仔细解答消费者的咨询。同时用各种方式征集消费者对产品的反馈意见，并根据情况及时加以完善。最大限度地满足客户需要，适时举办信息交流活动，搭建沟通桥梁。使客户不愁用、不用愁，无后顾之忧。

第六章 财务分析

6.1 股本结构与规模

6.1.1 建设初期

经过计算本公司需要 100 万的启动资金，分别在筹建期与经营初期投入。通过团队自筹 20 万元，另求取天使投资 80 万元，完成初期融资要求，完成公司初步建设。在此阶段，由于大部分经营活动和创业策划、技术开发都是我方团队完成，因此仅向天使投资人出让 20%股权。

6.1.2 发展中期

在此过程中，公司已经实现盈利，有较为稳定的收入，但为了更好地进行大规模的扩建，将考虑借助其他投资公司的力量，吸纳风险投资入股转变为股份有限公司，以满足公司发展的需求。此期间，进行 A 轮融资，初步融资 200 万元。此时，股本结构调整为创业团队占股 65%，天使投资占股 15%，A 轮投资方占股 20%。

6.1.3 总结

根据预测公司的财务状况和投融资能力，足以保障公司建设发展所需的全部资金的及时、足额投入，可保证我公司产品保质保量投放市场，完成互利共赢。

6.2 基本财务数据（略）

第七章 风险分析

7.1 市场风险

进入市场是产品最终的目的，在进入市场前尽管也做了全方位的市场调查，但是如果企业制造的新产品与市场不匹配，导致产品不能顺应市场的需求，就会在很大程度上给企业带来巨大的风险。竞争风险的不确定性会给公司的生存和发展构成巨大的威胁，而且在进入市场推广时也可能产生极大的阻碍。当前主流市场上科研产品的竞争品牌多，如安徽克菱保健科技有限公司，思美客贸易有限公司，金奇孕婴童生活科技股份有限公司等研制义齿牙套清洁工具的有关公司，在国内已具有一定市场。

预防措施：①坚定公司创新与顾客需求相结合的市场定位，将产品的技术牢牢掌握在手中；②提高自身产品的劳动生产率，降低成本，提高质量，把市场站稳、占牢；③坚持自身细分市场的差异化战略，在成长期不与大型企业竞争，在还未形成行业的情况下，迅速占领市场，获取有利地位；④发展后期公司会在核心产品的基础上，多样性研发产品，并打造自己的品牌，拓宽市场面。

7.2 人才风险

"以人为本"是本公司在人力资源方面采取的宗旨，人才是公司发展的动力和源泉。由于可能存在公司激励机制和约束机制不完善健全的地方，企业可能存在由于人才流失而影响公司经营的风险。作为公司最基本、最核心的资源，人才的流失对公司无异于釜底抽薪，会迅速导致公司衰退。虽然本公司在人力资源方面非常重视，但人才的流失是不可避免的。预防措施：①甄选人才，选择稳定性较高，具有契约精神的高素质人才；②提升公司内部管理机制，实行各部门不同的考核制度；③提高技术人员工资待遇，鼓励员工创造业绩，实行相应的奖惩；④定期组织团队建设活动，加强企业文化建设。

7.3 技术风险及其对策

本产品将新型技术应用于实际，帮助解决生活中的问题，但技术进步而产生的同类产品，会对本公司产品造成较大的替代威胁，或者本公司产品的更新速度赶不上市场变化，市场上却出现了更为优秀的产品，以及产品创新后没有与市场进行紧密结合等方面，都会使得公司落后于发展，进入困境。预防措施：①在现有产品的基础上，不断研发新技术，并将新技术产品应用于实际；②合理招揽创新型人才，保证技术和产品始终走在同类产品公司的前沿；③申请专利，防止山寨产品的出现；④对掌握核心技术的员工进行严格把控，防止技术泄露。

7.4 财务风险

由于中国当前独特的经济体制和中小公司自身的缺陷，公司在发展中面临许多难以克服的经济和制度问题，财务风险就是要面临的首要问题。目前公司成立阶段规模较小，信用级别较低，成长和收益都受到技术成熟度的局限，所以无力提供足够的抵押从银行获取贷款，且初始融资可能不能顺利到位，造成初期经费不足。在中后期时，有可能会出现企业销售能力未达到预期，公司营运资金不够，初期现金流动性较低，现金回收慢等问题。预防措施：①公司严格按照现代会计学原理建立财务管理体系，并设立 CFO 主管公司财务；②招聘经济学、会计学专业人员，保障公司财务运营，规避财务风险；③采取相对保守的资金筹措方式，走轻资产路线；④充分利用国家对大学生互联网领域创业的资金支持，易于公司融资或借贷低息贷款。

附录（含专利证书，调查问卷等）略。

【点评】

创业计划书是创业者计划创立的业务的书面摘要，是创业者叩响投资者大门的"敲门砖"，一份优秀的创业计划书往往会使创业者达到事半功倍的效果。以上这份计划书涵盖了计划书的各项要点，对公司内部的基本情况，公司的产品优势，公司的竞争对手，营销和财务战略，公司的管理队伍等情况进行了简明而生动的概括。如果公司是一本书，计划书就像是这本书的封面，做得好就可以把投资者吸引住。

四、办理创业企业的相关手续及主要流程

不同地方注册公司所需要的资料都不相同，下面以浙江省为例。

（一）注册公司需要准备的资料（浙江版）

1. 公司名称（3 个以上公司备选名称）。

2. 企业名称预先核准通知书。

3.《公司设立登记申请书》（公司法定代表人签署）。

4. 公司章程（全体股东签署）。

5. 法人股东资格证明或者自然人股东身份证及其复印件。

6. 董事、监事和经理的任职文件及身份证复印件。

7. 指定代表或委托代理人证明。

8. 代理人身份证及其复印件。

9. 住所使用证明。

住所使用证明材料的准备，分为以下三种情况。

（1）若是个人房产，需要房产证复印件及个人身份证复印件。

（2）若是租用某个公司名下的写字楼，需要该公司加盖公章的房产证复印件，该公司营业执照复印件，双方签字盖章的租赁合同，以及租金发票。

（3）若是租赁房，需要房东的身份证复印件，房东签字的房产证复印件，双方签字盖章的租赁合同和租金发票。

（二）注册公司的主要流程（浙江版）

如今在浙江省注册公司已经可以做到网络化和电子化。

第一步，打开浙江政务服务网，以下是浙江省人民政府的官方政务网站（图 9-2）。

图 9-2 浙江政务服务网

第二步，点击个人登录，注册账号。直接用手机号码注册，然后通过实名认证。建议使用浙江政务服务网的 APP 直接注册，认证流程比较方便。

第三步，回到浙江政务服务网首页，点击工商全程电子化登记平台。

第四步，进入浙江省企业开办全程网上办平台，公司的核名、设立登记、变更事宜等都是在里面完成（图 9-3）。

第五步，名称登记。

第六步，填写拟申报名称基本信息，选择好地区、企业类型等信息。

第七步，选择输入字号、行业、注册资金、股东等信息，先查重。

第八步，名称审核过后填写网上申报，选择小微企业，填写相关信息提交。确定没有重名、符合取名要求即可。

第九步，上传股东法人监事的身份证正反面照片，房产证复印件和租赁合同。

常态化企业开办流程见图 9-4。

图 9-3 浙江省企业开办全程网上办平台

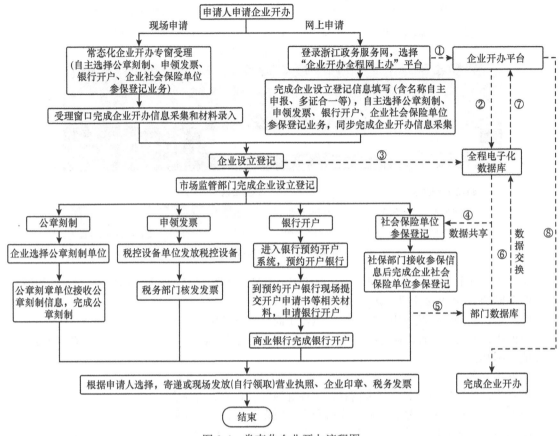

图 9-4 常态化企业开办流程图

五、组织实施创业项目

首先，对于小公司来说，最重要的是要清楚正面临的问题中，哪些是现在就可以解决的，哪些是通过努力能解决的，哪些是暂时没办法解决的。

将问题归类之后，便能依照优先级排序。除去那些必须在当下立刻解决的比较紧急或者具有时限性的问题之外，剩下的问题就可以有一个大概的条理了。对于一个创业者来说，自身往往不具备足够的资本（这个资本不仅仅是指资金，还包括能力等抽象意义的资本），只有先解决那些时间紧迫的问题才能让公司更好生存。创业是一个自我修炼的过程，初心是一个愿望，通过创业不断变成现实。在创业过程中，需要不断定义、探索实现路径、萃取提纯、不断打磨完善。保持初心，首先要有初心。要想清楚团队在这个初心里的角色是什么？明确的分工，在一个坚持初心的公司，分工不是为了把工作安排出去，分工是为了协作，而不是为了推卸责任。

其次，不要着急去寻求投资。对于投资者来说，投资是一个选择创业者的过程。而对于创业者来说，找一个靠谱的投资者亦是一个选择的过程。而双向的选择往往则需要更多的耐心。急于寻求投资，投资的背后可能会意味着更大的风险，而对于一个小公司来说，任何的风险都应去加以规避。可以先做出一个成功的案例，或者是产品的样品，让投资者可以实实在在地看到，这个项目是具备可行性的，而不是一个纸上谈兵的空想。只有这样，才具备了与真正的优质资本进一步沟通的门票。

博而不精，不如精而不博。对于公司的每一项工作，作为领导者，对于大部分事情，只需要达到一个入门级水平，应该学会相信。要相信，当给予了团队成员必要的空间和权力之后，团队成员会交出一份满意的答卷——如果不能，那需要的可能不是提升领导者，而是需要思考组建团队时出了什么问题。简而言之，领导者要学会去信任团队的智慧和团队协作所蕴含着的能量，而不是试图一个人去尽可能地解决所有问题。

本 章 小 结

在本章，学习了创业需要的一些素质，并且了解了创业的基本步骤流程。在"大众创业、万众创新"的宏观背景下，"互联网+医疗"模式成为我国医疗卫生事业发展的新方向之一，在此背景下，分析加强口腔医学生创业教育的必要性和当前口腔医学生创业教育的制约因素，探讨通过规范建设系统的口腔医学生创业培养模式、转变价值理念、运营微信平台，培养兼具互联网和口腔医学等多种知识的复合型人才，完善口腔医学专业创业教育实践探索。

思 考 题

1. 关于口腔医生自主开业你怎么看？
2. 创业计划书应该呈现哪些重要内容？
3. 除了本章中所提及之外，你觉得还有哪些素质是口腔医学生创业所必需的呢？

第十章 范例精编

第一节 口腔正畸

一、小牙齿 大梦想

小佳（化名）某大学口腔医学院 2008 级口腔医学专业

编者按

没有目的地的旅程，只是一种怅然的游荡。一个明确、坚定的目标规划则是走向成功的第一步。她在思考和规划之中努力地一步一步将梦想照进现实，以"不是能不能做，而是想不想做"作为信条，在口腔之路上稳步前进。

（一）自我认知

为了更加深刻地了解自己，并且不断修补自我，小佳进行了各项测评。

1. 职业兴趣 每种兴趣都有适合的工作环境，每个人都可能将自己的兴趣和工作结合起来发挥自身的价值。小佳同学的职业兴趣测试代码是 ASR。

S：爱结交，重人脉，乐于助人，能和别人打成一片，其乐融融。

A：理想化，崇尚美、个性、创新，激情创造有美感的新事物。

R：手脚灵活，擅操作，爱运动、摆弄机器。

2. 性格测试 透视自己有什么样的性格特点有助于她选择适合自己的环境（图 10-1）。

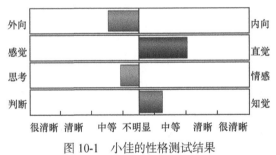

图 10-1 小佳的性格测试结果

综合在四个维度上的倾向，总体来说，小佳同学的类型是智多星型——总有一些新点子。她的透视结果为外向、直觉、思考、知觉。

3. 职业价值观 职业价值观和人生价值观一样重要（图 10-2）。

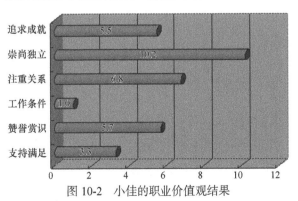

图 10-2 小佳的职业价值观结果

因此，小佳同学最突出的职业价值观是崇尚独立、注重关系。

4. 学习风格 从小学一路奋勇，成绩优异，向前只为一个梦想，努力向前的脚步永不停息。

（1）高中期间积极参加文学社，并担任社长一职。文章多次发表在省级国家级刊物上。另外，小佳出演了话剧《高山下的花环》，以精湛的演技夺得头筹。

（2）以优异的高考成绩进入某大学口腔医学专业学习。

（3）担任学院"三个代表"重要思想学习会会长。

（4）获得二等奖学金，校级一等奖学金。

（5）获得社会工作先进个人称号，社会实践先进个人称号。

（6）顺利通过大学英语四级、六级考试和计算机二级考试。

（7）顺利通过预备党员的考察期，成为正式党员。

5. 扬长避短 古人云：金无足赤，人无完人。全面了解自己还远远不够的，更重要的是，能够发挥自己的优点，克服自己的缺点（表10-1）。

表 10-1　小佳的缺点及改进方案

缺点	改进方案
过于急躁	学会放慢自己的步伐，淡定一些
不善于交往	给自己一些锻炼机会，培养活泼外向的性格
缺少实践经验	多参与一些社会时间活动，真正地去感受

（二）职业认知——口腔正畸医生

1. 职业能力 具有一定的观察、思维判断、人际沟通能力，最关键的是运用活动矫治器、功能矫治器和固定矫治器进行牙颌畸形的矫治能力。必须掌握多学科知识，并且根据患者的文化水平、接受能力做出合理的表达和解释，做到医心医病。

2. 职业特点 口腔正畸是一个崇高的并结合美学的职业，是一个在大众审美逐渐提高的当今社会中值得关注的职业，体现在对人群的服务及收入方面。作为一个可以终身从事的职业，口腔正畸会随着时代的发展而持续发展。

3. 收入情况 口腔正畸医生收入属于中上阶层，根据不同的矫正方法和手术类别及不同医院的档次。全国口腔正畸医生的年平均工资约为14.7万，因城市有所不同，收入也有差别。这跟口腔正畸医生所处的工作类别有关，口腔正畸在中国的发展迅速，随着时代和观念的变化，口腔正畸医生的收入也会大大提高。

4. 职业前景 口腔正畸学可以说是一个朝阳产业，虽然在中国的起步比较晚，但是发展速度很快，潜力较大，急需大量人才的涌入。而如今牙齿畸形不健康等问题也困扰着大众。

有关数据表明：牙颌畸形是一种发育畸形，发病率高，根据我国各方面的调查统计资料，其患病率为29.33%～48.87%，以理想正常牙殆为标准的调查统计，牙殆畸形的患病率为91.22%。

（三）职业决策

1. 环境分析

（1）家庭环境：口腔正畸学对于小佳的家庭而言，绝对是一个新鲜的名词，家族中从未有人涉足过这个领域，虽然小佳无法从家庭中得到专业的帮助，但家人对于小佳的选择非常支持。

（2）学校环境：小佳就读的某大学实行"院院合一"的管理体制，是一所集医疗、教学、科研于一身的省级口腔医学高等教育基地，其宗旨是培养德才兼备的高级口腔医学专门人才，普及和提高牙病及口腔颌面部疾病的防治技术水平。"老师"和"医生"合二为一是学生身边的无形资产。

学院下设口腔内科、口腔外科、口腔修复、口腔正畸、口腔基础五个教研室和口腔医学实验中心，实验中心下设六个实验室和两个研究室，其中综合实验室全部选用目前世界上最先进的德国产

KAVO 教学用仿真头模系统主体及配套设备,硬件设施达到国内一流。学校最重要的资源在于医院,大五学生有去附属医院实习的机会,在此期间积累经验和进行初步尝试。

（3）社会环境：口腔正畸医生的任务是非常繁重的,而人们对口腔健康尤其是对儿童口腔的发育重视程度上升,目前口腔正畸群体日趋庞大。做一名优秀的口腔正畸医生发展潜力巨大。

（4）目标地域环境：就业城市应以大中型城市为主,主要意向为杭州、温州、嘉兴。原因有二：其一,目前国内大部分的资源都集中在大型城市。大型医院医疗资源较多,就医环境较好,并且会有更多深造的机会。其二,通常选择口腔正畸的人群大都集中在经济较发达的地域,人们普遍关注牙的美观和整齐。这两点对于一个口腔医生很重要,也使得他们可以获得更大的发展空间。

从个人方面讲,杭州是比较理想的目标城市,离小佳的家乡（嘉兴）很近,车程不到 1 小时,由于小佳选择将来报考浙江大学研究生,所以她选择去浙江大学附属第二医院口腔科实习。

2. SWOT 分析（表 10-2）

表 10-2　小佳的 SWOT 分析结果

	优点	缺点
内部因素	专业对口	就业压力大
	兴趣所在	
外部因素	社会需求增多	社会认知
	专业人员不足	非专业人员的介入

3. 人物访谈

（1）访谈简介

访谈时间：2010 年 4 月 27 日。

访谈地点：某大学附属口腔医院。

访谈人物：胡医生。

职务：口腔正畸科主任医师,武汉大学口腔医学院博士。

（2）访谈手记

小佳：要想成为一名优秀的口腔正畸医生最重要的要求是什么?

胡医生：想成为一名优秀的口腔正畸医生是很不容易的,需要很多方面的素质。但我觉得其中最重要的就是需要有美学的艺术感。通过口腔正畸治疗能够让患者的牙及牙龈等牙周组织保持健康,改善咀嚼功能,增强其自信心。口腔正畸医生的目标是把不美观的牙变得美观整齐,让有畸形的患者变得更加自信。从某种层面上来说,我们不仅仅是医生,更加是艺术家。而求医者来医院的目的也是如此。所以不管一个口腔正畸医生有多么好的技能、多么丰富的知识或是怎样的热心与关怀,如果无法真正了解患者的审美需要,所有的一切就都是徒劳,也达不到求医者的目的。

小佳：医院与那些私人开设的诊所比较而言,哪个就业环境更好呢?

胡医生：目前医院里需要的口腔正畸医生基本要求是硕士学位。在收入方面,医院和私人开的诊所之间的差距在于福利上。而就业环境来说,在医院工作要求更高的学历和技术水平,需要不断进修和钻研。但是针对现在更多的人趋向去私人诊所,可能在私人诊所就业也是一个不错的选择。

小佳：您对于将来想做一名优秀口腔正畸医生的我有什么建议或者寄语?

胡医生：你现在是一名口腔专业的学生,而且你现在只读到二年级。但是口腔正畸学是在研究生期间才深入学习的一门专业课。对于梦想做一名口腔正畸医生的你来说,你必须时刻为考研做准备。同时也要求你平时必须要夯实基础知识,锻炼动手能力,培养自己的美感,加强与同学和老师的沟通。

小佳：如何正确地处理医患关系?

胡医生：你们进入大学,老师第一课教你们的不是学习,而是如何做人吧,医生的职责是为患者解除病痛，我想，只要作为医生的我们抱有一颗耐心，真诚的心，即使在工作中与患者有一点小摩擦，也会很好地迎刃而解的。

（3）访谈体会：采访到胡医生使小佳深感荣幸，经过这一次的访谈，小佳清楚地了解了口腔正畸这一职业，真切地看到了他们工作的环境及要面对的问题，也更进一步增强了想成为一名口腔正畸医生的想法。现在的她，不再忧虑，眼前所有的迷雾已渐渐退却，前面的路越来越清晰。她要做的只是坚定自己的梦想，尽一切力量去完成它。

（四）计划与路径

1. 短期计划（表 10-3）

表 10-3　小佳的短期计划

目标	时间	内容	策略及措施	用意
英语	大二	口语、单词	坚持每天背单词、晨读	目前最尖端的口腔正畸学发展集中在美国等西方国家，许多文献著作都为英文，良好的英文功底至关重要
	大三	托福考试	报名托福班　加强口语练习	
	大四	考研英语	系统复习　强化写作	
专业	学期	掌握专业知识和技能	学习及书籍阅读　积极与老师交流　研读文献	口腔正畸是一个专业的技术型工作，必须踏实准确地掌握专业知识和技能
	假期	实习	利用假期时间实习观摩、积累经验	

2. 长期计划

（1）目标：专业技能培养。

（2）策略和措施

1）在积累经验的同时，继续学习，参加一些实践提升自己的技能。

2）在专业论坛或网站上与同行们切磋交流。

3）进行定期、长期的督导，缓解职业压力的同时，促使自己成长。

（五）自我监控

1. 监督　结交志同道合的好友，商议共同考研，相互督促。主要负责大学期间的督导，每完成一项目标，就相互奖励；如果因为懒惰而放弃计划，则亲密朋友负责提醒。

2. 备选方案　计划不是一成不变的，计划总是要跟着人而改变，以上只是小佳现阶段认为可行的变通之法，不排除其他的方法。暂定为每一学期进行一次反馈，根据实际情况进行一些调整并做出相应的计划，与时俱进，积极关注国家的相关政策，来调整自己的思路。如有意外机遇，果断地抓住时机，快速地变化计划，做到灵活、变通（表 10-4）。

表 10-4　小佳的备选方案分析

	优点	缺点
内部分析	积累经验	工作压力大　可能出现亏本
外部分析	熟悉市场环境	占据复习及备考的时间和精力

（六）结束语

光说不练假把式。说得再好，计划写得再详尽，没有实际的行动一切都是未知数。看似没有什么新鲜的每一个平凡的日子里，世间的一切，都在不断地生长着。

导师评语及建议

该规划书内容完整，格式规范，从多个角度进行了剖析，做得很好。几点建议如下：

1. 对口腔正畸学的认知还不够深入，口腔正畸学的矫治目标是平衡、稳定、美观，平衡和稳定可以归结为健康，实际上就是健康和美观，两者缺一不可，过度强调一方而轻视另一方都是不可取的。要达到健康的矫治目标，口腔正畸医生的职业素养要求很高，要精通口腔颌面系统的基础知识，如口腔颌面系统的生理学、病理学、生物机械力学等，同时还要有非常好的动手能力。这些能力都需要长期培养。如果能在实施路径中体现最好。

2. 隐形矫治技术及口腔正畸数字化技术是口腔正畸学接下来的重点发展方向，本规划中未提及。

3. 实施路径和措施不够细致：没有具体实现目标的措施。实施路径是规划书的重点，是别人评价你是否能够达到目标的重要依据之一。甚至可以细化到每天的学生生活安排、社会实践辅助技能培训和锻炼的方式方法。

4. 没有规划明确的备选方案。

二、正本固心　去畸复形

小艺（化名）某大学口腔医学院 2011 级口腔医学专业

编者按

无声的箴言，才是不破的真理；内敛的低调，才是真正的奢华。以创造美与自信的热忱，她把追求与对人生的思考熔铸在未来的途中，铺就通往口腔正畸之路的最短直线，随这份文稿渐渐清晰、明朗。

（一）自我认知

瓷器制作的基础是瓷土，不同类型的瓷器需要不同特点的瓷土，只有充分了解瓷土的各种特点，才能做出心目中完美的瓷器。

自我认知在职业规划中的重要性与瓷土在瓷器制作过程中的重要性类似，只有做到全面认识自己，才能在纷繁的职业中选出最适合自己的一项。

1. 认识"我"　小艺的成长和蜕变来自一场与口腔正畸的相逢。小艺从小有一口参差不齐并且门牙前凸的牙齿，因此小时候的她很自卑，成绩也很差。父母看着这样的她很是焦急却又无可奈何。直到后来，妈妈通过别人介绍知道去做牙齿矫正可能会对她有所帮助，于是满怀希望的妈妈立刻带她来到医院口腔正畸科。在初步诊断后，医生帮她带上了牙套，经过两年半时间的矫治，她终于和别人一样拥有了一口整齐洁白的牙齿。口腔正畸后的她一改往日的自卑，在初中、高中做到了突破，一步一个脚印缓缓进步。

正是口腔正畸医学帮助她从一个"丑小鸭"慢慢蜕变成一个开朗自信的"白天鹅"，因此她也想成为一名口腔正畸医生。她理解那些饱受牙殆畸形困扰的人们的无奈与无助，希望能帮助更多的人改善容貌，获得自信。

2. 测评"我"　在他人的评价中往往能够有深刻的反思。

（1）父母亲戚：目标明确、努力上进、外向热情。

（2）辅导员老师：活泼、上进、多才多艺，办事效率高。

（3）工作同事：亲切、友好，工作负责、善于理解。

（4）班级同学：严谨认真，亲和力强。

（5）寝室同学：口才好，热情、充满活力。

（6）亲密朋友：善解人意。

此外，小艺也进行了系列权威评价体系的探索。

（1）通过 MBTI 分析表明她的性格类型是 ESTJ（图 10-3）。

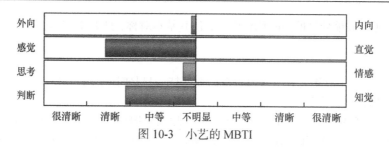

图 10-3　小艺的 MBTI

小艺适合的职业有公关专业人士、经纪人、社会工作者及医护人员等。

（2）通过霍兰德职业倾向测试，她了解到自身的职业兴趣属于 SAI 型（表 10-5）。

表 10-5　小艺的 SAI 型职业兴趣解析

职业兴趣类型	特点	自我验证
研究型（I）	理性、精确、求知欲、思维力强	积极参与科研项目，帮助导师与学长、学姐搜集整理资料，学习基本科研操作技术
艺术型（A）	理想化、崇尚美、个性、创新、激情	系统学习美术近十年，对美有较高的欣赏及创造能力
社会型（S）	爱结交、重人脉，乐于助人	担任学院学生会素质拓展副部长一职，多次组织活动；积极参加志愿者活动，并参与支教一周

根据该职业倾向测试，小艺的职业倾向为心理学、社会学、医学、物理学、社会科学和生命科学的教师，医生和护士医务人员等。

在小艺的自身职业价值观和职业技能探索里，最突出的职业价值观是赞誉赏识、工作条件。

（3）赞誉赏识：希望能够使自己获得充分的领导力，拥有充分的权威，并且这个职位是富有社会声望的。

（4）工作条件：希望获得有充分保障的工作（如拥有良好的工作条件），希望工作具有多样性，能够在工作的范围内做不同的事情。

小艺的职业技能如下。①专业技能：学习能力很强，而口腔正畸医生的专业要求非常严格，专业与职业相关性非常紧密。②自我管理技能：为人热情外向，有同情心，处事认真负责。③可迁移技能：积极倾听、协商，人际关系敏感。

（二）职业认知

1. 口腔正畸是什么　牙齿矫正通常是指通过口腔技术手段，修整牙齿排列不齐、牙齿形态异常、牙齿色泽异常的治疗过程。治疗需要根据个人的实际情况、牙骀畸形种类等，再综合个人要求选择治疗方法，需要在检查和方案设计时与医生直接交流确定方案。主要分功能性矫正和美学矫正。

2. 口腔正畸做什么　医生对患者的口腔正畸治疗步骤如下。

（1）回答患者咨询：初步了解患者诉求（主诉）。

（2）检查患者口内牙、软组织和面部软组织情况，请患者拍口内、颌面部数码照片、X 线，观察患者的牙及骨骼发育方向等，设计并制订精确的矫正方案。

（3）制模：用快速定型的胶剂放入患者口内，咬 1~2 分钟取出以获取患者牙齿模型。

（4）拔牙：按照预先制订的方案，分批次拔牙（不是每个患者都要拔牙）。

（5）分牙：使牙移出一点空隙，好在戴牙套的时候能够放进固定牙套的钢圈。

（6）上牙套：分牙完成一般可以直接上牙套。

（7）复诊：一个月复诊一次，（复诊周期不固定）。

（8）上橡皮筋：用于收缩拔牙的缝隙。

（9）调型定型：收缩牙缝的同时调整中线，使其基本对称；此时不宜摘下牙套，需要再定型一段时间。

（10）摘牙套。

（11）保持器：对于成年人（所有患者都需要保持，只是时间长短差异）的矫治，要注意保持定型，不坚持戴保持器会反弹。

3. 口腔正畸需求为什么　近几年随着国家对医疗改革项目的进一步推进，社会对医疗和医生的需求会越来越大，医疗领域前景依旧广阔。而随着人民生活水平和社会文明程度的不断提高，口腔保健越来越受到人们的重视，口腔正畸学因此进入了一个高速发展的新时期，它在新的发展时期呈现出了"一缺二高"新的特点。

（1）人才稀缺：口腔正畸学是一个朝阳产业，在中国的起步比较晚，但发展速度很快。牙齿畸形不健康等问题一直困扰着很多人。真正经过正规和专业口腔正畸培训的医生（指经过专门口腔正畸进修和拥有口腔正畸专业硕士研究生学历的医生）数量目前在全国的占比约每一百万人仅 137人，与发达国家相去甚远，且大部分集中在北京、上海、深圳等一线大城市。口腔正畸专业的蓬勃发展与专业口腔正畸人才的稀缺形成鲜明对比，专业口腔正畸人才非常匮乏。

（2）门槛高：以某大学春季招聘会为例，一方面，招聘口腔医学专业毕业生医院的数量、质量和招聘人数都非常可观；另一方面，医院对学历要求较高，约近一半的岗位明确要求为硕士研究生及以上学历。而小艺想从事的口腔正畸领域，其行业的准入标准很高，其准入门槛即为硕士研究生及以上学历，若仅为本科学历，则需要在工作后进入相关医院进行专业的口腔正畸进修。

（三）职业决策

1. 专业咨询公司咨询　与一般高考后才考虑专业问题的同学不同，小艺在小学时便立志成为一名专业的口腔正畸医生，正是这样一个梦想激励她努力学习。为了更好地做出职业决策，在高考之后她来到杭州最专业的咨询公司进行专业的职业规划咨询，在高级职业咨询师的帮助下，她接受了专业全面的性格和职业测评。小艺的各项性格测试和能力测试都十分适合医护工作，便选择了口腔医学专业。小艺的职业规划之路具有以下几个显著特点。

（1）规划起步非常早：在小学阶段即开始努力奋斗。

（2）有明确的兴趣定位：相关经历奠定良好基础，兴趣是最好的老师。

（3）专业，全面：有专业的职业生涯规划师助一臂之力，认识全面完整。

2. 目标职业 SWOT 分析　小艺的目标职业确定为专业的口腔正畸医生，她对自己的目标职业进行了 SWOT 分析，通过对优势、劣势、机会和威胁等加以综合评估与分析得出结论。

（1）优势+机会：她在性格、能力和职业兴趣上都有明显优势，同时她的自身素质与职业所要求的软要求非常相符。而她的优势在外部机会的环境下更容易发挥。

（2）劣势+机会：她需要弥补性格上的缺陷，学会灵活处事，同时也需要进一步磨炼自己的性格，多虚心接受别人的意见和批评。对于自身能力与别的名牌大学毕业生有一定差距的问题，她需要在专业课上更加用心学习，在实习阶段努力多学多看，减少自己与他们的差距。另外，她的身体健康状况一般，身体是革命的本钱，所以需要锻炼身体，以适应高速发展的社会。

（3）优势+威胁：外部威胁是行业普遍面临的问题，而她的优势是其自身独特的资源。她性格上开朗、健谈，具有亲和力，人际关系良好，这使她非常适合做临床操作型的医生，这不仅可以让她在患者中树立良好的口碑，更可以在同行之间建立很好的联系。

（4）劣势+威胁：个人劣势和外部威胁都不利于她的职业生涯，所以她在未来的职业发展中一定要想办法弥补她的劣势：性格上靠自我调节，专业技能上靠专业学习。为了更好地实现她的理想，她决定先考研，后申请硕博连读，拿到博士学位后再进入工作岗位。

综合以上各项因素，为了弥补她的劣势，更好地应对周围环境中的威胁，也为了更好地实现理想，她坚定选择博士毕业后再工作。

（四）计划与路径

1. 职业生涯准备期（19～24 岁）

（1）目标：取得口腔医学学士文凭。

（2）阶段定位：口腔正畸是一个专业的技术型工作，一定要踏实准确掌握专业知识和技能。因此她决定在大学五年学习中掌握过硬的专业知识技能，并在学习之余不断提升自己的综合素质。

（3）预期规划

1）专业课程：①以医学基础课程和口腔专业课程学习为重心，保证每天的自习时间和质量，做到完全理解与熟练应用，保证每年都能获得奖学金；②掌握科研的研究方法和具有研究能力，多做科研项目；③假期积极申请附属口腔医院暑期打工机会，学习基本临床操作技巧；④大五阶段前往医院实习，提高临床实际操作能力。

2）英语学习：①通过大学英语四级、六级考试；②自学《新概念英语》，全面提高听说读写能力；③以考托福为目标，进一步提高自己英语能力；④准备考研英语和专业英语。

3）综合能力：①现任学生会副部长，争取换届时竞选副主席；②口腔正畸专业对美学要求很高，选修相关选修课（如医学美学，人体美学等）；③培养待人接物的修养，学习裘法祖、吴阶平等名医的先进事迹，为正确处理医患关系做好准备。

2. 职业生涯操练期（24～29 岁）

（1）目标：考研究生，申请硕博连读，取得口腔正畸学博士学位。

（2）阶段定位：进入杭州大型医院或口腔专科医院当一名口腔正畸医生，但以目前水平想进入这些医院有一定困难，因此决定考研后申请硕博连读，取得博士学位。

（3）预期规划

1）大四开始密切关注考研信息动态，在考研政策下修改考研备考方案和计划，确定考研学校及导师。

2）大五开始挑选辅导书，进行二轮、三轮复习，报名考研冲刺班；强化英语，根据考研大纲强化不足之处，随时关注考研信息，积极与导师联系。

3）考取研究生后，积极跟随老师学习和实习，做好科研工作，在研二阶段争取硕博连读资格。

4）读博阶段，跟随导师，逐步积累工作经验，提升专业水平、科研能力和英语水平。

5）学习前沿知识，训练科研水平，学会研究课题，阅读国内外行业杂志，保持专业信息敏锐度。

6）与外国专家、教授交流增加，出国进修，提高口语能力，阅读英文论文，提高英语阅读能力。

3. 职业生涯发展期（29～35 岁）

（1）目标：进入工作岗位，工作 1～6 年完成职业早期发展，同时在此阶段也将完成个人婚姻生育计划。

（2）阶段定位：发展期是人生中获得第一个岗位的适应阶段，需要从行业内的摸索者逐步成长为能够独当一面的骨干，且该阶段非常关键，这个阶段大多数女性需要成家生子，一定程度上会影响事业的发展，如何平衡好事业和家庭的关系，也是一个非常现实的问题。

（3）预期规划

1）临床操作技巧提升：熟悉治疗流程，独立接诊患者，进一步丰富临床经验，争取在 6 年内晋升副主任医师（副高级），取得出国交流学习和进修机会，使技术日臻完善。

2）快速融入医院的工作氛围：快速适应医院环境和工作团体，建立良好的同事和上下级关系，取得信任，得到帮助与认可。

3）正确处理医患关系：对待患者耐心细心，学会沟通技巧，在患者中树立良好口碑。

4. 职业生涯成就期（35～50 岁）

（1）目标：经过工作经验的积累，成为口腔正畸领域的专家。

（2）阶段定位：成就期是指一个人在职业生涯上经过了长期富有成效的发展，达到专业实践的顶峰——职业成就阶段。这个阶段，将会实现自己所规划的职业生涯目标：成为口腔正畸领域的专家，尽自己所能让更多人了解口腔正畸学，关注自己的牙齿美观，帮助更多牙齿畸形的人们恢复自信的笑颜。

（3）预期规划

1）晋升主任医师（正高级），进一步提高自己的临床操作技巧，成为口腔正畸领域的专家。

2）成为科室主任，树立一定的威望，获得同事和圈内人士的尊重。能担任有关口腔正畸医学协会的负责人。

3）担任教学工作组成员和学术编委会成员等职务。

4）总结自己的学术研究和临床技巧，为未来的口腔正畸医学培养更多的人才。鼓励刚进入行业的年轻人，对他们进行指导，教授工作技巧，传授个人经验，为他们解答疑惑，排解迷茫。

（五）自我监控

再美丽的水晶，如果不时时擦拭，也会蒙尘。就像每个人的梦想，它不是一块等待生锈的废铁，要在实践它的过程中不断地精雕细磨，同时也要做好努力。

1. 风险评估及策略

（1）考研竞争激烈

1）风险分析：考研是实现理想职业的必经之路，但医学专业考研难度大是不争的事实，且大五阶段为实习阶段，无法全心投入复习，对考研有很大影响。

2）应对策略：树立自信，从本科阶段起就努力学习专业课程和英语，提前做好考研的准备。

（2）产生职业倦怠感

1）风险分析：口腔正畸医生每天的工作内容相似，工作内容烦琐而细碎，容易产生职业倦怠感，影响工作情绪和工作效率。

2）应对策略：经常前往国外或者高校继续进修，学习口腔正畸的最新技术，保持职业新鲜感。协调好工作与休闲的时间，适时调整自己心态，保持精神饱满的工作状态。

（3）工作竞争激烈

1）风险分析：口腔正畸在国内蓬勃发展，选择相关专业的人会越来越多，工作竞争会越来越激烈。

2）应对策略：在大学时期积累充足的专业知识和专业技能，通过阅读与实践拓宽自己的专业视野，在求职中及时调节自己的情绪；工作后积极参加相关进修和培训，多向身边优秀的同事学习，吸收别人的经验。

2. 备选方案设计

计划并非一成不变，俗话说计划赶不上变化，小艺需要定期根据实际情况进行一些调整，做到与时俱进。如果无法顺利实现理想计划，她将马上采取备选方案。

（1）如果不能当一名专业的口腔正畸医生，则可退一步当一名口腔全科医生，口腔全科医生能为患者提供口腔正畸、拔牙、补牙和修复等多项治疗，专业高度下降，但能够为患者提供多样化的治疗。

（2）如果没有考上目标学校的研究生，则争取考取本校研究生，或边工作并边复习准备再次考研，抑或在工作岗位上寻求机会进修口腔正畸专业，曲线完成当一名口腔正畸医生的愿望。

（3）如果没有争取到硕博连读的资格，在毕业后拿到硕士研究生学历后即进入工作岗位，在工作一段时间后申请在职读博，或在工作中申请前往其他知名医院高校进修学习，不断提高自己的科研和临床操作能力。

（六）结束语

临渊羡鱼，不如退而织网。说的、想的、写的、谋的都已经准备就绪，接下来就只剩下做了。

逝者如斯夫，不舍昼夜。不等无花可折之时，独自叹息，后悔不已；不纸上空谈，使职业生涯规划变为孤芳自赏的得意之作，明天在自己手中，实际的行动才是一切的可能。

导师评语及建议

该同学是一个特别有理想和职业规划的人。她有两点是学习之前就自带的优势：一是自己经历过口腔正畸过程，这非常重要，自己体验过，对以后工作与患者沟通交流及对待患者的细节把控非常有帮助；二是口腔正畸对动手能力及空间整体思维要求非常高，该同学的美术学习经历非常有助于专业成长。

提几点建议供参考：一是口腔正畸需要很强的沟通能力，因为对美的追求因人而异，所以口腔正畸没有完全一样的方案给两个患者，需医生在实施治疗前就和患者沟通交流好，这方面要好好学习；二是小艺和口腔正畸从小结缘，产生兴趣不代表你会喜爱这个工作；三是职业规划，要读博士后再工作，博士毕业虽然学位高，但不代表临床能力很强，中国现阶段的博士都是做实验，不接触临床。所以博士毕业不代表会是一个成功的口腔正畸医生；四是针对考研，研究生招生是双向选择，不是你分数高、足够优秀就一定能选择口腔正畸导师，这点需要了解；五是职业初步阶段，既要完成婚姻，又要六年升副高，这个目标非常大，其间需要大把的时间做科研、进行实验、申请国家自然基金，等等，如何兼顾？

第二节 口腔种植

一、牙之重生 吾之未来

小洁（化名）某大学口腔医学院 2009 级口腔医学专业

编者按

民间流传着一句话，"牙痛不是病，痛起来真要命"。地球上有一群人，他们为牙而生，为牙而战，那就是牙医。从前牙医不被称为牙医，而被称为牙匠，因为缺乏器械与材料，限制了治疗的开展，人们只能把烂掉的牙拔掉来解决痛苦。随着技术的发展进步，很多被判死刑的牙在牙医手上抢救了回来。但是面对已经缺失的牙，牙医们仍然束手无策。幸好，聪明的他们想到了一个绝妙的点子，把钉子种到骨头上，一颗颗牙齿重新长出来，成为今天大家熟知的种植牙，而种牙齿的牙医们被称为"口腔种植医生"，见证牙之重生，是他们梦之起源！

（一）自我认知

1."我"有兴趣 小洁的大学——某医科大学，是省属高等院校；她的专业——口腔医学专业，是省级重点专业。成为一名口腔医生或继续深造，是绝大部分口腔医学本科毕业同学的选择。然而，对于有些同学来说，口腔医生职业不是自己最爱，也不是自己所长，而是在口腔医生职业稳定性等客观因素的影响下才选择了这个职业。这种职业心态会直接影响工作态度和自身潜能的发挥，也影响对职业的满意度和生活的幸福感。医生，属于投入大，回报慢的职业，而且对学历要求比其他职业都高。因此，在选择职业之前首先要考虑的是自己是否热爱这份职业。小洁对口腔医生这份职业充满了景仰和热爱，这也和她的职业价值观、职业兴趣和个性特征相吻合。以下将从职业价值观测评和霍兰德职业倾向测试来验证。

（1）职业价值观测评：只有选择自己真正喜欢并看重的职业，才是最适合自己的好职业，才能将职业长久、顺利地进行和发展下去。职业价值观测评可以帮助了解自己价值观，并据此来选择职业范围。在她的价值观体系中，排名前四项的职业价值观是：能够助人、工作内容符合兴趣爱好、工作中人际关系和谐和成就感。这四项价值观与她所选择的口腔医生职业有其特殊的共通之处，或者说，口腔医生职业是这些价值观共同的交集。可见，小洁所梦想的口腔职业是能同时符合她四项价值观的理想职业。

（2）霍兰德职业倾向测试（表10-6）

表 10-6 小洁的霍兰德职业倾向测试

类型	特点	自我验证
社会型（S）	爱结交、重人脉、乐于助人	组织策划多个活动，曾为院网编部副部长、院"三个代表"学习部主任、学生党支部组长，担任班级团支书4年；积极参加萌牙志愿活动，参与并协助"幸福微笑联盟"唇腭裂手术人员筛选
艺术型（A）	理想化、崇尚美、善创新	作品《龙耳，聋儿》获浙江省第十一届大学生多媒体作品设计竞赛的平面组三等奖；热爱音乐，学习古筝达十年
研究型（I）	理性、精确、求知欲强、思维力强	积极参与科研项目，目前为《齿科咬合间隙检查蜡条研发》科研项目主要负责人，正在进行研究工作

2. "我"有能力 口腔种植医生不仅要有扎实的理论基础，还要有较强的实践动手操作能力；不仅要会治病，还要擅长与患者沟通，建立良好的医患关系，赢得患者的信任。根据与时俱进的时代要求，在选择医生的标准上，用人单位的要求在不断提高，体现在学历等硬性条件上，三甲医院要求应聘者至少获得硕士研究生学历，另外还需要应聘者具有较强的沟通能力、动手操作能力、团队合作能力、科研能力等综合素质和能力。表10-7测评分析了小洁所具备的职业能力。

表 10-7 小洁的职业能力测评

类型	特点	我的论证
助人者（S）	有爱心、有同情心，喜欢帮助别人，为人热心、友善，能与他人建立良好的关系，沟通交流能力较强	院志愿者协会会员 赴泽雅参加贫困小学生一对一帮扶活动 任双屿暑期社会实践队队长 参加口腔义诊，组织小学生夏令营，送医送药下乡（获校暑期社会实践先进个人）
组织者（C）	明确地表达自己，领导团体进行讨论，协调冲突，计划和监督一项活动，与他人协作良好	院网编部副部长 负责学院的通讯拍照、学院风采杂志等工作 任院"三个代表"学习部主任 组织学术讲座、座谈会、时政论坛、表彰大会等活动（获校级优秀团员称号）
实践者（P）	在具体情境中对自身进行理性思考，致力于问题的解决和知识的实践运用，具有探究性、情境性、发展性特征	积极参加各种竞赛 浙江省第十一届大学生多媒体竞赛三等奖 某大学首届影视模仿秀二等奖

3. 自我认识小结 小洁的梦想是成为一名口腔种植医生，因为她想要兑现对外婆的承诺，给外婆一副想吃什么就吃什么的牙齿！她的兴趣倾向于那些可以为社会贡献、讲求艺术和动手操作、研究工作的事务，而她的梦想则是最好的选择。小洁的个性健谈、聪明、做事有原则、善规划、爱钻研、机敏勇敢、适应能力强。性格乐观向上的她，会以最好的状态为周围的人服务。她的能力全面发展，既有充满想象的艺术能力，又有很好的沟通技能，此外她还是良好的助人者、组织者和实践者。这些能力能帮助她结合兴趣，实现梦想！她的评价帮助了解自己的缺点：不自信、不主动。扬长避短，有则改之，会让她的职业生涯道路更加顺利！

（二）职业认知

1. 发酵梦想——聆听专业讲座，发现种植之美 Loma Linda 大学是美国西海岸一所有名的医科院校，口腔内科和种植科属全美顶尖行列，与学校一直以来拥有良好的合作关系，每年定期在学院、学校举行专业讲座，传播先进理念和技术。大二那年，来自大洋彼岸的 Charles Goodacre 教授给口腔学子们带来口腔种植系列讲座，展示许多种植牙的成功案例，其中有一张照片引起她的注意，那是一个全口无牙的老人，通过种植获得一口好用又漂亮的牙齿。此时，她想起外婆的牙齿，心中的梦想在攒动，能不能通过口腔种植技术来解决外婆牙齿的问题？带着问题，小洁向 Charles

Goodacre 教授咨询，得到肯定答案后，小洁开始关注口腔种植这门新兴技术。

2. 成长梦想—— 实践中坚定了她要成为口腔种植医生 通过不断的学习，小洁逐渐了解口腔种植的各个方面。科研方面，大二下学期她参加学院科研项目计划，参与种植方面的研究——《聚乳酸/碳纳米管三维多孔骨组织工程材料的研制》。临床方面，她会利用周末时间去附属口腔医院的种植科见习，观看医生们进行种植牙的过程，宏观上对口腔种植有了直观认识。为了更好实现梦想，大四时她已确立要考某大学口腔医学院口腔种植专业的研究生，在老师的鼓励下，她还参加了优秀大学生夏令营，见识了许多先进设备、技术，开拓了国际化视野，坚定了她要成为口腔种植医生的梦想。

（三）职业决策

1. 目标职业 SWOT 分析 小洁的目标职业定位为口腔种植医生，接下来将综合自我认知和环境分析的主要内容，得出她的职业定位 SWOT 分析，通过综合分析自身内部的优势和劣势、外部面对的机会和威胁得出结论，及时调整战略战术，确保能够达成自己的目标（表 10-8）。

表 10-8 小洁的目标职业 SWOT 分析

	对达成目标有帮助的（Helpful）	对达成目标有害的（Harmful）
内部	优势（strengths）	劣势（weaknesses）
	专业对口	没有口腔医学硕士学位
	兴趣所在，对工作有激情	相对于中山大学等名牌大学的毕业生，自身眼界不够开阔
	专业成绩优秀，动手能力强	英语口语水平有待提高
	有良好的与人沟通能力	有时缺少自信
	兴趣广泛	好安稳，缺乏冒险精神
	喜欢科研，有较好的组织管理能力	
	通过大学英语四级和六级考试	
外部	机会（opportunities）	威胁（threats）
	专业口腔种植医生数量少，行业缺口很大	大医院对求职者学历要求越来越高
	对本地求职地区十分熟悉	研究生和博士生数量增多带来的冲击竞争
	家人、朋友支持	专业学习周期时间长，回报较慢
	可通过自身努力获得不断提升的机会	

2. 职业选择再分析

（1）为什么选择口腔种植专业

1）兑现对外婆的承诺，给她一副想吃什么就吃什么的牙齿。

2）如今经正规院校培训的口腔种植专业毕业生较少，市场缺口大。

3）口腔种植行业是口腔行业中的朝阳行业，具有巨大的潜力。

（2）为什么选择该大学口腔医学院

1）该大学属于"211"或"985"高校之一，是该省 2013 年招生计划中招收口腔种植专业的学校之一。

2）该大学 2006 年成立口腔医学研究所，为华南地区口腔医学学科建设的平台。

3）学术队伍强大，拥有博士生导师 19 人，硕士生导师 76 人，有 30 余名专家在中华口腔医学会等各级学术研究机构任职。

4）由于小洁是该省人，毕业后生活工作地在该省，选择在该大学口腔医学院读研，利于建立广泛的人际关系。

（四）计划与途径

1. 职业生涯积累期（17~22 岁）

（1）目标：取得口腔医学学士文凭，考取该大学口腔医学院口腔种植专业研究生。

（2）阶段定位：大学五年学习期间掌握过硬的专业知识和技能，发现个人价值、兴趣和能力；

在学习之余不断提升自己的综合素质。

第一年：尽快适应新的学习生活环境，找到自己的发展目标和策略。选择性参加社团、活动，认识更多新朋友。打下好的学习基础，制订相应的学习计划。

第二年：学习上逐渐培养自主钻研的能力，创新能力；在社团、学生会中建立一定的威信和相应的人际关系，具有一定组织领导能力和沟通建议能力。

第三年：对学习、活动各个方面要有更高的要求和目标，争取在省内获奖，为将来的求职增添砝码，同时锻炼自己的能力。学习方面更加主动认真，参加一些科研项目。

第四年：重心放在口腔专业课的学习上，通过见习课和实验课加深对书本知识的理解，主动关注医学专业信息；增强对英语能力的培养。

第五年：认真实习，努力备战考研。以中山大学口腔种植专业为目标，全力为之努力。同时做好就业的冲刺准备工作，制作简历，参加各种招聘会、面试笔试等。

2. 职业生涯操练期（22～25 岁）

（1）目标：取得口腔种植专业硕士学位。

（2）阶段定位：小洁首选就业地为广州市三甲公立综合性医院，该医院对学历要求是硕士研究生及以上，研究生阶段不仅要提高临床技能，还要培养发展科研能力，获得硕士学位后再进入工作岗位。

（3）具体目标：考取执业医师资格证，学习临床技能，至少发表 1 篇 SCI 文章，参加招聘会，毕业前半年完成毕业论文的初稿撰写，完成毕业答辩。

3. 职业生涯发展期（25～35 岁）

（1）目标：进入理想工作岗位，考取副主任医师，同时在这阶段的头五年完成个人婚姻生育计划。

（2）阶段定位：发展期是人生中获得第一个岗位的适应阶段，需要从行业的摸索中逐渐成长为能够独当一面的骨干力量。

4. 职业生涯成熟期（35～55 岁）

目标：经过几十年的工作经验积累，考取并晋升为主任医师，成为口腔种植领域的专业人才。

（五）自我监控

小洁的梦想是美好的，但在实践过程中可能会遇到各种问题，每一阶段的自我监控及适时的调整是必需的。

1. 正确面对危机（表 10-9）

表 10-9　小洁的危机与调整

职业危机	灵活调整
求职初期不能找到理想工作	灵活应变，选择相关工作，慢慢靠近。如果不能成为口腔种植医生可先成为口腔全科医生；如不能顺利进入三甲公立综合医院，可以选择大型私立医院或连锁口腔诊所先行就职
职业环境不适应	调整自己，适应医院工作设备等硬件环境；对于软件环境，如医院文化、医院管理方式等，要多和同事交流沟通，在他们的帮助下尽快适应
职业提出更高要求，继续深造	不能回避职业提出的更高要求，认识到高要求或许是促进自身提高的动力。继续深造或到更高级医院进修，满足日新月异的科技进步
没有明确的专长和"服务域"	定时思考自己的职业进程，及时调整并选择明确的发展方向。避免对工作失去积极性，关注自身发展和长远的提高
工作压力大，产生职业倦怠	选择富有挑战性的项目内容，或者尝试给自己放一段长假，调整心态，保持对工作的新鲜感

2. 备选方案设计　计划不是一成不变的，计划总是要跟着人而改变，以上只是小洁在大学第四年认为可行的变通之法，不排除其他的方法。暂定为每半年进行一次反馈，根据实际情况进行一些调整并做出相应的计划，与时俱进，积极关注国家的相关政策，以此调整自己的思路。如果小洁

无法顺利完成原定计划，将采取以下备选方案。

（1）如果没有考上该大学口腔医学院口腔种植专业：调剂到该省其他学校的口腔种植专业或其他口腔专业。

（2）如果考不上研究生但能找到口腔医生的工作：先工作，当一名口腔全科医生，然后选择读在职研究生（口腔种植方向），或者再准备一年继续考研。

（3）若非口腔种植研究生毕业：参加工作后，选择进修口腔种植专业，或自费前往口腔种植公司学习技术。

（六）结束语

如今的小洁，已身穿神圣的白大褂，工作在口腔治疗的前线，带着喜悦，带着无奈，喜悦于治疗痊愈的患者，无奈于回天乏术的患牙。如今，新的希望正在燃起，牙齿因种植而重生，她的未来因种植而精彩。噢，还有小洁最初的梦想：给外婆一副想吃什么就吃什么的牙齿！

导师评语及建议

该同学通过多项职业测评对自我进行综合评估，认知清晰，定位明确。口腔种植学是口腔医学中发展较为迅速的新兴学科，知识更新快，作为一名医学生要时刻保持自主学习的积极性，培养阅读文献的能力。种植学与许多学科息息相关，包括口腔颌面外科学、口腔修复学、牙周病学、口腔影像学等，因此种植医生不仅要有扎实的理论基础、多个知识体系的支撑，还要有多学科联合合作的思维，良好的团队协作和沟通能力是必不可少的。要成为一名好医生，需要很长的时间。唯有热爱，能化平庸为精彩，方能抵御漫长的岁月！

二、种植牙 梦之芽

小骆（化名）某大学口腔医学院 2015 级口腔医学专业

编者按

小骆在初中二年级时偶然发现自己下颌长了一个囊肿而动了手术，手术很成功，但是为了手术而拔掉的一颗牙让她担忧不已。这时，主治医生告诉小骆，等满了十八周岁就可以种牙了。那是第一次听说，牙竟也可以种？未曾想这时埋下的好奇种子竟在后来长出了梦想之芽。

在小骆查询资料后了解到，种植牙是口腔修复的一门新技术，与传统意义的修复技术相比，种植牙不损伤邻牙，有更好的美观、功能及更长的使用寿命。种植牙是各种原因导致缺牙患者的最佳选择，是为社会的福音。于是，小骆在高考填报志愿时选择了某大学口腔医学专业，立志成为一名口腔种植医生。

（一）自我认知

认识自己是职业生涯迈出第一步之前必需的准备，而通过多方人士的评价可以更全面、多方位地认识真实的自己。一如古人所说，以人为镜可以明得失。于是小骆通过 360°评估及 MBTI 对自己进行了更深入的了解和分析。

1. 360°评估（表 10-10）

表 10-10 小骆的 360°评价

	优点	缺点
自我评价	思虑周全，细心耐心	有时优柔寡断
家人评价	懂事孝顺，乖巧勤快	做事速度慢
老师评价	乐于助人，积极参加班级事务	有时缺乏自信
同学评价	善解人意，沉着冷静	不爱运动
密友评价	有主见，做事细心，学习认真	悲观情绪控制不佳

2. MBTI 结果分析（表 10-11）

表 10-11　小骆的 MBTI 结果分析

类型	自我论证
情感（F）	对周围人心情的变化及一些细节较为敏感，做事前常常会考虑他人的感受并会因他人的感受去改变自己的做法，习惯站在他人的角度考虑问题，这样的性格让她收获了许多朋友
判断（J）	喜欢做决定、下判断、做计划，喜欢把生活安排得井然有序，尊重时间期限，会为自己的一天或一周做计划表，简单写下要做的事并在完成后做一些标记
内向（I）	虽然从小性格偏内向，但随着年龄增长，加之担任班级、校级各种职务而要"抛头露面"的经历，变得性格开朗，积极参加活动，乐于从中学习、积累经验，发展自我

3. 自我认知小结

（1）梦想：成为一名口腔种植科医生，由己及人，从小家到大家多出一份自己的力。

（2）优点：坚韧、内敛、沉稳、有上进心、有团队合作意识，为他人考虑，善于与人沟通，这些特点让她能与患者很好地交流，了解其所需并尽自己之力去帮助他们。细心并且有耐心，乐于学习新的知识，能不断充实自己，善于站在他人角度思考问题，能顾及患者的感受。

（3）不足：做事效率有待提高，情绪管理能力有待加强。

（二）职业认知

1. 外部环境认知　通过分析发现，从人均牙医配备、齿科就诊率和种植牙渗透率的角度来看，中国口腔市场发展远落后于世界先进水平，成长空间巨大。而且目前中国口腔市场正在经历快速的发展阶段，尤其是种植牙等高端业务增速极快，市场规模有望快速向发达国家靠拢。人均可支配收入提高，老龄化及牙科健康普及教育的不断渗透是驱动中国市场快速发展的重要原因，在鼓励民营资本进入医疗领域政策的带动下，口腔市场有望呈现持续快速发展的良好势头。

（1）中国口腔市场成长空间巨大，百万人牙医配比率很低：与发达国家相比，中国的口腔市场尚处于发展的初级阶段。从每百万人牙医数量来看，中国只有 100 名左右，远低于欧美发达或中等发达国家 500～1000 名的水平，中国口腔市场目前还欠发达。牙科疾病发病率高、就诊率低。最近一次全国口腔调查情况显示，我国 35～44 岁年龄段人群的龋齿率为 88.1%，其中只有 8.4% 得到了治疗，57.6% 缺失；65～74 岁老年人的龋齿率更高，达到了 98.4%，其中只有 1.9% 得到了治疗。这说明中国牙科治疗的意识仍不普及，有很大的市场潜力尚未被发掘；而且随着老龄化趋势的继续，这一潜力也会随之增大。

（2）种植牙等高端业务渗透率极低：与传统修复方式相比，种植牙具有咀嚼功能强，不损伤邻牙，固位好，美观、舒适等多种优点，被称为"人类第三副牙齿"，在国外普及度很高。但据统计我国年种植牙量仅 10 万颗左右，而韩国的年种植牙量达到数十万颗，仅 6000 万人口的意大利年种植牙量达到 120 万颗；目前全亚洲地区种植牙规模占全球的 15%～20%，其中我国只占全亚洲份额的 3% 左右。

（3）整体市场规模很小：虽然没有完善的统计数据，但据我国牙科目前发展状况判断，其市场的收入规模仍相对较小。以口腔保健观念普及领先，消费水平较高的杭州为例，2011 年其口腔市场的总规模估计在 6 亿元（人口 900 万左右）；而对比同样是华人社区，人口数仅有 500 万的新加坡，2010 年其口腔市场规模估计已经超过 30 亿元。预计随着我国国民消费能力的提升，我国口腔医疗领域的发展前景巨大。

无论从牙医配比、就诊率、高端牙科业务的渗透率，还是从目前的市场规模来看，我国的口腔市场均有数十倍以上发展潜力；而且随着我国城镇化、国际化的水平不断提高，居民可支配收入的不断增长，以及国际大型企业在国内不断加强学术推广力度，说明我国也已经具备了开拓口腔市场潜力的基础。

2. 就业前景分析 小骆觉得，随着我国的不断发展，口腔医学就业前景凸显出可观的趋势，口腔医生是一个收入可观的职业，毕业之后能在大型医院从事口腔工作，或者自己开一家小诊所，还能在美容机构从事相关的整形美容职业等。爱美之心人皆有之，看牙的人会越来越多。可见口腔医学就业前景还是相当不错的。

口腔医学开设的课程是比较灵活全面的，不仅包括医学方面的理论实践知识，还包含了一些化学、物理知识，主要有物理学、生物学、基础医学、临床医学、口腔医学、口腔解剖生理学、口腔组织病理学、口腔内科学、口腔颌面外科学、口腔修复学、口腔正畸学等，主要还是针对口腔的一些临床医学的学习与研究。这门专业所要掌握的一些知识理论是比较全面的，要求掌握基础医学和临床医学的基本理论知识和实验技能，口腔医学各学科的基本理论知识和医疗技能，文献检索、资料查询的基本方法，具有口腔医学科学研究和实际工作的初步能力。

3. 种植体的发展

（1）口腔种植体简介：口腔种植，是通过外科手术的方式将钛制种植体植入人体缺牙部位的上下颌牙槽骨内，待其骨结合在其上方安装修复假牙。

（2）种植流程

1）了解患者的基本信息及病史。

2）利用如影像等技术对患者进行必要的口腔检查。

3）与患者沟通并一同确定治疗方案。

4）植入种植体，除了门牙一般不佩戴活动假牙，建议改成1周后拆线，待骨结合后复诊。

5）种植转移、技工室制作假牙、试戴、安装基台和牙冠，定期复查。

（3）当前种植牙系统的发展趋势

1）骨内种植系统已经成为主流的牙种植系统。

2）多种选择特性，一个理想种植系统，应同时具有根形、柱形、埋植式、非埋植式设计的植体。

3）分段式，锥形平台转移已成主流，目前国际上较为成熟的种植品牌主要有士卓曼、诺宝科及奥齿泰等。

4）有发展前景的种植系统常为当前优秀种植系统特点的结合，目前国际上主流的种植系统多数都吸收了市场上较著名的种植系统在外形上、结构上、表面处理方式上及手术方式上的优点，将其通过适当的组合形成一兼具各系统优点的种植体。

5）国外在牙种植体系统的加工制造技术上有了极大的发展，尤以五轴联动为代表的 CAD/CAM 精密设计加工技术、激光熔覆烧结粉末成型技术等为代表，这些形态设计及成型技术正成为研究热点和发展趋势。

6）大颗粒喷砂酸蚀表面粗化处理及钛浆喷涂处理方式是当前主流的表面粗化处理方式，而阳极氧化及 HA 涂层处理则是很有发展前景的表面粗化处理方式。

4. 职业认知小结 我国口腔医疗市场目前正处于快速发展期，但牙科疾病发病率高而就诊率却很低，尤其是如种植这样的高端技术渗透率不高，正需要有热情的年轻一代去拓展口腔市场，发展种植等高端技术，为民造福。也许与大临床医生相比，口腔医生的就业率没有特别高，但最终的就业情况还要靠自身的努力，努力把知识学扎实，提升自己的专业素养，才能做一个有资格去选择而不是被选择的人。此外，国内外的牙种植技术都在不断进步中，可见其很有发展前景。目前，看来国外的技术相对更先进，这是应虚心学习的，同时要提高自己的创新能力，争取为口腔事业的提升献出自己的力量。

（三）职业决策

1. SWOT 分析（表 10-12）

表 10-12　小骆的 SWOT 分析

		对达成目标有益的	对达成目标有害的
内部（自我）		优势（strengths）	劣势（weaknesses）
		专业对口	本科所在院校非"211""985"
		对种植有热情、有兴趣	英语水平有待提高
		有较强的沟通能力	有时会缺乏自信
		耐心且细心，追求完美	创新能力与创新思维不足
		有毅力，坚持不懈	
		善于站在他人角度思考	
外部（环境）		机会（opportunities）	威胁（threats）
		我国对口腔医生有很大的需求	考研压力大
		种植等高端技术正在快速发展	有名的大医院对求职者的要求越来越高
		种植牙有良好的发展前景	时间挺长的规培考验毅力
		通过努力，积累工作经验，可以明显提高收入和社	行业内部竞争激烈
		会地位	技术的不断更新意味着无止境学习

2. 人物访谈

（1）访谈人物简介

邓医生，从华西口腔医学院博士毕业回来的 80 后医生，某大学附属口腔医院修复科主治医师，主要从事口腔修复临床、科研和教学工作，擅长口腔数字美学设计、活动义齿美观卡环修复及种植义齿修复。

（2）访谈内容

小骆：邓老师，您好！请问您平时从事的工作是什么？

邓医生：我从事的主要是口腔修复。

小骆：口腔种植是不是属于口腔修复的一部分呢？

邓医生：严格来说口腔种植是属于口腔修复的一部分，但是从临床科室来说口腔修复科和口腔种植科可以各自独立，分别接口腔种植业务。

小骆：临床型和学术型硕士研究生要怎样选择？

邓医生：在医院工作的话两者没有很明确地分开，若是研究生选专业方向，则要看个人特点，规培的大背景下，临床型在缩短时间上有一定优势，而学术型则不同的院校有不同的培养模式。

小骆：想要往种植方向发展的话该怎么做？本科阶段可以做些什么准备？

邓医生：首先当然要好好学习，种植是个热门学科，读研的分数不会低；其次要掌握种植的相关学科，如修复学、牙周、解剖、颌骨条件等，另外可以多看看相关书籍。

小骆：据我所知，眼下考研并不容易，要考像华西口腔医学院这样的口腔顶尖院校更是难上加难，这又该如何应对呢？

邓医生：形势的确严峻，读研名额也是很少，总之需要自己努力，另外要拓宽视野，不单单局限于跟自己的同学比，还要看看别的高校，还要多看看考研交流平台。

（3）访谈体会：邓老师解答小骆的一些困惑，建议她对种植、对口腔专业要有更多的了解。对口腔种植的认识会随着以后的学习逐渐加深，尽管考研路上会有很大的挑战，但这一点却进一步坚定了小骆的目标，她会坚持走下去。知道了航向和终点，剩下的就是帆起桨落战胜风暴的努力了。明确了自己的方向，顿觉心中明晰，充满奋斗的力量。静下心，发出力，着眼于当下，聚力于未来。

（四）计划与路径

1. 发展路径设计

（1）梦想种子扎根发芽（本科，年龄 19～24 岁）

1）成长目标：顺利完成本科学业并考取浙江大学研究生。

2）成长计划

第一年：尽快适应并融入大学的生活，形成自己的学习方法与生活节奏，顺利通过大学英语四级和六级考试，选择参加感兴趣的社团活动，并进入喜欢的部门。

第二年：主要抓学习，在不耽误学习的前提下做好部门工作，建立一定的人际关系，具有一定的组织领导能力和沟通协作能力。量力参加各类竞赛、考级等并参与科研项目。

第三年：保持认真的学习态度，科研方面有一定的发展，有自己承担的科研课题，积极争取奖项和荣誉，为将来的求职做准备。

第四年：着重对待动手操作方面，认真学习专业课，对考研方面的信息有一定的了解，因为英语是长期积累的过程，着手准备英语。

第五年：认真实习的同时全心全意备战考研，在口腔临床实践中复习巩固口腔专业知识，了解时事政治，为考研做准备；同时，考研工作两手抓。不断了解新的相关信息，努力通过研究生初试考试后，积极联系专业方面的导师，积极备战复试，争取顺利考上浙江大学研究生。

（2）小苗茁壮成长（读研，年龄 24～27 岁）

1）成长目标：有自己的研究课题和方向，获得口腔硕士学位。

2）成长计划：适应从学习型向研究型转变的过程，找到自己的平衡点，多阅读相关书籍，确定具体研究方向，争取发表 SCI 论文，确定求职方向，准备应聘，完成毕业论文与答辩。

（3）成熟之开花结果（工作，年龄 27～35 岁）

成长目标：在医院做在职医生积累经验，而后有能力可以自己开诊所。

2. 备选方案设计

（1）若求职初期不顺利，未能顺利进入三甲综合医院，则选择口腔科较突出的私立医院或有声望的连锁口腔诊所工作。

（2）生活不会如想象中那般风平浪静，若遇到与自己想象中差距很大的现实也很正常，要及时调整心态，积极面对，尽力向着好的方向改变。

（3）若热情日渐减退则回想自己的初心，学习新的知识，在新奇中找回往日的热情，保持对工作的积极心。

（五）自我监控

人生计划执行的过程中总要克服个人的惰性，一日的懒惰可能会使定下计划时的斗志满满化作无用功，因此需要制订具体的自我监督计划。每个学习、工作阶段之初给自己制订一份具体详细的计划，时常提醒自己执行计划并随时修改。每天的计划完成后在旁边做上记号。必要时可以写便利贴贴在显眼处时时提醒自己勿忘初心。另外，也可以找同学、父母监督自己，他们的批评鼓励都会成为鞭策我们不懈前进的动力。

（六）结束语

不去想是否能够成功，既然选择了远方，便只顾风雨兼程。不去想身后是否会袭来寒风冷雨，既然目标是地平线，留给世界的只能是背影。不去想未来是平坦还是泥泞，既然梦定种植，就要脚踏实地。只待梦想之花盛开那一日！

导师评语及建议

　　这份职业规划客观、准确、全面，从自身就医经历出发，使牙医这个梦想在幼小的心灵萌芽扎根。同时，通过360°评估、MBTI等客观指标对自己进行综合评价，能够比较准确地进行自我认知。若能结合周边同事、朋友、老师及家人对自己的评价可能会更加全面地认识自己。尽管只是一名医学生，但是该学生对目前国内外口腔市场及学科发展有着比较准确的认识，并且为一步步实现梦想制订了详细的计划和监督体系。相信小骆能够将这份职业规划记在心里，实现自己的种牙医生梦！

第三节　口 腔 修 复

一、仁心修损形　妙术复笑颜

欢欢（化名）某大学口腔医学院 2011 级口腔医学专业

编者按

　　大学生职业生涯规划，换个角度理解，就是对心中那个蓝图的描绘。对自己进行职业生涯规划设计，就是给自己的梦想插上翅膀。完成职业规划书的这一过程能使自己对以后人生的发展道路有一定目的性和明确性，能使自己在追寻人生价值的道路中，摆正梦想，明确方向。本篇的主人翁也是抱着描绘梦想使其具体化的想法，设计了自己的职业规划。她在大学时曾担任支部团支书、班级学习委员，性格乐观活泼，好学上进，活跃于各个舞台，积极参加各类创业比赛、社会实践活动。她的职业规划是成为一名口腔修复科医生。从小她就把成为口腔修复医生这个梦想播种在心里，并用努力不断浇灌。

　　（一）自我认知

　　要知道自己想做什么，就要先了解自己。只有全面分析认识自己，才能找到适合自己的职业，早早寻得自己的那一粒梦想的"种子"。

　　1. 她的成长经历　欢欢小时候爱吃糖，并没有意识到先天性牙体缺损对自己的影响。升入初中后，审美观念慢慢建立，她开始变得寡言内敛。初中毕业的那年暑假，一个蝴蝶振翅般细微的举动，给她的生活造成不小的波澜——妈妈带她去口腔医院做了牙齿修复。短短 13 天后，她拥有了美丽洁白的牙齿，性格渐渐变得热情开朗，更加勇敢地站上高中的各个舞台。

　　从那以后，"成为口腔修复医生"这个梦想悄悄在她心中生根发芽。高考的失利，她被意外地录取在药学院，但是经过不懈的努力，时刻保持着对梦想的执着追求，争取到了转专业的名额，成为一名正式的口腔医学专业学生。在她看来，那年暑假的牙齿修复不仅仅是改善自己的外貌，更是让她不再低着头把自己禁锢在自怨自艾的牢笼里，给了她一个勇敢面对世界的机会。

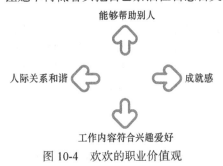

图 10-4　欢欢的职业价值观

　　2. 职业价值观探索　只有选择自己真正喜欢并看重的职业，才是最适合自己的好职业，才能将职业长久、顺利地进行和发展下去。职业价值观测评可以帮助了解自己的价值观，并据此来选择职业范围。图 10-4 显示了欢欢的价值观体系中，排名前四项的职业价值观。

　　测评结果显示，欢欢最看重的价值观是能够助人、工作内容符合兴趣爱好、工作中人际关系和谐和成就感，与她所选择的口腔医生职业有极其特殊的共通之处，或者说，口腔医生职业是这些价值观共同的交集。

　　3. 职业技能探索　欢欢的职业能力测评结果见表 10-13。

表 10-13 欢欢的职业能力测评结果

类型	特点	个人体验
助人者（S）	有爱心有同情心，喜欢帮助别人，为人谦逊，热心，友善，能与他人建立良好的关系，沟通交流能力较强	580 志愿者服务社干事；大学生生命健康协会活动部部长；参与"感恩生命，立志成才"；暑期社会实践，给震后灾区送去慰问
组织者（C）	教导或训练他人，明确地表达自己，领导团体进行讨论，协调冲突，计划和监督一线活动，与他人协作良好	院学生会科创部部长；组织考研交流讲座、座谈会，举办迎新晚会；院资助服务社副社长；帮助勤工俭学同学联系工作岗位；支部团支书；班级获得校级"优秀团支部"，关心班级同学，举办一帮一学习小组
实践者（P）	在具体情境中对自身进行理性思考，致力于问题的解决和知识的实践运用，具有探究性、情境性、发展性特征	积极参加各项活动；曾获大学生挑战杯课外学术竞赛校三等奖，大学生挑战杯创业计划大赛校二等奖，浙江省大学生多媒体竞赛省三等奖等；争取到口腔医院的见习机会，积极锻炼自己的能力

职业能力测评结果显示，欢欢是一个助人者、组织者和实践者，这正符合用人单位对口腔修复医生沟通能力、团队合作能力、人际交往能力、动手操作实践能力、再创造能力等方面的要求。欢欢列举了大学期间曾担任的各种职务及参加的活动，以实际经历佐证了测评结果的可信度。

4. 自我总结 通过以上系列、全面的测试，使欢欢更加了解了自己。她十分理解那些受牙齿问题困扰的小朋友和成年人的痛苦与无奈，十分希望有着相同经历的自己能给予他们足够的关爱与帮助。此外，她做事认真执着，认定了一个具体目标后就不会轻易改变。她怀有成为口腔修复医生近 10 年的梦想，并一直在为这个理想努力拼搏而不曾有丝毫改变。同时，欢欢学业成绩优异，自学能力强，学习态度端正，说明能够胜任将来的临床和科研任务。但她的身上同时也存在一些不足之处，如性格上比较固执，处事不善于变通。总之，她需要让优点更加闪光并努力改正缺点，以一个更加完美的姿态去实现梦想！

（二）职业定位

1. 目标职业 SWOT 分析 欢欢的目标职业确定为口腔修复医生，接下来对欢欢的目标职业进行 SWOT 分析，通过对优势、劣势、机会和威胁等加以综合评估与分析得出结论，通过内部资源、外部环境有机结合来清晰地确定被分析对象的资源优势和缺陷，了解所面临的机会和威胁，从而在战略与战术两个层面加以调整方法、资源以保障被分析对象的实行以达到所要实现的目标。

（1）优势+机会（SO）：欢欢的性格特点、个人能力和职业技能有明显的优势，与目标职业对人才的要求十分相符。她善学习、好钻研、动手能力强，这有助于她在良好的外部环境下成长，同时也能够让她的优势得到更好发挥。

努力方向：目前学好专业课知识，获得良好的学习和实践的机会，有利于深入掌握各科知识，为日后学习口腔修复学打下坚实的基础。

（2）优势+威胁（ST）：选择从医道路，外部环境的威胁是每个医学毕业生或医生所必须承受的。面对威胁，她需要充分利用自己的优势，课堂上，认真学习专业知识；实习中，积极与患者的沟通交流，向老师、前辈们请教，虚心学习，不断增强实力，提高自身的竞争力。

努力方向：平常多逛逛丁香园论坛、口腔 88 等相关网站，了解口腔发展新动态。大学期间不断充实自己，多看专业书和文献，拓展知识。

（3）劣势+机会（WO）：欢欢的劣势会给她的职业道路带来阻碍，因此她需要努力改正缺陷，学会灵活处事。医学知识更新快、与国外交流多，英语水平不高成为她最大的绊脚石，外部环境给她带来机会的同时也带来挑战，她需要加强对英语的学习和对口语的训练，将劣势转为优势。

努力方向：每天阅读一定量的英语读物，与学院里的外国留学生交流，提高自身英语口语水平。

（4）劣势+威胁（WT）：个人劣势和外部威胁都不利于欢欢的职业生涯，但她相信"高度决定视野，态度决定一切"。只要努力一定可以化解威胁，弥补劣势，更好实现她的职业梦想，走进理想岗位。由此，她选择先考研，获得硕士学位后再参加工作。

努力方向：刻苦且有计划地准备考研，目标是考上浙江大学口腔医学院的口腔修复专业的研究生。

2. 人物访谈

（1）访谈简介

访谈时间：2014 年 3 月 11 日。

访谈地点：某大学附属口腔医院。

访谈人物：金学姐。

人物简介：某大学 2013 级口腔修复专业研究生。

访谈目的：了解考研的相关信息及研究生的学习内容。

（2）访谈主要内容

欢欢：学姐，您好，我想了解您当初为什么会选择口腔修复这个专业呢？是什么时候开始定下目标的？

金学姐：首先，是个人的兴趣，我属于比较有耐心、细心，擅长一些精细活的人，所以觉得口腔修复挺有意思的，也很适合自己。其次，口腔修复以后的就业前景也是不错的，现在看牙的人越来越多，所以我觉得口腔修复这个方向很不错。我当初也是在接触该专业课后，慢慢了解，慢慢深入。

欢欢：在考研的过程中，您都准备了哪些呢？对于即将面临考研的我们，有什么建议吗？

金学姐：考研的话，首先是英语。如果考外校的话，英语的要求更高，不仅仅大学英语四级、六级考试要过，还要及时复习考研英语。这样的话，最好是给自己制订一个学习英语的计划和目标。其次是政治，这就要求平时要多关注时事新闻，跟进时政。如果有条件的话，可以选择报考研辅导班，跟上步调。

欢欢：你在研究生阶段主要做些什么呢？

金学姐：我当初考研选择的是科研型的，而且我们修复专业主要还是和修复材料相关。所以大部分时间是在实验室里面做有关材料基础方面的研究，有时也会跟随导师做一些临床方面的工作，但是第一学期的话，还是主要以学业为主。因为研究生要学的知识也是很多的，现在必须要不断充实自己，才能对今后的发展有更大的帮助。

3. 口腔医院见习体会　大二的暑假，欢欢参加学院举办的暑期职业实训，来到附属口腔医院内科见习。

（1）医生技艺高超：这次见习令欢欢对口腔医生严谨而精细的工作风格有了深刻体会，他们就像是艺术家在完成作品一样，在一根直径不过一二毫米的根管内填充许多牙胶尖和其他材料。这个过程需要耗费大量时间和心思，但他们一丝不苟，毫不懈怠。

（2）学无止境：这次见习还让欢欢深刻领会和理解了什么是"学无止境"。有的医生已经从事工作长达二十年，但还是每隔几年就会去上海、北京等地学习进修，学习最新的口腔治疗技术。连从事工作二十多年的资深医生也要经常学习进修，更不用说年轻的初学者，更应该在学习中勤勤恳恳，在工作中处处留心。

（3）沟通的重要性：在口腔修复领域，医患的沟通显得十分重要。患者的不配合也给医生带来很多工作困难和情绪，在遇到这样的情况时，医生需要付出更多的耐心和理解。同时，欢欢注意到自己应该在学习阶段多多参加医院的见习和实习，观察有经验的医生怎么处理各类情况，同时自己也应该学会一些沟通技巧，学会与各种年龄层次和各种受教育层次的患者沟通。

4. 自我总结　没有丑陋的顽石，只有放错地方的宝石。通过对自身因素和外部条件的分析，欢欢对未来要走的路更加清晰，也明白梦想的实现不是一蹴而就的，她还需要加倍努力。

（三）职业风险评估

1. 职业风险

（1）考研竞争激烈

1）风险分析：考研是实现欢欢理想职业的必经之路，但医学专业考研难度大是不争的事实，且大五阶段为实习阶段，无法全心投入复习，对考研有很大影响。

2）应对策略：树立自信，从本科阶段起就努力学习专业课程和英语，提前做好考研的准备。

（2）工作竞争激烈

1）风险分析：口腔修复在国内蓬勃发展，选择相关专业的人会越来越多，工作竞争会越来越激烈。

2）应对策略：在大学时期积累充足的专业知识和专业技能，通过阅读与实践拓宽自己的专业视野，在求职中及时调节自己的情绪，让自己以积极的心态面对竞争；工作后积极参加相关进修和培训，多向身边优秀的同事学习，吸取别人的经验。

（3）职业提出更高要求

1）风险分析：如今社会上的大学生数量日益增多，读研也是大学生（特别是医学生）的普遍趋势，因此不久的将来三甲医院对医生的学历、学位要求会更高。

2）应对策略：不能回避职业提出的更高要求，认识到高要求或许是促进自身提高的动力。继续深造拿到博士学位或到更高级医院进修，满足日新月异的科学进步。

（4）产生职业倦怠感

1）风险分析：口腔修复医生每天的工作内容相似，工作内容烦琐而细碎，容易产生职业倦怠感，影响工作情绪和工作效率。

2）应对策略：选择富有挑战性的项目内容，或者尝试给自己放一段长假，调整心态，保持职业新鲜感。协调好工作与休闲的时间，适时调整自己心态，保持精神饱满的工作状态。

（5）产生职业环境的不适应

1）风险分析：从学业向事业转型，初入职场可能由于职业压力大，医患关系紧张、地域文化差异等因素而产生对职业环境的不适应。

2）应对策略：调整自己，适应医院工作设备等硬件环境；对于软件环境，如医院文化、医院管理方式等，要多和同事交流沟通，在他们帮助下尽快适应环境。

2. 自我总结 计划不是一成不变的，计划总是要随着人而发生改变，以上只是欢欢在大三阶段认为可行的变通之法，不排除其他的方法。暂定为每半年进行一次反馈，根据实际情况进行一些调整并做出相应的计划，与时俱进，积极关注国家的相关政策，来调整自己的思路。

（四）结束语

职业是跨越一个人一生的事业，规划职业其实也就是在规划自己的一生，认真规划，并加以实施，人生才会更加充实。未来，掌握在自己手中。要有清醒的头脑以面对随时可能发生变化的现实情况，口袋内时刻要准备备选方案。既然选择了这条路，就要一直走下去。尽管实现目标的历程需要付出艰辛的汗水和不懈的追求，但只要有越挫越勇的气魄，成功最终会属于不懈追求的你。

导师评语及建议

该职业规划做得内容详尽，条理清楚，目标明确，体现了大学生蓬勃的朝气和不懈奋斗的勇气。现根据内容提出以下几点建议。

1. 不忘初心，方得始终。笔者的初心是成为一名口腔修复医生，这也正是儿时确立的梦想。梦想的建立是有多方面原因的，成为一名口腔修复医生的梦想应该不仅仅是一次看牙的经历所引发的。建议更明确地说明建立这个梦想最大的原因。

2. 知己知彼，百战百胜。对自己的性格特点，优缺点等都有非常深入的了解，建议进一步明确自己的目标，选择专业型还是学术型。

机会是留给有准备的人的，在明确的目标和清晰的规划下，未来的每一步都会更加稳健。

二、损齿妙手修　颜心齐复明

小逸（化名）某大学口腔医学院 2012 级口腔医学专业

编者按

英国 19 世纪的政治家 Feir 爵士说过，目标的坚定是性格中最必要的力量源泉之一，也是成功的利器之一。没有它，天才也会在矛盾无定的迷径中，徒劳无功。身处当今这个激烈竞争的社会，在一天天消磨时光的日子里，不如抓紧时间多学一些知识来充实自己，为自己设立一个目标，认真规划自己的职业生涯，并为各阶段目标自觉地进行相关的活动，从而有效地实现自己的目标，未来方能取得成就。本篇主人翁就是这样一个目标非常明确的人，她曾任班级文娱委员、班长，兴趣爱好广泛，擅长小提琴及书法。本科期间积极参加各类文艺活动及学科竞赛，于 2014 年暑期赴美国加州大学欧文分校交流。她的职业规划是成为一名口腔修复科医生。这一规划过程，就像是造就一架飞机，从起飞、调试到最后成功翱翔于天际——始于易，成于细，青云直上的背后是长期的坚持与努力。

（一）自我认知

在职业规划的过程中，清晰的自我认知有助于在纷繁的职业选择中找到适合自己的选项。

1. 职业规划缘起　小逸的职业选择与她的成长环境有很大关系。她的爷爷与叔叔都是从事口腔科的工作，擅长镶牙。耳濡目染，她从小就对口腔修复学产生了浓厚的兴趣。在填报高考志愿时，口腔医学就是她的第一志愿。进入某大学口腔医学专业学习后，她便将口腔修复学定为自己的主攻方向。

2. 性格分析

（1）MBTI

1）测试结果：ISTJ。

2）性格分析：喜欢陈述和聆听确定、实在、清晰的事物，对于细节有很强的记忆和判断。能够合理地去决定应做的事情，而且坚定不移地把它完成，不会因外界事物而分散精神。不论在工作上、家庭上或者生活上，都以做事有次序、有条理为乐。

3）适合的职业：审计师、会计、财务经理、外科医生、药剂师、实验室技术人员、医学研究员。

（2）霍兰德职业倾向测试

1）测试结果：抽象而有序的思维方式（AS）。AS：抽象而有序的思维者喜爱理论和抽象思维的世界，喜欢用概念思维分析信息。她是一个抽象而有序的思维者，会给自己一些逻辑方面的练习，增进其智力，把自己引向高度结构化的环境。

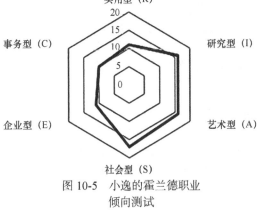

图 10-5　小逸的霍兰德职业倾向测试

2）职业倾向类型：SAI 型（图 10-5，表 10-14）。

表 10-14　小逸的霍兰德职业倾向测试结果

职业兴趣类型	特点	自我验证
社会型（S）	爱和他人沟通交流，与各级同学关系融洽，广交中外朋友，积极开拓视野	曾担任班级文娱委员、班长，组织协助学院办迎新晚会、十佳歌手等活动；积极参加志愿者活动，与上下级同学在暑期实践活动，共患难，同享乐；出国交流，不仅和本校优秀学生成伙伴，也收获跨国友谊

续表

职业兴趣类型	特点	自我验证
艺术型（A）	勤思考，善观察，注重美，爱创意创新，爱艺术，爱生活	练书法、习篆刻长达八年，对美有较高的欣赏及创造能力，善于从身边发现美；平时经常练习小提琴，动手能力比较强
研究型（I）	耐心认真，理性，爱计划，爱操作，爱英语，爱阅读	积极参与科研项目；帮助导师与学长搜集整理资料，同时学习了基本科研操作技术

职业倾向：心理学家，社会学家，医学、物理、社会科学和生命科学的教师，医生和护士医务人员等。

（3）他人评价（表10-15）

表10-15 他人对小逸性格的评价

与她的关系	对她性格的评价
父母	目标明确、外向热情、努力上进
辅导员	活泼上进、多才多艺、行动力强
同学朋友	严谨认真、富有亲和力
工作伙伴	工作负责、可信赖

3. 自我总结 通过相关测评，小逸更加了解自己的性格和兴趣。她较为理性而又充满热情，喜欢思考和观察身边的人和事，有爱心、有亲和力，也喜欢挑战自我。这对她将从事的职业十分有利，这能让她能够保持良好的人际关系，与患者进行更好的沟通与交流，也让她不断地完善自我和取得进步。从八年的练书法、习篆刻经历，以及小提琴的坚持练习上就能看出她比普通人更加有恒心与毅力。当然，更能体现她不轻易言弃的，是她怀有成为口腔修复医生的梦想近十年，并一直在为梦想拼搏着，不曾有丝毫改变。

（二）职业认知

1. 就业环境

（1）行业环境：口腔医疗兼容了健康和美丽的概念，具有很好的市场概念和运作空间，无论是从人口的数量、口腔疾病的普遍性，还是从牙医的市场需求状况、口腔医疗行业和其他相关产业的联系、合作、互补性等方面考虑，不管是现在还是将来，随着人们经济生活、文化消费水平的提高及对口腔健康的认识，中国的口腔医疗产业都是一个快速发展、具有巨大市场潜力的好产业。

（2）岗位环境

1）口腔修复学是什么？

口腔修复学是研究用符合口腔生理和生物力学的方法修复口腔内及颌面部各种缺损的一门学科，是口腔医学的重要分支和组成部分。口腔修复学的内容包括研究牙体牙列缺损、牙列缺失及口腔颌面缺损发生的原因、临床表现、诊断、治疗方法和预防，合理地设计制作各种修复体，使之恢复和改善患者的口腔功能和形态，以保障患者口腔器官及全身的健康。

通常治疗的疾病包括牙体缺损的修复治疗、牙列缺损的修复治疗、颌面缺损的修复治疗、牙列缺失的修复治疗、牙周病的修复治疗、颞下颌关节紊乱的修复治疗。

2）口腔修复做什么？

口腔修复会根据患者具体情况进行个性化治疗。但是，多数口腔修复治疗都可以概括为以下的治疗步骤：病史采集、口腔检查、诊断和治疗设计、口腔修复前准备、牙体预备、取印模、灌溉石膏模型、技工加工、修复体试戴、调整、黏结、复查等。

2. 自我总结 心态会影响工作质量，所以要尽早做足思想准备，潜心学习书本知识，反复钻研。如果选择在公立医院发展，就要耐得住寂寞，沉得住气，做好中长期发展的打算，把自己打造成一支潜力股；如果选择向诊所发展，就要在其他方面，如在服务意识、管理能力、综合技术等方面提高自己的水平，并且尽早做好打算和规划。

（三）职业决策

1. 目标就业地

（1）首选城市：上海。

（2）选择理由

1）作为中国一线大城市，上海经济发达、公共资源丰富，与国外交流多；医院医疗资源及就医环境都相对更加优秀完善，并且会为医生提供更多深造的机会，使医生能够较早地接触新的技术，了解新的发展。

2）通常在经济较发达的地域，人们对于口腔修复的认识较早，因此对口腔修复的需求量也比较大。同时就诊的患者需要承担的治疗费用也较高，这也需要患者有一定的经济实力。

3）从个人方面讲，上海是理想的目标城市，是小逸的家庭居住地。无论是环境还是语言，甚至当地人的性格特点，都是她所十分熟悉的。在医患关系受瞩目的当下，与患者进行交流并了解其生活状况是十分重要的，这能够体现小逸的语言优势。

2. 职场深入　通过以上全面认真的测评和分析，小逸发现她的能力和兴趣都十分适合口腔修复医生这一职业，当然仅通过书面的分析并不全面，她想进一步通过实践去加深对口腔修复医生的理解，接下来将通过生涯人物访谈和医院见习来进一步探寻不一样的精彩人生。

（1）访谈人物——张医生

访谈时间：2014 年 3 月 24 日。

访谈地点：某大学附属口腔医院。

访谈人物：张医生。

人物简介：口腔修复科主治医师。

访谈目的：了解口腔修复医生的工作，听取其对未来规划的指导意见。

（2）访谈主要内容

小逸：张医生，您好！请问口腔修复平常都做些什么工作？

张医生：口腔修复，平常主要是给患者做假牙、戴义齿。简单说，口腔修复工作就是老百姓常说的镶牙，主要治疗牙齿缺失、牙齿缺损，如做嵌体、全冠、义齿等，帮助患者恢复牙齿的美观和功能，与口腔种植学、口腔颌面外科学的领域有部分交叉。

小逸：您觉得要成为一名优秀的口腔修复医生需要具备什么样的品质呢？

张医生：成为一名优秀的口腔修复学医生，要具备多方面的综合素质，首先比较重要的是自身的技能，以及对于患者的服务意识。其次需要非常热爱这个行业，要有对患者的高度责任感，仔细对待患者的每一次治疗。

小逸：您认为关于就业方向上，大型公立医院和私人高端诊所有什么区别呢？

张医生：大型公立医院，比较偏重技术，专科医院分类也比较细致，对于后期专业上的发展，有清晰阶段性的规划；高端诊所比较重视服务，因为患者数量没有公立医院安排得紧，医生能更具体地了解患者的需求，而且像是在上海、北京等城市，专业质量上也是不错的。

3. 自我总结　这次采访令小逸深刻体会到了一个词——"学海无涯"。张医生告诉她，现在新技术更新得很快，要紧跟变化的步伐，学习最新的口腔治疗技术，否则一不小心就会落后很多。在口腔修复领域，医患的沟通显得十分重要。患者的不配合也给医生带来很多工作困难和情绪，在遇到这样的情况时，更需要医生付出更多的耐心和理解。

（四）计划与路径

小逸的理想职业发展历程见表 10-16。

表 10-16　小逸的理想职业发展历程

阶段	目标
职业生涯准备期：19～24 岁	取得口腔医学学士学位，做好考研准备
职业生涯操练期：24～30 岁	取得口腔修复硕士学位；在科研上能有成就；争取读博
职业生涯发展期：30～35 岁	全面提升临床技能，坚持潜心学习
职业生涯成就期：35～50 岁	经过工作经验的积累，成为口腔修复领域的专家

1. 职业生涯准备期

（1）时间：19～24 岁。

（2）目标：取得口腔医学学士学位，做好考研准备。

（3）阶段定位：口腔修复是一个专业的技术型工作，一定要踏实准确地掌握专业知识和技能。因此她决定在大学五年的学习中掌握过硬的专业知识和技能，并在学习之余不断提升自己的综合素质。

（4）专业课程

1）大三阶段：获得国家三级心理咨询师资格，对学习、活动各个方面都要有更高的要求，争取在省内获奖，为将来的求职增添砝码，同时锻炼自己的能力。学习方面更加主动认真，参加一些科研项目。

2）大四阶段：以口腔专业课程的学习为重心，做到完全理解与熟练应用，主动关注医学专业信息，掌握科研的研究方法和研究能力，多做科研项目，多参加与职业相关的活动。

3）大五阶段：认真实习，努力备战考研。以上海交通大学口腔修复科专业为目标，全力为之努力。同时做好就业的冲刺准备工作，制作简历、参加各种招聘会等。确定专业类型和方向，提前了解导师及其科研项目。若顺利通过研究生初试，再加强英语和技能等训练，积极准备复试。

4）英语学习：大三以考托福为目标进一步提高自己的英语能力；大四准备考研英语和专业英语；进一步加强考研英语和专业英语的能力，为研究生考试做好全面准备。

2. 职业生涯操练期

（1）时间

第一阶段：24～27 岁。

第二阶段：27～30 岁。

（2）阶段目标：取得口腔修复学硕士学位，在科研上能有成就；争取读博；加强临床操作能力。小逸的第一理想是想进入上海市大型医院或口腔专科医院当口腔修复医生，而这些医院对学历要求必须硕士研究生及以上，研究生阶段不仅培养临床技能，更需要发展科研能力，因此她决定取得硕士学位后再进入工作岗位。

（3）阶段任务：研究生第一年实现从学习者到研究者的转变，积累口腔修复研究领域的基础知识；积极跟随导师参与实际操作，协助完成部分简单操作，认真学习研究生的课程。参加口腔临床轮转，学习掌握口腔各临床技能。研究生第二年完成专业英语的学习，争取出国进修；明确了自己的研究方向之后，早日开展课题研究，努力发表 SCI 文章，学习前沿知识，训练科研水平，学会研究课题，阅读国内外行业杂志，保持专业信息敏锐度。研究生第三年做好就业的冲刺准备工作，收集招聘信息，关注目标就业地的招聘动态；完成毕业论文和毕业答辩。研究生毕业后：争取攻读博士学位，或能出国进修，进一步深造。同时也将完成个人婚姻生育计划。操练期是需要从行业内的摸索者逐步成长为能够独当一面的骨干力量，且该阶段非常关键，这个阶段大多数女性需要成家生子，一定程度上会影响事业的发展，平衡好事业和家庭的关系，也能为进入接下来的发展期做好准备和保障。

3. 职业生涯发展期

（1）时间：30～35岁。

（2）目标：进入工作岗位，在工作1～6年完成职业早期发展。发展期是人生中获得第一个岗位的适应阶段，需要从行业内的摸索者逐步成长为能够独当一面的骨干力量。全面提升临床技能，熟悉治疗流程，独立接诊患者，进一步丰富临床经验，争取在六年内晋升副主任医师（副高级）；坚持潜心学习，取得出国交流学习和进修的机会，使技术日臻完善。

（3）预期规划：快速适应医院环境和工作团体，建立良好的同事和上下级关系，取得信任，得到帮助与认可。对待患者耐心、细心，学会沟通技巧，正确处理医患关系，在患者中树立良好口碑。

4. 职业生涯成就期

（1）时间：35～50岁。

（2）目标：经过工作经验的积累，成为口腔修复领域的专家。

（3）成就期：指一个人在职业生涯上经过了长期富有成效的发展，达到专业实践的顶峰——职业成就阶段。这个阶段，将会实现自己所规划的职业生涯目标：成为口腔修复领域的专家，尽自己的所能让更多人了解口腔修复学，关注自己的牙齿美观，帮助更多牙齿缺失的人们恢复自信的笑颜。

（4）阶段定位：晋升主任医师（正高级），进一步提高自己的临床操作技巧，成为口腔修复领域的专家。成为科室主任，树立一定的威望，获得同事和圈内人士的尊重。能担任有关口腔修复医学协会的负责人、特别工作组成员和学术编委会成员等职务。总结自己的学术研究和临床技巧，为未来的口腔正畸医学培养更多的人才。鼓励刚进入行业的年轻人，对他们进行指导，教授工作技巧，传授个人经验，为他们解答疑惑，排解迷茫。

5. 自我总结　计划并非一成不变，俗话说计划赶不上变化，职业规划需要定期根据实际情况进行一些调整，做到与时俱进。

（五）自我监控

1. 职业规划评估　口腔修复医生在职业生涯发展过程中，由于各种客观环境问题或者主观心理问题及身体变化等，很容易出现各类职业问题。如何坦然面对和科学应对这些危机，并适时做出评估和调整也是职业生涯规划中非常重要的环节。

2. 备选方案设计　如果小逸无法顺利实现理想计划，她会采用以下备选方案。

（1）调整目标：若不能当一名专业的口腔修复医生，则可退一步接受调剂，当一门其他科室的医生，在口腔的道路上可能会找到其他方向，还是能为患者服务的。

（2）调整路径：若没有考上目标学校的研究生，则接受调剂，或者先参加上海特有的住院医师规培计划，再考研；或者先工作，边工作边复习准备再次考研。以目前的就业情况和国家政策来说，小逸的规划具有较强的可操作性，如果她能顺利考取研究生就能实现她当一名口腔修复科医生的梦想。

3. 自我总结　首先，小逸的成功标准是个人事务、职业生涯、家庭生活的协调发展。只要自己尽心尽力，能力也得到了发挥，每个阶段都有了切实的自我提高，即使目标没有实现也不会觉得失败，给自己太多的压力本身就是一件失败的事情。再者，她需要一年做一次评估规划，并在年初制订该年具体计划，并逐月修订，将具体计划按照年月周细分，并做好总结工作。积极修正和核查策略和计划，保证目标有效实施。在特殊情况下，如职位变更或者处于职业变更时期，需要随时评估并进行相应调整，也要酌情缩短规划周期，做到事事有计划。

（六）结束语

小逸的梦想是当一名口腔修复医生，她努力规划，希望能将梦想照进现实。只是，比制订规划更重要的在于规划的具体实施，并取得成效。这一点时刻都不能忘记。任何目标，只说不做到头来都会是一场空。然而，现实是未知多变的。制订的目标计划随时可能受到各方面因素的影响。这一点，每个人都应该有充分的心理准备。因此，在遇到突发因素、不良影响时，要注意保持清醒、冷静的头脑，不仅要及时面对、分析所遇到的问题，更应快速果断地拿出应对方案，对所发生的事情，能挽救的尽量挽救，不能挽救的要积极采取措施，争取做出最好的矫正。这样即使将来的作为和目标相比有所偏差，也不至于相距太远。

导师评语及建议

小逸同学从家庭成长环境、相关性格分析的角度，做了口腔修复医生这一职业规划，具有一定的合理性。建议在家庭成长环境描述中增加一些与口腔修复有关的印象或者内容。因为对于口腔修复医生这一职业，应该是有一个逐渐学习了解、渐进的过程。职业认知这一方面，对于口腔修复学有一些浅显的认识，但不够深刻。建议再查阅资料，把对口腔修复的理解、认识加深。可以从口腔健康和口腔美学这两个方面阐述口腔修复与其关系，口腔修复首先是可以解决口腔相关疾病，恢复缺损、缺失组织器官的功能，同时也可以采用先进的修复技术（如贴面等）来提高患者面部的美观和整体颜值。目标就业地选择，写得有些宽泛，建议具体阐述一些细节内容，如上海城市的特殊性，上海口腔医疗行业有何不同（公立有国内顶尖的上海九院，私立也有全国知名的口腔连锁机构等）。职场深入访谈内容写得不错，计划路径，建议增加国际视野等开阔眼界的内容。

第四节 牙体牙髓

一、以内养外，"髓"愈而安

小羚（化名）某大学口腔医学院 2012 级口腔医学专业

编者按

她带着使命感而生，她的父亲是一名人民警察；她的母亲是一名人民教师。人们说，他们是人间的守护者，守护家园，守护心灵。他们受人尊敬，对工作充满热情与感恩，在小羚眼里，这就叫崇高。而小羚对这份崇高的向往，逐渐汇集在电视剧里那飘扬的白大褂里，汇集在新闻中逆转死亡召唤的惊心抢救中，汇集在现实中妙手回春、药到病除的神秘治疗上——小羚想当医生。

小羚从小便展现出过人的文学才能，获得过宁波市、温州市征文比赛一等奖等众多奖项。看似无关的天赋也成了小羚梦想的助推剂。她受到学院领导的关注，得到机会参加《中国口腔医学信息》的学生编委工作，在更大的视野上，她越来越明白漫无目的地奔跑只会令自己离目标越来越远。她开始搜索信息，规划未来。

尽管业内公认口腔正畸、修复科室待遇优厚、工作相对轻松，也是最受毕业生喜爱的两个科室，但经过仔细考量假设，小羚却对牙体牙髓科情有独钟。小羚制订的这份规划书详尽地解释了选择牙体牙髓科的理由及整个职业生涯的完整规划。

（一）自我认知

1. 个性特征

（1）她是一个外表理性的人，比实际年龄更成熟的外表让她看起来显得较为严谨。良好的心理素质让她遇事淡定从容，很少表现出慌乱。遇到意外时她总能在最短的时间内调整自己的情绪，恢复冷静，用理智的大脑分析事件。

（2）她内心的情感丰富细腻，还因写得一手锦绣文章从小颇受赞誉。细腻的情感又让她成为许多同学、朋友倾诉的对象，而她也总能给他们提供心理疏导与安慰。

（3）性格偏内向的她并不会有太强的表现欲，但却更注重实实在在做好手中的事，习惯于默默钻研而不是夸夸其谈。经过近三年的学习，她骨子里的毅力得到淋漓尽致的发挥，刻苦努力的学习与合理有效的计划让她学习能力出众。

（4）与此同时她又极具耐心，动手能力强，喜欢手工制作，曾经耗时两个寒暑假期完成一幅大型十字绣。平时也喜欢动手 DIY 工艺品，还曾获宁波市劳动和技能比赛一等奖，对于口腔医生这种手工操作要求极高的职业她也有充分的信心。

2. 职业价值观 她现在是一名口腔医学专业本科四年级学生，未来的职业目标是一名口腔牙体牙髓医生。在她看来，医生首先是妙手仁心的。妙手在于医术；仁心在于医德。医生其次是开拓进取的，不断钻研新技术，提高自身专业水平，完善行业救治能力。而一个口腔牙体牙髓医生，更是要求耐心细心。口腔牙体牙髓关系到患者的口腔咀嚼、表情、语言功能，可以说不仅影响着患者的健康，更影响其生活乐趣。牙体牙髓发病疼痛剧烈，患者往往处于焦虑状态，医生必须保持良好的职业素质和真诚的助人心态，才能与患者维持良好的关系，消除患者心理压力，提高人们生活质量。

3. 职业兴趣 身为警察和教师的父母令她推开梦想的大门——她想当医生。

在父母的眼里，成为一名医生对她的未来是最佳选择，而其中众所周知口腔医生工资待遇好、工作压力较小，对于一个女生而言，工作稳定而不辛苦是再好不过的。她很庆幸自己有机会成为一名口腔医生。

打开口腔医学大门，她才明白从小养成的刷牙习惯是错误的，父母对牙痛的不以为然一味忍耐是无知的，爷爷奶奶逐渐脱落的牙齿原本是可以避免的……她曾眼见着外婆忍着牙痛不去就医，直到病情恶化耗费大量精力财力来修补病牙。大学期间，她多次参与义诊活动，见证了我国居民口腔保健意识的薄弱及口腔健康状况的堪忧。所谓"三分治疗，七分预防"，她觉得自己更有理由帮助忍受牙齿病痛的人解除痛苦的折磨，也更能体会患者急切寻求帮助的心情，因此，她选择成为一名牙体牙髓科医生，同时也看中了它广阔的发展前景——牙体牙列的缺损畸形和牙列的缺失是人类的常见病、多发病，随着人口老龄化和人们对生活质量期望的提高，口腔牙体牙髓治疗的社会需求正迅速增加。

4. 专业测评

（1）MBTI（图 10-6）

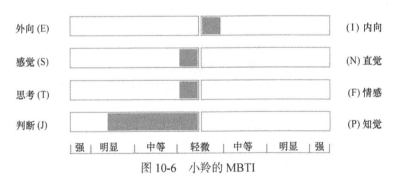

图 10-6 小羚的 MBTI

1）通过 MBTI 分析表明，小羚的性格类型是 ISTJ。

她以沉静、认真、贯彻始终、得人信赖而取得成功。工作缜密、讲求实际，很有头脑也很现实。具有很强的集中力、条理性和准确性。讲求实际、注重事实和有责任感。以做事有次序、有条理为乐，重视传统和忠诚。

2）根据测评适合的领域有教师、外科医生、药剂师、实验室技术人员、牙科医生、会计等。

ISTJ 类型的人经常投身于医药行业，对患者保持密切的关心，耐心地倾听他们的诉说，并给他们提供一些建议，制订出恰当的治疗计划，牙科需要更多的技巧，因此为 ISTJ 所喜爱，作为一名未来的牙科医生，选择与偏好一致更有利于发展。

（2）霍兰德职业倾向测试（图10-7）

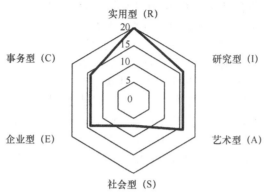

图 10-7　小羚的霍兰德职业倾向测试

1）职业倾向测试表明，小羚的职业倾向类型属于 RIA 型（表 10-17）。

表 10-17　小羚的 RAI 型职业倾向解析

职业倾向类型	特点	自我验证
实用型（R）	身体技能及机械协调能力较强，稳健、务实，喜欢从事规则明确的活动及技术性工作，甚至热衷于亲自动手创造新事物	动手能力强，曾获宁波市劳动和技能比赛一等奖。平时喜欢自己动手制作小物件改变生活环境
研究型（I）	理性、精确，求知欲、思维力强，倾向于通过思考、分析解决难题	理性思考，准确判断。积极参与科研项目，帮助导师与学长、学姐搜集整理资料
艺术型（A）	崇尚美、个性、创新、有激情，对具有创造、想象及自我表现空间的工作显示出明显偏好	喜爱欣赏艺术，对美的事物充满兴趣。曾经练习素描，大学选修了医学美学、音乐鉴赏等课程，文学细胞丰富

2）根据职业倾向测评小羚的职业倾向为实验室研究员，医师，化学、生物学等自然科学研究者等。

（3）他人评价（图10-8）

图 10-8　小羚的他人评价——360°评估

5. 自我认知小结　小羚喜欢有结构有条理的世界，是既现实又有明确目标的人，坚定、可靠、可信。综合来看，小羚完全符合口腔牙体牙髓医生的职业要求。具备客观条件的同时，在严肃考虑自己的主观意志之后，她确定自己乐于成为一名解决他人口腔疾病的口腔牙体牙髓医生，为更多因为牙齿功能损伤而痛苦的人们重现幸福微笑。同时，她成绩优异，学习能力强，学习态度端正，完全能够胜任将来的职业要求。在国际化的时代背景下，医学领域的不断发展要求与国际接轨，因而她格外注重自己的英语能力，曾经获得过全国大学生英语竞赛二等奖、三等奖。她良好的写作能力也有助于自己从事科研论文的写作、口腔知识的推广。但她身上同时也有一些不足之处，如有些固执，一旦决定的事情，会对其他的观点置之不理。若能多尝试吸收并创造新颖的方法，她就能做出更加合适的决策。世上没有完美的人，只有追求完美的成功者。她不完美，但她一直在追求完美的路上。她还不专业，总有一天会实现她的职业梦想，成为一名专业的口腔牙体牙髓医生！

（二）职业认知

1. 职业环境

（1）行业现状：20 世纪 50 年代以来，牙体牙髓病学无论在发病机制等理论研究方面，还是对治疗和预防方面都获得了很大的进展。龋齿与牙周疾病是人类最常见的口腔疾病。龋齿患病率高、分布广，是造成儿童与中年人牙齿丧失的主要原因。龋齿在很多国家，特别是曾经广泛流行的工业化国家，已成了稀有疾病，终生享有健康的牙齿已在很多国家逐渐实现。作为一个发展中国家，目前我国还存在着一定数量的缺医少药地区。即使是经济相对发达地区，牙齿敏感、牙龈肿痛出血、偶发牙痛却从未接受过口腔医生治疗者也不在少数，这说明口腔牙体牙髓学还有大量的工作需要去做。

（2）就业前景：口腔科医生可供选择就业领域宽，既可从事口腔科工作，也可私人开设诊所，或在美容院从事面部整容、美容等。口腔专业的毕业生只要不是对工作单位及条件要求过高，就业一般不成问题。工资薪水也颇为可观，一些大医院口腔科医生的月收入应在万元以上。

世界卫生组织（WHO）对牙医人口比例的建议值为 1：5000，而一些发达国家这一比例是 1：（2000～3000）。目前中国牙医人口比例为 1：7000，远低于 WHO 建议值和其他国家水平。这个现象在贫困地区更为严峻。我国现有口腔医生 20 多万人左右，而与此同时却有 20 亿颗龋齿待填充，近 90% 的成年人所患牙周疾病待医治。显而易见，我国口腔医生的数量远不能满足患者的需求。总的说来，我国牙病患者比例高，数量大，看牙病的人越来越多，口腔医生严重不足，因此口腔医学在我国还有相当广阔的发展空间。

（3）小羚一直关注温州、宁波市级医院口腔科的招聘情况，这些医院对于口腔医生的学历要求都为硕士研究生及以上，这就需要她考取硕士研究生甚至博士研究生。同时宁波市医疗资源不断提高，多家医院新建、扩招，需要大量医务人员，未来就业前景良好。

2. 家庭环境　小羚的父亲是一名人民警察，心怀公平正义，一直以极大的热忱投入工作，奉献一己之力，为他人排忧解难，作为一名公务员及基层干部，不贪图金钱、不损害他人利益、遏制不正之风是他人生的原则；她的母亲是一名高中教师，对待别人的孩子就像自己的孩子，对每一个学生耐心真心，对事严谨负责、待人宽容亲和是她的人生信条。如春雨润物细无声，正是因为他们渗透于生活之中的教育，让她一直保持优异的学习成绩、良好的人际关系、优秀的工作能力。他们对职业的使命感与崇高感深深渗透小羚的灵魂，鞭策着她义无反顾地选择成为一名医生，传承他们的奉献与责任意识。

3. 学校环境　小羚的母校是一所"以医为主"的浙江省省属高等院校，浙江省重点建设大学，现已成为浙江省医学人才培养的主要基地之一。学校现有三个学科的博士点及三十余门学科的硕士点，拥有 10 所附属医院，并在全国各地拥有 69 个教学、实习基地。学校校风优良，学风浓郁，是一个求学成长的好处所。

（三）职业决策

1. SWOT 分析　小羚的目标职业确定为专业的口腔牙体牙髓医生，接下来她将对自己的目标职业进行了 SWOT 分析，通过对优势、劣势、机会和威胁等加以综合评估与分析得出结论。

（1）优势+机会：她在性格，能力和职业兴趣上都有明显优势，而她的优势在外部机会的促进下会达到最优化。

（2）劣势+机会：她需要弥补性格上的缺陷，在一个良性竞争的机会环境中能修正自己，弥补自己的不足。

（3）优势+威胁：威胁是行业普遍面临的问题，而她的优势是自身独特的资源。她人际关系良好、动手能力及沟通能力强，非常适合口腔牙体牙髓这类操作型的医生。而威胁更是她前进的动力。

（4）劣势+威胁：个人劣势和外部威胁都不利于她的职业生涯，所以她在未来的职业发展中一定要想办法弥补她的劣势：性格上靠自我调节，专业技能上靠专业学习。为了更好地实现她的理想，她决定先考研，后申请推荐免试直接攻读博士，拿到博士文凭后再进入工作岗位。

（5）SWOT 分析小结：小羚在性格、能力和职业兴趣上都有明显优势，但同时需要弥补她性格上的缺陷，学会灵活处事，同时也需要进一步磨炼自己的性格，多虚心接受别人的意见和批评。对于自身能力与别的名牌大学毕业生有一定差距的问题，她需要在专业课上更加用心学习，在实习阶段多学多操作，并考取名校的硕士研究生甚至博士研究生，减少自己与他们的差距。

2. 职业生涯人物访谈

（1）就业前景：就业前景非常好，现在整个口腔医生非常缺乏，而牙体牙髓科受众极广，需求量非常大。

（2）浙江省内牙体牙髓科发展比较好的医院：浙江省口腔医院及温州医科大学附属口腔医院都是非常好的口腔专科医院。综合医院中的口腔科中浙江大学附属第一医院、温州医科大学附属第一医院相对较好。因为医学一旦脱离了高校就发展比较缓慢，高校的附属医院能把世界最先进的技术迅速吸收利用，相反没有研究做基础，对一个技术的理解和运用就没有那么深，只是学到了皮毛，只能是模仿。

（3）怎样取舍科研和临床：现在国家非常重视科研，这个确实非常重要，也非常辛苦。大部分人可能真的只能选择一方面，只做科研或者只做临床，有弊端但是也是有其存在的普遍价值。但是总有一部分人希望将科研与临床结合起来，因为科研的灵感来自临床的需要，科研的成果也要应用于临床，否则就没有意义。一个真正好的医生是需要有一定的学术基础的，了解这个行业的最新动态和发展来指导临床，还是需要这样的人来引领行业的发展。这个主要看个人选择。

（四）计划与路径

小羚的路径规划见图 10-9。

1. 职业预备期

（1）时间：18～23 岁。

（2）目标：取得口腔医学学士学位。

口腔牙体牙髓对专业技术的要求很高，要求医生耐心细致，技术能力强。因此小羚需要在大学五年的学习中掌握过硬的专业知识技能，并在学习之余不断提升自己的综合素质。

大二至大四阶段，以医学基础课程和口腔专业课程的学习为重心，保证每天的自习时间和质量，做到完全理解与熟练应用，保持每年都能获得奖学金。考取心理咨询师执照，有助于未来更好地与患者沟通。同时，准备考研英语。假期参加医院口腔科或牙科诊所的社会实践，学习基本临床操作技巧。

大五阶段：留在本校附属口腔医院实习，提高临床实际操作能力。

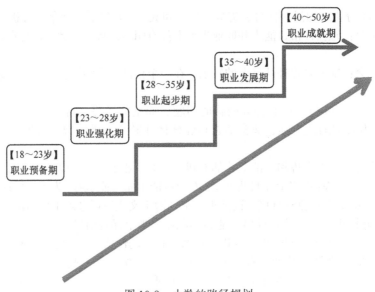

图 10-9 小羚的路径规划

2. 职业强化期

（1）时间：23～28 岁。

（2）目标：取得口腔牙体牙髓学博士学位。

小羚想进入宁波大型公立医院或口腔专科医院当一名口腔牙体牙髓医生，但现在医院对学历的要求越来越高，硕士研究生已经开始无法体现优势。因此她决定考研后申请推荐免试直接攻读博士，取得博士学位后再进入工作岗位。

她理想的读研学校是四川大学华西口腔医学院。2013 年暑假她代表学院参加《中国口腔医学信息》杂志学生编委会议，参观了该口腔医学院及该大学附属口腔医院。其实验室设备之完善、教师之权威严谨、学生之刻苦努力，附属口腔医院规模之大、设备之先进、就医环境之优良都让小羚深深折服。她当时尚处于大二，虽然成绩尚可，但离全国口腔医学圣殿距离尚遥远，因此她更要制订周密有效的计划。

考研阶段，大四开始全面备考。熟悉英语考研题型，复习考研英语，密切关注考研信息动态，确定考研学校及导师。大五第二、三轮专业课复习，报名考研冲刺班强化英语，突击时事政治、背诵整理好的复习笔记，随时关注考研信息，积极与导师联系。

读研阶段，积极跟随导师学习和实习，做好科研工作，在研二阶段争取硕博连读资格。

读博阶段，逐步积累工作经验，提升专业水平、科研能力和英语水平。

3. 职业起步期

（1）时间：28～35 岁。

（2）目标：进入工作岗位，在工作 1～7 年内完成职业起步发展。

职业起步期是从学习者到实践者的一个重大转折，能否学以致用，将专业知识转化为技术能力，将决定今后的职业发展前景。她需要尽快熟悉治疗流程，进一步丰富临床经验，争取在七年内晋升副主任医师（副高级），取得出国交流学习和进修的机会，使技术日臻完善。对待患者耐心细心，在患者中树立良好口碑，为日后发展奠定基础。

4. 职业发展期

（1）时间：35～40 岁。

（2）目标：积累丰富的临床经验，成为口腔牙体牙髓专家。

晋升主任医师（正高级），进一步提高自己的临床操作技巧，成为口腔牙体牙髓领域的专家。

获得较高的社会地位,拥有良好的专业口碑。总结自己的学术研究和临床技巧,为未来的口腔牙体牙髓医学培养更多的人才。同时致力于口腔保健知识宣传,努力改变国人口腔保健意识。

5. 职业成就期

（1）时间：40～50 岁。

（2）目标：培育英才,薪火相传。

为年轻的口腔牙体牙髓医生提供更多机会与指导,教授工作技巧,传授个人经验,为他们解答疑惑,培养新一代专业的口腔牙体牙髓医生,为我国的口腔医疗事业做出贡献。日后拥有更多空余时间,将加大对口腔保健知识的宣传力度。

（五）自我监控

1. 风险预测与应对

（1）考研之路注定艰难而极具风险,可能不能从过这座独木桥的千军万马中脱颖而出。因此小羚将从大四开始准备考研,珍惜一切复习的机会,时刻提升自己的专业知识和英语水平。而大五实习期繁忙的工作也会对备考造成影响,学校独特良好的学风、志同道合的同学都将对她的考研状态及情绪产生良好作用,因此她决定放弃回家乡实习的机会,争取留在当地实习。

（2）大型医院就业竞争激烈,因此她要努力提高自身竞争力。倘若不幸还是落选,她将降低要求,从小医院开始,在实践中成长与发展,最终达到进入大型医院的目标。

（3）医务领域知识更新快速,时刻面临淘汰风险。因此她要经常前往国外或者高校继续进修,学习牙体牙髓的最新技术,保持自身专业竞争力。

（4）如果无法适应医院里高强度的工作,或者产生厌倦心理,她将在工作五至十年、积累大量经验之后独立开设口腔诊所。

2. 目标管理与修正 如果无法顺利实现理想计划,她拟采取的备选方案如下。

（1）如果没有考上目标学校的研究生：争取考取本校研究生；重新复习第二年再考,边工作边再次复习准备考研；或者先工作,在工作岗位上寻求机会进修。

（2）如果没有争取到硕博连读的资格：取得硕士研究生学历后即进入工作岗位,工作一段时间后申请在职读博；毕业后取得硕士研究生学历后即进入工作岗位,在工作中多申请前往其他知名高校进修学习,不断提高自己的科研和临床操作能力。

3. 计划实施评估 综合评价个人自身素质、职业发展前景、行业环境之后来看,她的计划是现实可行的,她将实现自己的梦想,成为一个专业的牙体牙髓医生！

（六）结束语

一身白大褂,洁白无瑕；一颗赤子心,火红热忱。身为医科学子,我们经历日日夜夜埋头苦读,只为了将别人的痛苦降到最低；我们穿越层层叠叠复杂的肌肉黏膜,只为了直达病灶一击即中；我们徘徊于曲曲折折错综的神经血管,只为了探寻生命的历程与未来；我们忍受挑战极限血腥的解剖化验,只为了明了人如何存在……我们所做的每一分努力,都是为了那些将自己交给我们的患者少一分痛楚。怀抱着高标准严要求的攀登精神,付出百分之百的努力,再加上这份客观严谨的职业规划,小羚相信自己终将成为一个专业的牙体牙髓医生！它就像一个默默守卫大本营的卫兵,将可能造成巨大隐患的牙体牙髓和牙周疾病扼杀于初期。所谓"三分治疗,七分预防",她将加入口腔内科,致力于保持牙齿的健康完整,以内养外,帮助更多患者恢复牙体牙髓和牙周的健康,"髓"愈而心安！

导师评语及建议

这份职业规划分析了小羚同学自我的能力和特点,阐述了对未来目标职业的认知,并对如何实现目标进行了详尽的规划,是一份比较切实可行的职业规划。我补充几个建议,可以酌情考虑。

1. 小羚同学提到口腔医生"工作稳定而不辛苦是再好不过的",这其实是很大的误读。口腔医生,特别是牙体牙髓医生,临床工作非常辛苦,就是传说中上班时一口水都不愿多喝的那一种,因牙体牙髓学科特征,大量急诊疼痛的患者等待治疗,中途离开诊室去洗手间都会觉得有罪恶感。

2. 小羚同学还提及"本人成绩优异,学习能力强,学习态度端正,完全能够胜任将来的职业要求"。这些优点对于成为一名医生非常重要,但是还不足以成为一名优秀的牙体牙髓医生,最重要的就是有一颗能够体恤患者的爱心、同情心,同理心是一名优秀的医生最重要的特质。除此之外,相较于其他口腔专科医生,牙体牙髓医生还必须有百折不挠、不到终点不回头的韧性,否则是不可能走通那弯弯曲曲的根管之路的。

3. 小羚同学拟定了实现目标的详细过程,以及在实现过程中可能出现的挫折,如何进行调整,我觉得这是很好的规划,人生的道路并不总是一帆风顺的,顺境逆境我们都要学会适应。

4. 根据小羚同学的规划,未来既想成为一名优秀的医生又要做科研工作者,这是很好的目标。但是在本科学习阶段,就应该有所准备,开展一些科研工作,为未来打好基础。

5. 小羚同学还多次强调了口腔预防的工作至关重要,也表明希望在这方面做一些努力。但是,在专科医院,口腔预防的工作更多在预防科开展,与牙体牙髓科的工作内容和性质有不同之处。

二、牙之恢复,你我之愿,妙手仁心

小茹(化名)某大学口腔医学院 2017 级口腔医学专业

编者按

梦之缘起,随"遇"而安

曾经的牙膏广告词:牙好,胃口就好,身体倍儿棒,吃嘛嘛香!现今对很多人来说是一种奢望,选择口腔医学专业既是为家人排忧解难,也是从当今实际出发:当人们在热议"××自由",如车厘子自由,车厘子、奶茶如果不自由可以不吃,但牙不自由,你还非得去治疗不可。当今,牙病除了贵和痛以外,还有看不上牙的痛苦,难挂号、难就医等问题层出不穷,这与如今专业牙医资源不足有很大关系,这就是小茹选择成为一名牙医的初心。

梦想发酵,锱铢必较

八月份的学院职业实训,小茹提前体验到了作为口腔医生的日常,一切都进行得很顺利,但"幸福总是来得如此突然",在临近结束前两天,小茹感受到了她那不安分的牙神经在作怪,疼痛难忍、食欲缺乏、无精打采。浅龋齿、深龋齿、根管治疗、烤瓷冠,一步步发展,不仅人遭罪、钱还花不少。如果我们感受过嘴里有个电钻一直在钻腮帮子,太阳穴还跟着打节拍,扯着脑仁儿,痛到眼前发黑、无法思考、脸部僵硬……你也会觉得,人生没有什么苦痛不能忍受。同样,在经此一劫之后也想免受它的折磨,去攻克此领域、驯服它、征服它就成了小茹的追求。

(一)自我认知——知龋坏牙

了解自己可谓是择业的基础,明确自己适合什么,想要收获什么是选好未来方向的关键,如同及时检查了解龋坏牙。

1. 职业价值观 是一个人对各种职业价值的基本认识和基本态度,它表明了一个人通过工作所要追求的理想是什么,对一个人职业目标和择业动机起着决定性的作用。

2. 霍兰德职业倾向测试 将职业与兴趣做出了更为直接的关联,兴趣是人们活动的巨大动力,职业兴趣可以提高人们工作的积极性。当个体所从事的职业和他的职业兴趣类型匹配时,个体的潜在能力可以得到最彻底地发挥。作为一名口腔医生,由于职业的特殊性,更加需要小茹全身心地积极投入。

小茹的职业倾向类型属于 RAS 型,详见表 10-18。

表 10-18 小茹的 RAS 型职业倾向解析

职业倾向类型	特点	自我验证
实用型（R）	心灵手巧	喜欢刻橡皮章、组装小型宿舍用家具
	谨慎稳重	从事学院学生会办公室报销工作
		积极参加科研项目
艺术型（A）	乐于创新	参加校庆表演节目
	崇尚美感	爱好手工制作、手绘
社会型（S）	善于交往	担任班长，积极开展班级活动、
	踊跃实践	担任学生会办公室主任，报销学院活动发票、培养办公室副部干事
		积极参加学院学校志愿者活动，如微笑联盟
		暑期社会实践结对唇腭裂儿童、新青年下乡

3. MBTI 让每个人方便地了解自己与别人，促进人与人之间的坦诚沟通。小茹的性格类型为 ESTP（外向、感觉、思考、知觉）挑战者型（图 10-10）。

图 10-10 小茹的 MBTI

4. 360° 评估（表 10-19）

表 10-19 小茹的 360° 评估

	优点	缺点
自我评价	外向、独立、察言观色	不能做到时刻严谨，容易被别人情绪所困扰
家人评价	对待长辈尊重有礼，能独立处理好自己的事情	不够稳重
老师评价	乐观开朗，与同学相处融洽，办事认真负责	有时有点懒散
同学评价	学习认真刻苦，与人相处融洽，待人处事真诚热情	面对有些情况会比较固执己见，些许冲动
密友评价	大大咧咧，但懂得关心人，对待事情认真负责	执拗，偶尔小马虎

5. 自我认知小结

（1）她的梦想：牙体牙髓科医生，希望为家人解决牙病和为社会做出贡献。

（2）她的兴趣：倾向于社交型类工作，而她的梦想则是她认为的最好选择。

（3）她的个性：健谈热忱帮助她与患者交流，对他人情绪敏感，富有同情心，能关心体会到他人需求，喜欢和睦，会尽量避免冲突，愿意学习，竭力追求未知领域知识。

（4）她的能力：良好的技术能力与职业素养使她全面发展，帮助她结合兴趣，实现梦想。

（5）扬长避短——三步走

1）自信稳重：要对自己有信心，不要把自卑变成一种习惯，遇事都是畏畏缩缩的。每个人都是一个独立的个体，必定都有其闪光点。

2）发掘自我：要学会发现自我闪光点，将一个小点努力放大，做到极致。成为一个拥有一技之长并能充分利用的人。

3）主动追求：机会总是需要自己去争取的，要学会主动出击，不能坐以待毙。在机会来临之前做好准备，只要不是一无所知，都应该去尝试。

（二）职业认知——术前分析

了解自身所处环境，目前口腔行业的现状、未来发展趋势；明白社会需要什么样的人才，有助于明确发展方向，直击现状，针对未来。如同根据患者主诉、病史、临床检查及 X 线检查等制订根管治疗计划，并向患者详细阐述各方面的治疗方案。

1. 职业认识

（1）工作内容：①大面积牙体缺损的美容修复，临床上，由龋齿、外伤、釉质发育不全、四环素牙、氟斑牙、磨损等原因引起的大面积牙体缺损。②一次性无痛根管治疗；使用镍钛三维根管预备和热牙胶三维根管充填。③钙化根管治疗，超声技术应用于根管治疗，显微根尖外科手术等。

（2）工作环境：场所干净宽敞、安全整洁，治疗规矩有序，医生间及医患相处氛围轻松和谐。科室医生护士工作严谨经验丰富、富有责任心，且配备有国内外先进仪器设备。

2. 家庭环境　由于普及程度的缺乏，对牙齿小问题的不重视，家里人牙齿多多少少都有些问题，小到龋齿，大到牙周炎不等。小茹希望学有所成后能便利家人，为他们解决困扰，还他们一口健康美丽的牙齿。而家人对于她的选择向来不加干涉，支持独立自主。对于她选择口腔专业也是百分百赞同，相对较轻松的工作而且看起来体面、受人尊敬，更加坚定了他们的想法。无论她将来就业是关于口腔哪一方面，家人都是小茹强有力的后盾，一直陪伴在身旁。

3. 学校环境　小茹的母校是一所"以医为主"的浙江省省属高等院校、省重点建设大学，现已成为省医学人才培养的主要基地之一，该校的口腔医学是省普通高校"十三五"优势专业，所在口腔医学院是一所集医疗、教学、科研于一身的省口腔医学高等教育基地。口腔医学院教学设施先进，其中综合实验室全部选用目前世界上最先进的德国产 KAVO 教学用仿真头模系统主体、多媒体教学系统和教学评估系统，实验教学分小组进行，每个学生使用一套先进设备，采取"一对一"精英式教育方式，硬件设施达到国内一流水平。学院历年毕业生全国口腔执业医师通过率远高于国家平均水平，位居全国前十名。毕业生去向：综合性医院口腔科、口腔专科医院、医疗保健机构、继续攻读研究生。

4. 就业环境　据调查显示中国口腔医疗机构大约有 10 万所，其中诊所约占 88%，综合医院（口腔科）约占 11%，口腔专科医院等约占 1%，中国口腔市场的容量非常大。

（1）从需求来看：我国口腔医疗市场正在快速发展，就医的患者人数逐年增加，潜在需求旺盛，尤其是中老年人牙体牙髓需求广阔，市场有望搭乘人口老龄化趋势的快车进入高速增长的区间。

（2）从供给上看：口腔医生是口腔医疗领域最核心资源，中国 100 名左右的每百万人口牙医数量，导致其牙医覆盖率远低于其他国家（欧美等发达国家则是 500～1000 名），供给相对不足。口腔医生未满足大量医疗需求的现状为口腔行业提供爆发基础。

5. 行业环境

（1）口腔医疗市场步入黄金时代：我国口腔医疗市场快速增长，潜在需求被逐渐激发，行业发展已步入了黄金时代。国家卫生健康委员会数据显示，2008年口腔医疗市场规模刚到200亿元，而2017年逼近千亿，十年间复合增长率高达18%。根据近些年的行业表现，推测口腔医疗市场仍呈现较大幅度的增长态势。

（2）口腔医疗行业融资逐年上升：2015年是口腔医疗市场资本化的分水岭，在此之前仅有2个口腔医疗项目获得融资，此后在市场利润率驱使之下，资本入场意愿迅速提升，融资逐年增加，仅2018年获得融资的项目有15家。

（3）各年龄段龋病率上升：据第四次全国口腔健康流行病学调查结果数据显示，在我国有高达97%的成年人正在遭受口腔问题的困扰，其中，我国35～44岁居民牙石检出率为96.7%，牙龈出血率为87.4%。此外，还有牙齿敏感、口气、牙渍、牙菌斑、龋齿等一系列问题，共同构成了我国公众最常面临的七大口腔问题。

（三）职业决策——根管预备

职业定位：通过多方途径了解目标职业的工作内容，了解自己具有怎样的优势、劣势、机会与威胁。

确定龋齿清理根管：对目标龋齿治疗进行分析后，选择治疗方法，进行去除细菌和坏死牙髓。

1. SWOT分析（表10-20）

表10-20 小茹的目标执业SWOT分析

	对达成目标有帮助的	对达成目标有害的
自我（internal，可变）	优势（strengths） 专业对口 对牙体牙髓科行业充满热情 专业成绩优异，动手能力强 拥有着较好的沟通能力 已通过大学英语四级、六级考试 正在学习英语口语中 性格坚韧，能追求自己的目标并为此付诸实际行动	劣势（weaknesses） 本科院校不是"211""985"等名牌大学 各方面综合能力有待进一步精进 对于牙体牙髓科还不太了解与接触 自己眼界过于狭窄 没有拿到硕士学位，目前的竞争优势还不明显 性格过于跳脱、没有定力
外部（external，固定）	机会（opportunities） 市场行情好，口腔医生需求大 学校能为我们提供一个很好的平台 人们生活水平提高，对于口腔方面的重视增加 家人、朋友们的全力支持	威胁（threats） 对于一个医学生学业上的高要求 口腔方面知识的尚未完全普及 医院等对于医生的学历要求越来越高 正是由于口腔的前景好，竞争的压力剧增 当今医疗行业日新月异，我们要努力提升自我不被淘汰

2. 职业生涯人物访谈 通过对研究生和口腔医生的访谈加深对口腔医生这一职业的认识。

（1）考研准备时间与内容：考研可以从大四就开始准备，考研主要是考英语、政治和口腔专业知识。

（2）临床型研究和科研型研究之间的主要区别：临床型的研究生在于培养临床思维能力，科研型注重基础研究。

（3）现在从事口腔医生工作者一般需要的学历：一般都是在硕士研究生以上。现代医疗技术更新迭代迅速，从事医疗行业需要终身学习。

3. 职业认知小结 通过对小茹在这一职业的SWOT分析，从而根据研究结果制订相应的发展战略、计划及对策等。从实际出发，认识到自身需要从哪些方面去努力弥补、奋力追赶。

无论是自我分析还是访谈，都可以得出这样的结论：适者生存、不适者淘汰。而大学这个黄金时期，则是最好的学习阶段，如海绵般不断汲取知识。要全面学习、终身学习，让能力撑得起自己的欲望。

（四）计划与路径——根管填充

一个有目标，有追求的人生必须有合理的规划，通过不断提升、充实自我，把握前进的方向将命运掌握在自己手中。

如同用专门的材料充填根管，保证其长期处于无菌状态。做到根管充填致密，根管充填后 X线片上无根管腔隙。

小茹的路径规划见图 10-11。

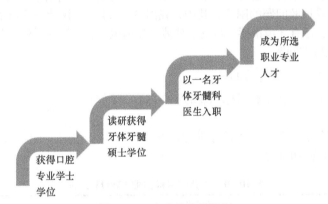

图 10-11 小茹的路径规划

1. 第一阶段 厚积薄发（本科生阶段）。总目标：考取口腔牙体牙髓研究生。

（1）大一：大一是一个发掘自我的阶段。大学是一个非常多元化的平台，初到这里，除了静心学习，广泛参与活动，继而探索自己的兴趣爱好也是必不可少的。另外，参加多样的活动也有利于扩大交际面，结交属于自己的朋友圈、交际圈。

目标：通过大学英语四级、六级考试；通过计算机二级考试；积极参加社团活动；做好所任职务本职工作；养成看书阅读的习惯；接触科研；拿奖学金。

（2）大二：用更多时间精力专注于学习，同时兼顾班级工作，担任班长和留任学生会办公室。坚持英语的学习，锻炼听说能力，学习口腔专业名词，为将来考研复试。提前开始准备，了解与口腔专业相关的访学机会。尽量参加科研、创新项目。

目标：学好专业知识；高水平掌握小技能；获得一些含金量较高的证书；参加科研任务；保持多方面阅读和运动的习惯；尝试培养一门兴趣爱好等。

（3）大三：继续担任班长，离任学生会办公室干部，总结工作收获。沉心学习专业知识，继续科研。争取临床实践学习机会。

目标：了解自己将来选择口腔科室的知识；准备考研；继续学习英语；假期在医院实习；专业成绩保持优秀。

（4）大四：关注就业，准备考研，收集考研资料，积极复习备考。

（5）大五：备战考研（理想院校——某大学研究生或其他口腔专业优秀的学校），研究生方向选择牙体牙髓科，坚持初衷。

2. 第二阶段 潜心深造（研究生阶段）。

（1）研究生第一年：做好科研工作，拓展思维，积极阅读文献资料，写论文。开始三年规培。

（2）研究生第二年：确定好科研工作的具体方向，提升英语水平，发表论文，争取对外交流的机会。

（3）研究生第三年：了解各大医院的信息，为毕业后的求职做准备。确定发展方向，参加招聘会。准备毕业论文答辩。

3. 第三阶段 胸有成竹（研究生毕业以后）。以牙体牙髓医生入职口腔医院或三甲综合公立医院住院医师，工作期间努力钻研科研，为升职称打下基础。争取在五年内成为主治医生，再过十年成为主任医师。同时平衡工作和生活也是未来的一个关键点，协调好人际关系，和同事建立良好的合作共进关系。完善业务，打造个人和医院的良好口碑。

（五）自我监控——戴烤瓷冠

社会可谓瞬息万变，计划中要有变化，因此必须做好风险预测，并且设计出一个合理的备选方案。

1. 天有不测风云，要有应付对策（表 10-21）

表 10-21 小茹的不测与对策

不测	对策
未能找到理想工作	灵活应变，要么边工作边学习，或选择进修后再工作
初期职业环境不适应	调整自己，适应环境，全身心的契合是要经过一些尝试与个性的磨合才可以实现的
工作一段时间后热情减少	坚守初心，钻研新的技术，在工作之中找到成就感和重获动力
工作一段时间后身体不适	如口腔医生常见的颈椎病，要谨记在工作之余也不忘锻炼，身体是革命的本钱
工作后陪伴家人朋友少	要晓之以理，动之以情地让他们理解医生的工作，无后顾之忧。另外在空闲时尽量弥补

2. Plan B 对于所选职业发展趋势和人才素质要求有了客观的了解，在此基础上根据自身条件和对社会情况的分析制订出具有可行性、现实性的追求目标路径。但调整对策后还不能实现目标时，也要用理性面对一切。因此，设计好自己的备选方案是有必要的（图 10-12）。

没有成为研究生

- 先争取进入口腔医院工作后再考研
- 若没有获得工作，则直接再次考研

没有成为目标学校研究生

- 就读于所考上大学研究生
- 非常不满意则再备考一年

无法选择牙体牙髓科

- 选择进修牙体牙髓
- 选择其他科室

图 10-12 小茹的 Plan B

（六）结束语

规划是对未来的计划，但计划总有变化，要因时而异，随周围一切的变化而变化；但总不变的是积极向前。

路漫漫其修远兮，吾将上下而求索。也许，途中会经过荆棘满地曲折的道路，会经过汗水、泪水汇聚的江河，若要获得成功，必须拿出勇气，付出努力、拼搏、奋斗，用满腔的热情去实现最初的理想。

导师评语及建议

本文开篇说明了小茹同学选择牙体牙髓医生作为未来职业的原因，结合霍兰德职业倾向测试和 MBTI，预设了自己未来职业选择的正确性。各阶段目标明确，每一学年都有相应的需要达成的任务。对毕业后阶段也做了一定的风险预测，考虑到了若是未能成功考研或是就业失败的情况该如何处理。整个职业规划层次清晰，内容全面，对牙体牙髓科的工作内容和就业环境有一定认知，但还不够深入，对发展路径的选择有一定的思考，但成熟度还略有欠缺。希望未来做好吃苦耐劳的准备。

第五节 口腔颌面

一、这是一场征途

小峥（化名）某大学口腔医学院 2013 级口腔医学专业

编者按

一个健康的宝宝是任何一个家庭所渴望的，但是意外却如同恶魔般无处不在！在暑期社会实践中，小峥同学看到了他这一生最难忘记的一幕——结对家庭的家长抱着唇腭裂患儿在医院焦急地等待，那一双双渴望的眼睛，那一张张稚嫩而又紧张的脸蛋。本是最天真无邪、充满欢笑的年纪却因为一点点缺陷而自卑、消沉。

他从来都没想过身边会有这么多可怜的孩子，当时的小峥沉默了。但当他去找病例时，才知道这只是所有唇腭裂孩子中的一小部分。当时的自己又能做些什么呢，他茫然不知。如果他将来成为口腔外科医师，就能真正地帮到他们，就不会心有余而力不足，眼前的他们也不会那么无助！

暑期社会实践后，那颗梦想的种子在小峥心中悄然种下，生根发芽……

愿持口外之花，予己所能及之。

小峥曾荣获校级急救大赛的急救标兵，院级演讲比赛二等奖、人物访谈竞赛三等奖，曾担任过班级宣传委员及宣传部干事、院志愿者服务社干事、校权益部干事，参加过多次校院组织的志愿服务活动、社会暑期实践及职业实训等活动。

他的理想职业定位是口腔外科医师。

有你有我，梦想之始！

（一）自我认知

职业规划的第一步是知己，从而坚定目标。古人曾说，以铜为镜可以正衣冠，以古为镜可以知兴替，以人为镜可以明得失。在高速发展的时代，更是要了解自己，明白自己想要的，并为之奋斗。小峥是一个典型的射手座，乐观开朗，善于交朋结友。

小峥的 360° 评估见表 10-22。

表 10-22 小峥的 360° 评估

	优点	缺点
自我评价	有思想，为人热情	有点固执
家人评价	乖巧、纯真、敬老	有时候懒散
老师评价	有上进心，做事认真，和同学相处融洽	有点腼腆，有时候表现得不自信
同学评价	幽默、好相处、好说话	有时候有点笨笨的，呆呆的
亲密朋友评价	够义气、直爽、幽默、有感染力、霸气	有时候一根筋，不知道变通
其他社会关系评价	乐观开朗，是真汉子	有点性急

1. 性格 小峥选择了三个词做自我总结：创意、活力和冒险精神。其 MBTI 见图 10-13。

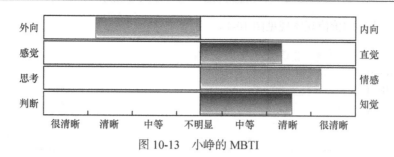

图 10-13 小峥的 MBTI

小峥对周围的人和事物观察得相当透彻,对抽象事物的内在联系观察敏锐。他热情友善,珍视他人的肯定,也乐于助人和称赞他人;有丰富的想象力,善于创新。

生活中的他重视个人价值,崇尚理想;爱好广泛,喜欢置身于人群当中,言语幽默,善于用话语抓住注意力。

通过参加各种类型活动的志愿者,他可以获得帮助他人的成就感,也可以让自己的心智变得更加的坚韧。他先后五次参与医疗服务队,随学院的医疗大巴下乡义诊,发扬了以乐于助人为己任的精神,帮助当地居民免费检查口腔问题,为他们普及口腔知识,让他们更好地保持口腔卫生,重视口腔健康;他还参加了"微笑工程"和"乐伢派"为唇腭裂孩子们带去快乐,为他们制作小玩意,举行爱心义卖,给他们的家庭送去一点帮助和最真挚的关心。

通过做兼职,他尝试各种不同的角色转换,让自己更好地适应生活,体会做事的辛苦,明白一切都是来之不易,珍惜现在拥有,让青春不单调;在健身房锻炼的经历让他明白,身体是革命的本钱,好的体格可以更好地展现一个人的精气神,让自己保持在一个良好的状态;在课余时间,他还参加了街舞团和散打班,一周一次的学习,让他倍加珍惜。

征途遥远,踏浪而行。

2. 技能

(1)服务他人:积极主动地给他人帮助和服务。

(2)口头表达:有效地口头传达信息或观点。

(3)人际适应:根据他人的表现,来调整自己的言行。

(4)团队协作:遇到分歧时,召集相关人员,商量解决方法,达成共识。

(5)系统评估:参照系统目标,确定改善或校正系统性能的方法或指标。

征途遥远,扬长补短。

3. 兴趣 小峥的霍兰德职业倾向测试为 SRA 型,详见图 10-14。

(1)社会型:大学期间小峥参加过演讲比赛、急救大赛,喜欢参加部门组织的素质拓展活动。在学院举办的"青春有梦医大筑"演讲比赛中,荣获二等奖。通过比赛锻炼了自己的能力,让他能更自信地站在大家面前,完整地表达自己的想法。在急救知识技能大赛中,荣获"急救标兵",小峥团队的所有成员也都顺利通过急救训练,拿到了救护员证。

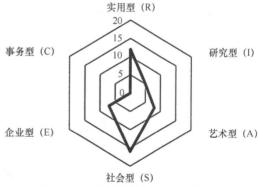

图 10-14 小峥的霍兰德职业倾向测试

(2)实用型:小峥同学热爱运动,虽然并不精通,一般的运动都比较擅长,小学喜欢打乒乓球,中学爱打篮球,大学又迷上了羽毛球。运动有利于身体健康,身体是革命的本钱,只有保持健康的体魄,才能在自己热爱的岗位上充分发挥能力,为更多的人服务。

(3)艺术型:小峥喜欢街舞并且目前仍然在学习,对画画也有极大兴趣,业余会随手画几笔。

征途遥远,我爱我行。

4. 价值观 小峥的价值观体现见图 10-15。

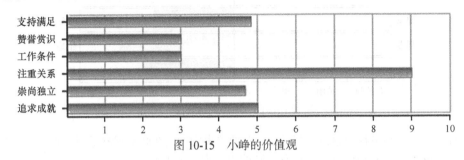

图 10-15 小峥的价值观

小峥最突出的职业价值观是注重关系、追求成就。

（1）重视关系：他渴望与不同团体、层次、领域的人沟通交流，并以团队协作、合作共赢的方式进行工作。

（2）追求成就：他希望自己的职业能够比较充分地展示自己的独特之处，提供自我提升与发展的空间与机会，并能通过自己的努力付出，得到应有的成果。

征途遥远，载誉而行。

5. 总结 综合各个方面的因素——他乐于助人，是社会的艺术家。他可以自信地告诉自己：我适合做一个医生，一个为人们带来幸福与好运的口腔医师。

（二）职业认知

兵法有云：欲胜敌，必先知其所能，观其动向，后谋而动之，方可扬己之长，避敌锋芒！

1. 家庭环境 小峥的家人认为，口腔医学是一个很有前景的专业，做医生能够益人利己，是个不错的选择。他的父亲曾说："一个人活着最大的证明，是成为一个对周围人有帮助的人，能让他们在困难时想到你，而医生是能给所有人帮助的人。希望你成为一位好医生！"

2. 学校环境 学校是一个培能育才的地方。小峥同学的母校更是如此！这里有教学有道的老师，有先进的教学设备，还有热情而又有才的同学。在这里，他结识了一帮志同道合的朋友，见识了医学的神奇，体验到了各种生活方式，增长了各方面的知识。

3. 社会环境 在发达国家，口腔保健事业发展较为完善和健全，口腔医生与总人口的比例是1：（1000～2000），而在中国，平均一位口腔医生需要服务 2 万～3 万人，即使在首都北京，也是七八千人中才拥有一位口腔医生，按照发达国家的配比来计算的话，北京的口腔医生人才缺口高达30 万～50 万。而在口腔医学领域中，口腔外科又因其工作最辛苦、涉及领域最广而导致从事这个工作的人数不多。可以说中国口腔就业领域简直是人才难得，更不用说是口腔外科医生了！

俗话说，时势造英雄。在这个口腔人才稀缺的时代，小峥——一颗新生代的"小牙齿"应运而生，努力成长，发展自我，总有一天他会成为口腔人的后浪。

（三）职业决策

为了进一步确定自己的职业方向，小峥积极参加学院暑期职业实训项目，并分别对附属口腔医院两位医生（口腔内科、口腔外科）进行了职业访谈。

1. 暑期职业实训 实践出真知，有实践才能真正了解到口腔医院和医生的工作。两个月的口腔分诊工作，让他清楚地了解口腔医生们的分工，也深切感觉到医生这份职业任重而道远。

通过这次实训，他明白了作为一名医生，应具备的不仅仅要有一颗爱人的心，还要有极强的耐力及良好的口才。

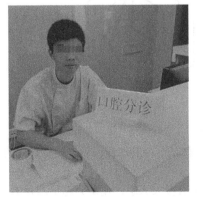

图 10-16 小峥暑期职业实训的工作环境

图 10-16 为小峥暑假职业实训的工作环境。

2. 职业生涯人物访谈

（1）与余医生的访谈

访谈时间：2014 年 8 月 27 日。

访谈地点：某大学附属口腔医院。

访谈人物：余医生（口腔内科医生）。

访谈内容。

小峥：余老师，您好！请问您主要从事哪些工作、擅长哪些口腔医疗服务？

余医生：我主要从事口腔内科临床、教学、科研工作。临床上口腔内科分为牙体牙髓科、口腔黏膜科和牙周科，我比较擅长牙体牙髓和口腔黏膜专业。

小峥：您在工作中有碰到印象深刻的困难吗？您是怎样处理的？

余医生：人人都会碰到困难，这是毋庸置疑的！最让我印象深刻的困难便是对口腔黏膜病的治疗。现在医疗技术越来越先进，但是依旧有很多疾病无法根治，只能达到减缓发病速率的效果，许多口腔黏膜疾病也包括在其中。一个口腔黏膜病患者服用治疗药物以后未见好转，我询问后发现他晚上一两点钟才睡觉，鉴于这种情况我建议他先去神经科解决失眠的问题。现代社会是个快节奏的社会，一种疾病的发生可能是由很多原因造成的，这也导致这类病反复发作。作为一名医生，我只能尽己所能舒缓患者的情绪，对症下药，希望患者早日康复。

小峥：请问口腔外科的日常工作量多吗，一般治愈一个患者需要多久？

余医生：日常的工作量是很大的，有时候一个医生一天有十几个患者。治愈患者需要的时间要按他的病情来定，一般的牙齿修复大概一个患者就需要至少半个小时，而且一般要持续几个疗程。

小峥：您喜欢现在的工作吗？

余医生：李嘉诚曾经说过一句话：无论做什么工作都会有厌烦的时候。所以我认为最重要的不是在于你喜不喜欢自己的工作。目前我已经习惯了这份工作。凭兴趣工作是人生最幸福的事情，但是如果你一直重复一件事总会有厌烦的时候。所以我认为，你在做你的工作时要认同你自己，也许有时会觉得有点烦闷但也要坚持、要从中寻找乐趣。

（2）与孙医生的访谈

访谈时间：2014 年 8 月 28 日。

访谈地点：某大学附属口腔医院。

访谈人物：孙医生（口腔外科医生）。

访谈内容。

小峥：孙医生，您好。请问您目前主要从事哪方面的工作？

孙医生：我主要从事口腔外科的临床、教学和科研工作。

小峥：：请问您平常的工作量大吗？

孙医生：目前口腔外科人员结构较为缺乏，相对其他临床科室我们的工作量要大一些。平时除了临床，还有科研和教学任务，所以工作压力比较大。

小峥：请问选择贵院的口腔外科就业是否比其他临床科室成功率更高？口腔外科一般需要怎样的学历层次呢？

孙医生：因为口腔外科相比其他临床科室的工作压力要大，所以入职成功率会要高。我院从事颌面部口腔外科一般要求硕士学位。

小峥：临床上的治愈难度比较，外科和内科哪个可能更高些？

孙医生：主要从学科性质来看，一般外科治愈难度会高些，如一些不明原因的肿块或者说一些恶性肿瘤。外科医生完成手术后，会估算该患者的术后存活时间。单纯从手术效果上看可能存活期5 年；受其他因素影响，如患者原有的身体质及精神压力等影响也可能存活期只有 3 年。可见，外科相对于内科来说碰到疑难杂症要多，治愈难度也相对较大。

总结：通过对两位医生的访谈，小峥同学更倾向于成为一个口腔颌面外科医生，虽然在一定程度上要比其他科室医生要辛苦但是它符合小峥的性格。口腔外科医生需要创造性的思维，同样也需要良好的交流沟通能力，更重要的是他成为口腔外科医生后，可以给唇腭裂的孩子们最大的帮助。

（四）计划与路径

1. 第一步（本科至研究生阶段） 对于考研学校的选取，小峥有两个想法：一是考回家乡，进入某大学的口腔医学院；二是考入本校，继续在本校的口腔医学院进修。小峥对本科至研究生阶段的规划见图 10-17。

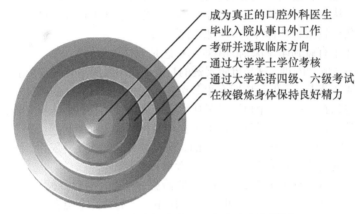

成为真正的口腔外科医生
毕业入院从事口外工作
考研并选取临床方向
通过大学学士学位考核
通过大学英语四级、六级考试
在校锻炼身体保持良好精力

图 10-17 小峥的本科至研究生阶段的规划

2. 第二步（研究生毕业后的十年）（图 10-18，表 10-23）

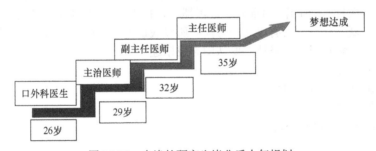

梦想达成
主任医师
副主任医师 35岁
主治医师 32岁
口外科医生 29岁
26岁

图 10-18 小峥的研究生毕业后十年规划

表 10-23 小峥的本科阶段至主任医生的详细规划

时间	致力方向	目的	具体目标
2013～2014 年	各个领域，如学生活动、部门工作、兼职生活等	广泛认知大学生活，体验各色各样的生活，认识更多的人	完成自我认知，明白自己所想所求，何长何短
2014～2015 年	兴趣发展，英语学习	发扬自己的长处，弥补自己的短处，结识同兴趣的爱好者；学好英语，力求词汇积累海量，通过大学英语四级、六级考试	强化自己的交流方面的能力，锻炼自己的学生工作能力，成为某部门的部长或副部长；每天记忆 20 个单词，1 篇阅读
2015～2018 年	学习	全心致力于学习，为考研做准备	掌握各学科的医学专业知识，完成对已学知识的融合与运用
2018～2021 年	科研与临床实践	在实践和研究中让自己快速成长	成功完成科研学习任务，并进入一家口腔医院工作，并通过医生的三年规培
2021～2024 年	人际关系	处理好与同事和领导的关系	在单位中拥有几个支持者，和同事及领导的关系融洽
2024～2030 年	科研、业绩、口碑	为晋级主任医师做准备	晋级为主任医师

（五）自我监控

俗语有云，天有不测风云。任何事情都不是必然的，因此 A 计划之后应当准备 B 计划（表 10-24，图 10-19）。

表 10-24 小峥的不理想情况及调整措施

不理想的情况	调整
学习成绩不佳	停下不必要的事情，专心致力于学习，力求把学习追上
生活和工作上拖延	找一个朋友监督自己，与他组成学习搭档，一起学习，一起努力
对于活动与竞赛有厌倦感	放慢自己的脚步，出去走走，看看外面的世界，放松自己

在成为主治医师后辞职，自己开私人诊所

因为各种原因，在29岁没当上主治医师，继续加油

在选取科研型和临床型时，选取了科研型

考研因某些因素，考取到了并不在计划中的学校

图 10-19 小峥的计划偏离的几种可能性

无论是原计划还是调整后的计划都要坚持几个基本要点：

1. 关键词一：坚持

（1）坚持自我的原则：小峥的原则是与人为善，待己严格，待人宽厚，不谋私利，助人为乐。因此，要坚守原则，不为外物而改变，也不要将负面情绪带给别人，乐观生活。

（2）坚持自我的提升：只要功夫深，铁杵磨成针。一直坚持对自己的训练，才能看到成效，浅尝辄止是不可能有大进步的。在精神松懈的时候，默默地在心里告诉自己只要再坚持一天就能成功，不能放弃。

无论前路怎样坎坷，小峥都要坚持下去，征途不可停！

2. 关键词二：把握节奏

（1）把握学习的节奏：心急吃不了热豆腐，学习是一件急不得的事，要慢慢来。只要耐心地学习，一点点积累，再经过一定的酝酿才能真正品尝到它的香醇。

（2）把握学生活动的节奏：在大学，大大小小的活动可以说是数不胜数，参加多了耽误时间，参加少了又缺乏经历，那么使它们保持一个度是很重要的。要适度参加活动，多参加有益于自己的活动，少参加占时间长又没有提升的活动。

（3）把握娱乐的节奏：劳逸结合有益于身心健康，一味地执着于学习与学生活动容易让自己产生疲惫感。而偶尔的放松会让事后的自己拥有更好的效率和创意。

3. 总结 无论前路多么坎坷不平，小峥都要坚持自己，朝梦想前进！

（六）结束语

一个年轻人就应该为自己设立一个目标并为之奋斗，如果他只是像安享晚年的老人一样无为而过，那他的青春又有什么意义！是的，作为一名正处于最美好时光里的青年人，我们要珍惜现在，活在当下，仰望未来。但空有目标而没有计划，就像是在大海航行，容易迷失方向，到达彼岸的希望渺茫。因此，这篇规划将作为小峥的指南针为他指引方向，带他驶向目的地。

我的未来不是梦，我的人生我做主！生命不息、奋斗不止！我们相信，小峥同学必将把握住命运的脉搏，努力实现自己的职业理想和人生梦想。

导师评语及建议

小峥同学通过医院社会实践，了解了一名口腔医生的自身价值，将成为一名口腔医生作为人生目标，在自我认知方面，对自我分析充分，从性格、技能、兴趣和价值观进行深入的自我剖析。口腔外科要求医生能吃苦耐劳而又胆大心细，思维缜密，不知其是否对口腔颌面外科的学科特色有所了解，在自我认知方面是否具有优势，这些特点对其人生规划——做一位口腔外科医生有所帮助。对未来规划方面，通过人物访谈进一步确立人生方向，并分为A、B两个计划进行，同时清晰地分析了自我不足及优势，对未来规划了美好的前景。但从一位临床实习医生到主任医师和教授，需要更长的时间和经验积累，一般每个阶段需要5年的临床工作，要突破常规就要付出更多的艰辛与努力，需要有国际化的视野和更专业的理论知识，更需要在相关专业领域有所突破，这方面的规划是远远不够的，梦想的坚持和实现十分重要，需要我们努力和奋斗，建议多与临床上的医生交流，增加与患者接触的机会，进一步增加理论知识，通过见习实习，理论结合实际，完善自己梦想的蓝图。一名优秀的手术医生，前期应对自己的思维能力、辩证能力及演讲能力进行训练和提高，不知小峥同学如何规划？

二、面部魔术师

小仪（化名）某大学口腔医学院2017级口腔医学专业

编者按

现今的颜值社会赋予美者以特权，而在容貌上先天不足或后天缺陷的人，想从丑小鸭变成白天鹅，可以借助这样一种魔法——面部整容。然而，面部整容并不是动动手指就可以轻松捏脸，这需要口腔颌面外科医生具备精湛的技术。这个职业，既迎合时代诉求，又富有挑战性，自然成为小仪的理想之选。

（一）自我认知·荧光闪烁

MBTI分析表明，小仪的性格类型是专家型（INTJ）——追求能力与独立。INTJ型的性格特征为内向、直觉、思考、判断（图10-20）。

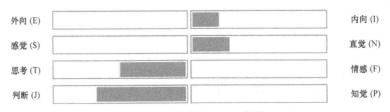

图10-20　小仪的MBTI性格

适合的领域：科研、科技应用、技术咨询、金融投资、创造性行业。

小仪的抽象思维能力较强，善于从整体上把握事物，这对学习医学知识有一定帮助；乐于接受建设性意见，这有益于医生之间的交流与协作；有时会为自己设定过高标准，在人际交往上可能比较迟钝；但朋友和同学对小仪的一致印象是考虑问题理智清晰，这有利于对手术突发状况做出正确判断。

尽管自小就被形容为文静内向，但进入大学后，小仪渐渐认识到沟通交流和展示自我的重要性。她深知动手能力弱是娇生惯养的独生子女的通病，平时还通过刻橡皮章、缝衣服、绣十字绣等活动锻炼手工。

INTJ 型的人是完美主义者，这种气质的负面影响是太过专注于事事做好，可能反而妨碍生活。她应该明白工作最终是为了更好地生活，学会抓主放次。

人的性格是复杂而多元化的整体，不能以某几个特质一言以蔽之。因此，小仪还进行了卡特尔十六种个性因素测试，即 16PF-人格测试（图 10-21）。

乐群性	5	怀疑性	5	兴奋性	5	实验性	3
聪慧性	7	幻想性	6	有恒性	5	独立性	1
稳定性	5	世故性	4	敢为性	3	自律性	1
特强性	4	忧虑性	6	敏感性	6	紧张性	5

图 10-21 小仪的卡特尔十六种个性因素测试

1. 她的个性 小仪同学在适应与焦虑型、怯懦与果断型、感情用事与安详机警型三种根源特质上的得分为高分，这表明她具有如下特点。

（1）通常易于激动、焦虑，对自己的环境常常感到不满意，适度焦虑有益于更卓越的工作表现，但高度焦虑会降低工作的效率、影响身体健康。

（2）安详警觉，通常果断刚毅，有进取精神，但有时会过分现实，忽视生活情趣。

（3）独立果断、锋芒毕露，通常主动寻找可以施展自己所长的环境或机会，以充分表现自己的独创能力。

诚然，小仪有时会过度苛求自己，敏感并在意他人看法，容易焦虑、缺乏自信，但精益求精的特质会鞭策她不断拓展能力界限，不在大学生活中得过且过，积极参加校人体科普馆的讲解工作，接待国内外领导来宾，投身英语阅读、写作、演讲竞赛，不断发挥其特长。

综上所述，小仪性格平和沉静，喜欢独处胜于社交，做事有条理，与人为善，积极处事应对挑战，对未知事物有孜孜以求的好奇与耐心。

2. 她的魔法 强大的魔法需要魔术师的清晰思维、娴熟技术。

（1）职业兴趣：小仪来医学院校学习的初衷是希望未来当外科医生。

学业之余，她喜欢阅读和运动，爱好锻炼英语口语和写作翻译，对做 PPT 等创造性工作颇有兴趣，常对心理学、经济学和古诗词方面的书籍着迷。在大学期间，她自学了口译技能，并考取了上海市高级口译笔试证书。

（2）职业能力

1）小仪胆大冷静，对人体没有恐惧感：大一参加了社团开设解剖实验课，可以先于其他同学接触到真实的手术刀，初次接触解剖就敢直接上手。敢动手、爱动手、不慌乱，对于口腔颌面外科这一有手术需求的专业十分重要。

2）与人沟通协作，协调能力强：大二留任社团，小仪参与科技周等多项活动的策划，以及"承启荣光"人文志愿服务项目的答辩。干部和部门间的多方协作，让她逐渐理解良好沟通的关键性，思考自身在团队中所能发挥的作用。

3）对知识摄取利用的能力较强：她勤勉坚韧、好学谦虚，善于利用联想、口诀、比较、场景假设等多种方法消化整合医学课本上看似零散的知识点，虚心向同辈和老师请教，喜欢吸收他人好的方法，适当取舍后化为己用。

综上所述，从小积累的阅读功底和"坐功"让她啃医学大部头著作毫不费力，而英语特长为她查阅外文文献打下基础，人体解剖的经历证明她对口腔颌面外科的憧憬绝不仅仅是纸上谈兵，沟通协作和强大的学习能力是她在知识更新飞速的口腔外科领域的坚实后盾。

（二）职业认知·分院帽

1. 口腔颌面外科之我见 口腔颌面外科的诊治范围为发际线至锁骨之间的颌面颈部结构，操作内容囊括拔牙、唇颊系带修整、唇腭裂、颌面部肿瘤、创伤、炎症治疗等一系列口腔和颌面部的外科修复手术。

脸上剥了皮连着肉，皮下埋着血管神经，而最深层的骨骼为面部肌肉提供附着点，是一个整体，牵一发而动全身。42 块表情肌允许做出 7000 多种表情，而控制肌肉的是很难再生的神经，如果手术误伤神经，可能会导致面瘫。同时，面部的动脉血管最为丰富，会出现"羞红了脸""脸醉得通红"，都是这个原因。手术过程中患者可能发生大出血，最终因失血过多或出血阻塞气管而危及生命。手术风险对口腔颌面外科医生的精细操作提出了更高要求。

此外，脸是一个人的门面，出于操作部位的特殊性，口腔颌面外科医生不仅要考虑手术的安全性和预后，更要根据美学素养制订符合患者诉求的方案，纠正面容缺陷，获得赏心悦目的效果。在消除病痛之外，更要帮助患者恢复尊严。

因此，口腔颌面外科既是一个科学研究领域，又是一个创造性行业，口腔颌面外科医生需要用美学的眼光和严谨科学的思维，综合考虑得出最佳的手术方案。

2. 口腔颌面手术之掠影　想踏上追寻美丽的征途，不能没有一颗强大的心脏。面部魔术师们在手术时要进行哪些操作？以下颌角切除术为例，手术可以用四个词概括：麻醉、去骨、止血、包扎。

（1）麻醉：采用插管麻醉可以保持呼吸道畅通，避免窒息的风险。当然，不是所有手术都需要插管麻醉，点痣、切掉面部小肿包或部分隆鼻手术只需要局部麻醉，一般是把麻醉剂用针打进脸部肌肉或者静脉血管中。而赶走法令纹皱纹的拉皮手术，瘦脸的吸脂手术，磨掉高颧骨，或者摆脱国字脸的下颌角切除术这些最好采用全身麻醉。通常，在注射了一定量麻醉药让肌肉松弛以后，医生会把导管从口腔，也有可能是鼻腔插入，从喉部的声门进入肺部的主支气管。插管麻醉安全系数最高，但术后可能会失声或者嗓子疼。

（2）去骨：是最关键的一步。总的来说，就是顺着设计好的截骨线，从升支的前缘往前截，小心地避开神经管。拉开嘴唇，嘴唇和牙齿之间有个沟——前庭沟，沿着前庭沟切 8~10 厘米，为什么选择口内呢？因为口内有咬肌保护面神经，同时口腔黏膜修复能力强，不会留下瘢痕。将骨膜从骨面整个拨开，让下颌角显露出来，采用带有光源的医用拉钩，伸进去拉住软组织，然后是最关键的一步，先上磨头磨骨，再用摆锯截骨。

（3）止血与包扎：最后，整容者的面部会被包成极不美观的"猪头样"，但这是医学恢复需求，因为骨头与骨膜整个分离了，形成了一个空腔，得用绷带、纱布棉垫来局部加压，才能减少术后出血。3~4 个月后，还要换上弹力绷带。

3. 口腔颌面外科之职业访谈——某高校附属口腔医院口腔颌面外科汪医生

（1）工作内容

1）口腔颌面外科是口腔诊疗的第一站，为病情不明的患者分派科室。

2）拔牙、牙系带修复、颌面部肿块去除等手术。

3）处理急诊，根据情况判断是否会诊。

（2）素质要求

1）较其他口腔科室，对临床内外科知识储备要求更高。

2）处理精细的动手能力，所有口腔科室均需具备。

3）面对鲜血淡然自若，冷静心态。

（3）努力方向：多了解口腔工作的相关信息，做出正确的职业判断和选择。

4. 口腔颌面外科之市场调研

（1）行业现状：就业门槛抬升，深造比例持续走高，符合终身学习的时代要求。根据中国信息产业网的数据，我国口腔服务行业的市场规模从 2008 年的 200 亿元增长到了 2017 年的 860 亿元，年复合增长率（CAGR）达 18%。据预测，2025 年左右我国口腔医疗服务市场规模将超过 4000 亿元。2017 年 9 月，国家卫生和计划生育委员会公布的我国口腔健康流行病学调查结果显示，与 10 年前相比，居民口腔健康素养水平和健康行为情况有所改善：12 岁儿童平均龋齿数为 0.86 颗，处于世界较低水平，但其恒牙龋患率比 10 年前上升了 7.8%，达 34.5%；中年人牙周健康堪忧，35~

44 岁居民中，牙龈出血检出率为 87.4%。居民口腔健康素养水平和健康在平均寿命延长、食物结构改变、精神压力增大等因素的影响下，口腔疾病的服务内容和需求发生了变化。

（2）口腔医学毕业生人数急剧增加，但与之相矛盾的是每年社会对口腔医学毕业生的需求数量却增速有限。虽然有数据表明口腔医学专业学生毕业后就业率达 95%以上，但大多数毕业生很难进入二甲以上医院，出现工作好找，好工作难求的局面。医疗卫生事业改革使各大医院、医疗单位用人自主权增加，很多医院减员增效，靠提高质量增进效益来促进发展，对人才质量的要求明显提高。近年来，各层次医学毕业生逐渐呈现这样的趋势：硕博士就业基本持平，本科生就业已经出现供过于求，专科生供远远大于求；其中，重点院校比普通院校就业率要高。因此，整体上口腔医学专业毕业生就业难度在今后几年将会越来越大。

现将视线聚焦在口腔颌面外科：中国是全球医学美容发展速度最快的国家之一，2017 年国内选择通过医学美容改善容貌的人比 2016 年大幅增长。不止有出镜需要的文艺从业者，整容在普通人中的接受度也明显升高。医学美容行业白皮书显示，低收入低学历的群体是整容的主力军。

教科研一体，对医生素质提出更高要求；另外，错𬌗畸形的发生率在 50%左右，而其中有相当一部分是颌面畸形，需要口腔颌面外科医生和口腔正畸医生通力合作。

（三）职业决策·魔法石

只有感兴趣的才是适合自己的，才能坚持贯彻到一生的路程中。

1. 自我分析 职业规划 = 职业兴趣×职业能力×职业前景

（1）职业兴趣：小仪进入医疗行业初衷是从事外科工作，并能与西方文化进一步接触，对因车祸等意外事故伤害和颌面部疾病而毁容的人群抱有深刻同情。

（2）职业能力：胆大冷静，面对血肉丝毫不惧。与人沟通协作、协调能力强。对知识摄取利用的能力较强。

（3）职业前景：口腔医学未来就业无限广阔。每 2000 人就需要有一名牙医，目前国内需求量剧增。随着收入水平和生活质量的提高，人们将越来越重视口腔健康，目前一线城市已表现出对口腔医生的需求量；同时，口腔治疗作为独立的门类，有着很强的区域性。口腔治疗不需要太多的大型仪器，开业相对简单，未来口腔门诊数量也会明显增长。

2. SWOT 分析

（1）优势分析：从事思维劳动强度高的工作，能拓宽知识面和眼界。出国进修机会多，患者覆盖面广，可有效拓宽人脉、增长见识。

（2）劣势分析：科教研一体化造成工作压力较大，长期处在压力中的口腔医生容易产生焦虑抑郁、缺乏自信等消极心理。手机噪声、照明灯耀眼及各种材料和消毒剂刺鼻，会持久刺激医生神经；糟糕的通风、不足的温度控制会使医生产生身心不适，注重细节的近距离操作会给医生带来视觉疲劳，院内交叉感染会令医生产生忧虑。

（3）机会分析：目前我国口腔医务工作者与人口的比例约为 1∶11 000，这个数目与发达国家的 1∶（2000～5000）差距较大；我国口腔医生与临床医生比例为 1∶（15～20），远低于发达国家的 1∶（4～7）。以上数字说明，口腔医学行业处于上升期，且地域发展不平衡，大城市与中小城市、乡镇之间差距较大，口腔医务工作者需求大。

（4）威胁分析：口腔医学毕业生人数急剧增加，但与之相矛盾的是每年社会对口腔医学毕业生的需求数量增速有限。医疗卫生事业改革使各大医疗单位用人自主权增加，很多医院减员增效，靠提高质量增进效益来促进发展，对人才质量的要求明显提高。

（四）计划与路径·活点地图

职业规划的目的是明确未来的发展方向，每个人选择的是一条独特的发展道路。像灰姑娘的姊妹那样削足适履是不可取的，要充分了解自己的长处和不足，扬长避短。

1. 近期发展计划（2017～2021 年） 根据考研和就业的要求，全面提升各方面素养。认真完成学业，争取各重要科目，如组织胚胎学、系统解剖学、生理学、生物化学、病理学、药理学等各科成绩点在 4.0 以上。积极参加英语竞赛，获取计算机证书、高级口译证书等。涉足科研领域，参与实验室项目，学习科研方法。

2. 中期发展计划（2022～2026 年）　遵循"先生存、后发展，先就业、后择业"的方针，首选考研，根据具体情况和当年考研信息选择本校与外校，在大三至大五逐渐确定方向，慎重选择科室和导师。若考研失败，则寻求就业，公立或民营医院、私人诊所均可。

3. 长期发展计划（2027～2031 年）　争取在职期间出国深造，在民营或公立医院积累经验，累积客户群体，学习管理经验。在家乡或邻近县市开设诊所，有效满足医疗资源短缺的受众需要。

（五）自我监控·厄里斯魔镜

待人处事方面，小仪同学也有许多在校大学生共有的不足之处，如做事不够主动，有不必要的扭捏和退让情绪。从大学走向职场，不只是定一个目标，学习到专业技能就能胜任的，还需要在待人处事方面有一个全面的提升。只会读书学习，是不足以应对复杂的社会环境的。

当然，专业还是职业规划的基础，合理规划好医学和英语的时间分配，把时间更多地花在研习专业知识上，多利用图书馆的资源，通过看课外案例和文献，进一步确定想研究的问题和从事的专业方向。

在信息时代，如何快速摄取并合理利用信息是很关键的，有时甚至决定了一件事的成败。从现在开始就应该积极收集考研信息，多咨询身边的人，确定自己的目标高校、心仪导师，了解导师倾向招收专业型硕士还是学术型硕士这些信息。

最后，要加强锻炼，合理控制饮食，把健身的习惯贯彻下去，大学高年级阶段也不能松懈。

每月进行自我评估，比较计划和实际情况的差距。每隔半年对该规划调整一次，每隔一年进行一次重新评估规划；如出现重大转折，及时调整计划。

（六）结束语

如果梦想只是摆在桌台上，终将因为岁月流逝而染上尘埃，鲜亮不再。既然已经决定了走这条路，那么不管再苦再累，都得对自己的选择负责。从见习魔法师到资深魔法师的路上，唯有与勤劳和坚毅相伴，听从内心热血的指引，才能走得更长更远。

导师评语及建议

　　小仪同学对未来目标明确，思路清晰，分析自我优势，以及职业规划合理，在自我认知方面对口腔整形专业充满了期待和憧憬，胆大、对人体解剖的熟悉无疑为其从事口腔颌面外科具有的一定优势，一名医生更应该注重人文素养的培养，尤其是创伤整形更需要人文关怀和爱伤理念，市场调研方面要注意到正颌和整形为口腔颌面外科的一部分，口腔颌面外科涵盖了更多的部分，否则会产生认知上的误差，一旦理想与现实出现偏移，后期人生规划中容易产生挫败感。对于近期的发展、职业规划和自我监控方面，要意识到口腔科学是一门实践科学，不仅要加强对于医学基本知识的努力学习，更应加强技能训练和人文素养的培养，建议有机会多参加一些口腔的实践活动，包括志愿者。科研方向，暑期活动，充分利用医院和学校提供的机会进行见习，理论结合实际，进一步巩固自己的梦想。手术医生的要求很高，一台手术可能需要 7～8 小时，对体能和体格也有严格要求，小仪同学能够坚持健身，值得点赞。

第六节　儿　童　口　腔

用童心浇灌梦想之花

小金（化名）某大学口腔医学院 2014 级口腔医学专业

编者按

　　小时候，有个很爱吃糖的小女孩，满口烂牙的她不爱微笑但是更怕去治疗牙齿，因为她害怕那个发出"嗡嗡嗡"的器械，害怕牙医拿着注射针的模样，所以她长大后还是一口烂牙，但是她却萌生了想当一名牙医的愿望，这个女孩就是小金同学。身边的人总是说她好像一个长不大的孩子。她总是拥有着对世界万物如初见般的好奇心，喜欢所有新鲜有趣的事物，喜欢同那些天真烂漫的儿童玩耍，欣赏他们的纯真，也为他们对这个世界的热爱而喜悦。她的梦想就如同一颗种子在内心生根发芽，而她也一直用自己的童心浇灌滋养，默默祈祷梦想能成为一棵参天大树，开出属于自己的梦想之花。

（一）自我认知

自我认知是什么？心理学上说，自我认知是一个人对自己的洞察和理解，包括对自我的观察和评价，首先通过对自己的想法和意愿方面进行察觉，然后再对自己的期望、行为等方面进行评估。

这个过程既需要自己不断地思考、探索，也可借助于各种工具来完成。同时也有许多的方法可以帮助我们进行自我认知。那为什么要进行自我认知呢？因为自我认知在职业规划中起着"定乾坤"的作用。对一个即将要步入职场的人来说，只有对自己形成正确与客观的认知和评价，才能在职业生涯规划或者择业、创业中选择好正确的、适合自己的方向，才会有可能在人生的职场舞台上绽放光芒。

生活中，小金同学是一个热情活泼的人，乐于助人的她对世界万物有着强烈的好奇心。她喜欢探索、学习未知的事物，平时在同学、老师的眼中她也是一个认真努力的学生，因为她知道只要是自己喜欢认定要做的事，都要认真踏实尽全力地完成。根据古希腊著名医生希波克拉底提出的气质体液学说，她属于多血质性格。那么多血质性格有什么特点呢？多血质的人通常比较活泼，喜欢交际，思维敏捷，容易接受新鲜的事物，善于适应新的环境，兴趣也比较广泛，但是情感容易变化，一旦不顺利，很有可能消失热情，容易气馁。

平日里的小金虽然活泼、好动、敏感、反应迅速、喜欢与人交往，但也常常会有注意力容易转移、兴趣和情感易变换等表现。对于这种性格，推荐其做要求反应迅速而灵活的工作。当然她也有很多兴趣爱好，喜欢阅读、折纸、摄影，同时也很喜欢运动。喜欢阅读，因为通过读书，她可以感受作者的人生经历，在书籍中寻找自己，安放自己的灵魂；她喜欢折纸，因为可以在折纸的过程中培养自己的耐心，成果也会让她心满意足；摄影是因为她喜爱大自然的景色，希望用自己的双手记录下每一刻美丽的景色。当然她也喜欢帮助别人，大学期间，参与了多项志愿活动。大一的第一个学期，小金加入了学院的志愿社，其间组织了看望唇腭裂患儿的志愿活动，那些孩子本该有一个欢乐的童年，然而疾病剥夺了他们的幸福。作为新时代的青年，小金觉得理应奉献出自己的一份爱心，用自己的最大程度的努力让他们和其他孩子一样幸福快乐。通过这次活动，她更加坚定了自己成为口腔医生的志愿，希望自己不仅是患者身体疾病的帮助者，更是灵魂的慰藉者。除此之外，她还参加了协助检查社区宿舍楼的卫生状况等服务。总之，每一次的活动，都可以满足她"帮助他人"的小小成就感，可以让她交到很多朋友，可以让她学会如何与陌生人进行沟通。每一次的服务也让她体会到了帮助别人的快乐，同时提升了自己的思想内涵。

小金同学通过霍兰德职业倾向测试结果显示，她具有企业型兼研究型人格倾向。研究型人格倾向于用研究的能力解决其他方面的问题，以及具有自觉、好学、自信和重视科学的优点，但缺乏领导方面的才能。她适合成为科研人员，数学、生物方面的专家（图 10-22，表 10-25）。

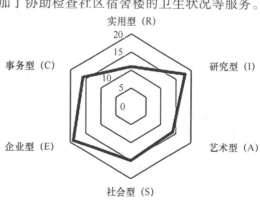

图 10-22 小金的霍兰德职业倾向测试

小结：大学期间志愿活动的经历提升了小金的自信、表达和沟通能力，更提高了她的团队合作能力。从多血质性格来看，她是一个比较活跃的人，拥有较强的人际交往能力，以及较强的好奇心。但是作为一名口腔医生，更应该需要一个沉着冷静的性格，因此她应该培养自己的性格，改掉自己比较粗心的毛病。尽管她的职业兴趣、职业价值观等都与自己的创业计划和创业项目并不是十分吻合，但她坚信只要能稳健地、逐步地改善自己、完善自己，一定可以朝着自己的创业梦想一点一点靠近！

表 10-25　小金的霍兰德职业倾向测试

测试内容		实用型	研究型	艺术型	社会型	企业型	事务型
第一部分	兴趣	1	1	1	1	2	3
第二部分	擅长	1	7	4	3	1	3
第三部分	喜欢	1	3	1	2	8	1
第四部分 A	能力	3	4	4	5	4	5
第四部分 B	技能	5	3	4	4	4	4
总分		11	18	14	15	19	16

（二）职业认知

1. 家庭环境分析　小金的家庭和睦幸福，父母经济收入稳定，思想进步、开明。他们总是鼓励她去做自己感兴趣的事情，不会给她任何压力，也支持她在完成大学毕业后继续读取研究生，完成自己的梦想。

2. 学院环境分析　小金所就读的某大学口腔医学院和附属口腔医院成立于 2002 年，实行"院院合一"的管理模式。学院作为全国第一批通过教育部本科专业的口腔医学院校，同时也是国内最早开展留学生教育的院校之一，拥有"口腔医学"一级学科硕士学位授权点、"口腔医学"专业硕士学位授权点。从 2000 年开始招收五年制本科生，目前已经形成从本科生到硕士生再到留学生等一套完整的人才培养体系。

毕业生参加国家执业医师资格考试通过率一直位居全国前列；是省级首批新兴特色（国际化）专业、省"十三五"优势专业、市级重点专业，省属高校重点学科、省一流学科（B 类），市高校示范实验中心、市重点实验室等建设单位。学院聘任某院士、某教授为院长顾问，院士为口腔医学研究所所长，拥有国际牙医师学院院士、省"151"、市"551"、省高校中青年学科带头人等高层次人才。

3. 就读学校儿童口腔专科的环境分析

（1）儿童口腔医学专科的概况：某大学附属口腔医院儿童口腔科及口腔预防保健科成立于 2002 年，是浙江省专门从事儿童口腔疾病预防、保健和诊疗的专业化科室。除接诊本地区患儿外，还有许多来自周边各地的疑难复杂病患儿前来就诊。

（2）儿童口腔医学教学与科研：主要承担了"儿童口腔医学""预防口腔医学""口腔影像学"等课程的本科生、研究生及留学生的教学任务，并顺利地通过了各项课程的达标检查。依托口腔医学院这个大平台，充分利用各种资源，不断取得突破。截至 2019 年，共获得省市级课题 8 项；发表 SCI 论文 10 余篇，在国内核心期刊上共发表论文 20 多篇。

4. 社会环境分析　小金的创业目标地区是杭州，因为她的家乡在嵊州，距离杭州比较近，同时从图 10-23 可得，杭州的就业环境在全国排名靠前，经过调查了解到：自 2003 年起，某大学附属医院的基本要求为博士学位，其他杭州市级医院则需要硕士以上学位。调查结果表明：虽然口腔专科医院对毕业生的需求量较大，但是各地综合性医院受到规模限制对毕业生需求数量较为有限。

一个残酷的现状就是：口腔医学专业的设置有许多大专、中专办学层次，毕业生的数量也是逐年上升，在这种就业形势下，有研究表明 14.4%的学生就业前景较为悲观，同时这种就业前景也很有可能逐年加剧。

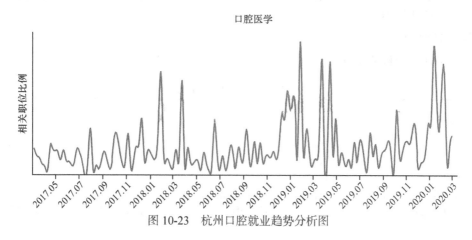

图 10-23 杭州口腔就业趋势分析图

5. 职业环境分析

（1）社会对儿童口腔疾病防治的认识将不断提高：随着我国国民经济的发展，人民生活水平已大幅度提高，在饮食结构上表现为食物更加精细，糖类食品消费量骤增。这些变化对儿童牙齿的健康极为不利，导致龋齿患病率迅速增加，有的地区 6 岁儿童龋齿患病率高达 90%。近几十年来人民的口腔保健意识明显有所提升，儿童龋齿的发病情况不仅引起了口腔界，更是引起了全社会的高度重视。目前我国许多城市的专科医院设有儿童口腔科。许多家长也开始主动要求定期对孩子进行口腔检查，从事口腔医学专业的医师也逐年增加，全社会对于儿童口腔疾病的防治也越来越重视。

（2）牙科材料：器械的发展将带动其他口腔科治疗水平提高：随着微创技术的发展及无痛治疗理念的普及，传统的一些缺乏人性化的治疗手段逐渐被剔除，口腔治疗给患儿带来的痛苦将大大地减少，镇静、全身麻醉下儿童口腔治疗技术的应用，使儿童口腔科治疗更加人性化，治疗效果得到了保证。

（3）相关科学的研究进展将促进儿童口腔医学的发展：随着口腔预防保健知识的普及和各种龋齿预防方法的应用，我国儿童龋齿发病率增高的趋势将得到控制。近年来，随着这类患者的逐渐增多和治疗，检查方法的发展，发病机制的研究和有效的治疗方法将会应用于临床。咬合诱导，错𬌗畸形早期矫治的理论更加完善，治疗方法更加有效并广泛普及。许多临床统计资料表明，乳牙，年轻恒牙外伤在儿童口腔的就诊人数呈上升趋势，这与城市环境的变化和儿童游戏内容的变化有关。如何防止乳牙和年轻恒牙外伤应作为儿童口腔科的一项重要研究和宣传内容。

（4）相关科学的研究进展促进儿童口腔医学的发展：儿童口腔医学是研究和治疗特殊年龄阶段符合生长发育特点的口腔医学的分支学科，而其他学科是根据疾病和治疗特点来划分的。其分科特点决定了与其他学科之间的联系。随着口腔医学整体的发展，如牙体牙髓科、牙周科、口腔正畸科、口腔外科、口腔修复科和口腔种植科等的先进知识和理念将会根据儿童的特点被应用到儿童口腔科，以丰富儿童口腔科的内容。儿童口腔医学将借助心理学的发展，如儿童行为管理、就诊心理学等，使儿童口腔科更适合于儿童口腔心理的特点。许多全身疾病在儿童口腔中有所表现，而且对牙齿、颌骨的发育产生影响。今后儿童口腔医师将和儿科医师共同合作，进行研究、探索，防止全身因素对口腔疾病和颅面颌骨、牙齿、生长发育的影响。随着分子生物学研究的进展，对儿童口腔疾病有了新的认识，发现了新的治疗前景，如牙齿、牙髓再生等。

小结：儿童口腔医学具有强大的发展潜力，未来的职业需求与职业前景也十分不错。尽管杭州的城市规模及口腔就业前景与北京、上海等一线城市仍有一定差距，但是杭州作为浙江省会城市，其发展潜力还是很有优势的，而且杭州的医院数量占浙江省的份额高。虽然杭州的人才竞争较浙江省其他地区更加激烈。小金仍然相信只要自己在大学五年脚踏实地地学习，提高自己的能力，一定能够实现自己的理想目标。

（三）职业决策

小金的 SWOT 分析见表 10-26。

表 10-26　小金的 SWOT 分析

	优势（strengths）	劣势（weaknesses）
内部因素 外部因素	在校期间成绩优异 多次获得奖学金 有实习经验	个人性格比较急躁 做事不够仔细有耐心
机会（opportunities） 社会对儿童口腔医生的职业需求较大 国家对医学的发展愈发重视	SO 继续保持优异的成绩从而在这个发展的 　时代中占据有利的条件	WO 口腔医学尤其是儿童口腔医学需要有耐心， 　需要培养自己的耐心，治疗期间更加仔细
威胁（threats） 口腔医学专业竞争压力大 经济发达地区对口腔医生的要求较高	ST 对儿童口腔医学的兴趣继续保持 有实习经验，可以更快地融入医疗环境中	WT 加强自己的动手能力 提高自己的职业素养和能力

（四）计划与路径

1. 短期目标　保持年级成绩班级前五，通过英语等级考试（大学英语六级考试），申请国家级、省级课题项目，巩固自己的临床理论知识，训练自己的临床操作技能；坚持体育锻炼，空余时间学习外语及外文文献。

2. 远期目标

（1）路径 A：毕业后考取优等院校的研究生，继续丰富自己的科研及临床操作技能。

（2）路径 B：若路径 A 失败，未成功考取高校研究生，寻找公立医院的口腔医生职位，增强自己的实践能力。

（3）路径 C：若路径 AB 均失败，寻找优秀高端的私立口腔诊所就职，同期准备增强自己的口腔理论知识储备及临床实际操作技能，继续备战研究生考试。

（五）结束语

儿童口腔医生这个梦想从小就在小金同学的心中萌芽，她明白自己正在一步一步地靠近这个梦想，并希望未来每一个遇到她的儿童患者都不会因为惧怕而拒绝看牙医，希望他们能够拥有一副洁白整齐的牙齿，希望他们永远露出最自信灿烂的微笑。她深知，实现梦想的道路必定充满荆棘，但她相信只要自己心中秉持着这个坚定不移的目标，以永不言败的精神脚踏实地地走下去，终将"直挂云帆济沧海"；也希望后浪们也可以有着如她一般坚定的梦想，为自己的未来也做一份独一无二的职业规划！

导师评语及建议

小金同学的职业规划书结构完整，逻辑性较好，语言表达能力较强。她对自己的性格和特点有着清晰的自我认识，成为一名儿童口腔医生是自己从小的梦想，职业目标清晰，自我定位准确。由于整天接触小患者，热情活泼是目前大部分儿童牙医共同的性格特点，女孩子在这个职业有着先天的优势，但儿童牙医在治疗过程中经常面临"家长-患儿-医生"这个特殊的医患三角关系，对医生的沟通能力、应变能力要求非常高，作为年轻医师，耐心和同理心的培养也至关重要。希望有志从事儿童口腔事业的同学能多注重一下自己在沟通能力、情商培养方面多做一些工作。

第七节 口腔公益

一、温州市乐伢派唇腭裂儿童关怀公益服务中心

创始人阿利（化名）某大学口腔医学院 2013 级口腔医学专业

编者按

加强对术后患儿长期追踪随访及研究工作，有利于对患儿及家庭的个性化救助；加强唇腭裂的预防宣传工作，可有效提升大众对唇腭裂的认知，预防唇腭裂的发病率；及时的、专业的语音训练和心理援助，对于改善唇腭裂术后患儿的语言能力及提升患儿的社会融入感和自信心都会发挥重要的积极作用。社会特殊群体——唇腭裂患儿康复及成长的迫切需求促成了该公益中心的成立与不断发展。

（一）历史沿革

温州市乐伢派唇腭裂儿童关怀公益服务中心（简称"乐伢派"），成立于 2015 年 10 月，它是全国首家由在校大学生担任独立法人代表从事"唇腭裂儿童公益服务"的民办非营利组织。"乐伢派"秉持着"传递幸福微笑，点亮口腔人生"的使命，致力于为全国的唇腭裂儿童及家庭发声和圆梦。中心的服务对于患者、医院、社会均有着潜在的影响力，中心通过与政府、母体资源、高校联合的合作方式，维持组织的非营利性、履行社会公益职能、不断满足唇腭裂患者群体的需求，并向大众普及唇腭裂知识，提高社会关注度，以"帮助一位患儿，幸福一个家庭"为宗旨。中心全体成员尽自己最大的努力、最大的热情奉献自己的力量！

"乐伢派"的民办非企业单位登记证书见图 10-24。

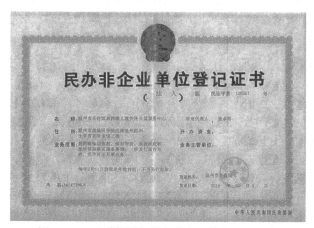

图 10-24 "乐伢派"民办非企业单位登记证书

（二）公益行动

中心基于双线一体的公益模式，开展六大公益服务项目。

1. "天使报名"——术前筛查 项目借助见习、实习点的专业医师力量，在指定地点进行患者术前筛查；同时在线上平台进行人工筛查服务，部分患者可在家填写病史并拍摄照片上传，由线上志愿者或医师做出判断，便可以足不出户地完成筛查。

2. "家的味道"——术前引导 项目在给远道而来入院手术的患儿家庭提供车票代订、车站接送、行李托运、入院代办、病房聊天等"一条龙"服务的同时，适当装饰患者病房、送上礼物、建

设玩具室，让患儿家庭得到最贴心的照顾。

3. "灯前的路"——手术陪护 项目培训志愿者担任患者从病房前往手术室的引导工作，并负责国外医生与患者家属间的翻译工作，联合医院口腔颌面外科、麻醉科等科室，设置"一点一岗"，安抚家属、协助患儿转移、协助手术室相关事务。

4. "微笑笔记"——术后跟踪 项目与温州医科大学口腔医学院·附属口腔医院合作，培训志愿者与患儿家庭结对，采取"1 对 1""2 对 1"的结对模式，定期电话访问患儿的恢复情况并上门关怀，完成相关检查并记录成档；同时，开设线上答疑平台、录入在线档案，便于患者咨询，也便于医生诊断。

5. "伢伢习语"——语音治疗 项目聘请专业语音治疗师培训志愿者，在指定地点定期开展唇腭裂患儿语音训练课，通过专业化的培训恢复患儿术后发音；同时开设线上课程、每日必读等在线训练方案，让发音更标准，让家长更放心。

6. "天使的心"——心理辅导 聘请心理治疗师培训志愿者，定期定点开展心理团队辅导课程，通过绘画、剪纸、唱歌等娱乐活动减轻患儿的自卑心理，培养及肯定患儿的自信心和交流能力，让这些"被天使吻过的孩子"更容易融入社会。

除这六大公益服务之外，中心还联合温州医科大学口腔医学院·附属口腔医院，在每年暑假定期举办"乐伢乐善"夏令营活动，通过语音训练、心理团体辅导等方式帮助唇腭裂患儿身心发展。并合作开展"流动的口腔医院"活动，每月组织义诊和宣教，并与唇腭裂家庭建立联络社交群，义务为其提供咨询服务。爱心步伐从温州走向了四川广元、阿坝州，浙江台州，福建漳州，贵州毕节，云南大理等地，目前累计成功与 261 名贫困唇腭裂患儿结对，开展 16 次微笑工程、120 余站"流动的口腔医院"，共计救助患者 2800 余人次，其中包括 21 名藏族儿童，直接接受社会各界捐款 18 万余元。与此同时，"乐伢派"还将宣教活动推向澳大利亚、加拿大和美国等多个国家和地区，旨在让"乐伢派"组织和唇腭裂儿童关怀服务项目走向世界，奠定地域人际基础，并倡导大学生传递爱心和温暖的志愿者精神，助力社会唇腭裂关怀事业的发展。2020 年新冠肺炎疫情期间，"乐伢派"还举行了线上陪伴活动，志愿者借助网络与结对患儿谈心，并教授如何制作手工艺品，丰富了患儿的寒假生活。

（三）资金运转

作为一个非营利组织，"乐伢派"的收入主要来源于外部供血、自我造血等收益。在外部供血方面，主要有学校专项经费、政府购买服务（补贴）、企业资助、"微公益"合作模式及社会爱心捐赠。自我造血是中心的主要创收来源，中心有三大创收产品——线下课程、网店售卖周边产品及线上课程、公益直播推广。线下课程主要包括语音训练课、心理团体辅导及学龄儿童融合教育类课程，这些针对性的课程可以帮助唇腭裂患儿的身心健康发展。中心开辟了全新的创收渠道，与"乐伢乐善生活馆"淘宝网店友好合作。网店主要售卖唇腭裂儿童的手工作品、"乐伢乐善"夏令营周边产品及生活用品，并开展线上课程的售卖。网店独立运营，承诺将经营所得的纯利润全部捐赠给中心。同时还设立了公益直播团队，招募"网红"主播，定期开展线上直播，通过介绍"乐伢派"公益组织、分享产品使用感受等，吸引更多社会爱心人士购买产品。

（四）社会影响

近年来，随着项目的开展和活动的推广，中心所倡导的加强唇腭裂儿童术后关怀的观念逐渐被更多医疗工作者、社会工作者所认可，项目中多项特色活动以其亲民性、便捷性、即时性减轻了唇腭裂孩子家庭的压力、提升了患儿康复质量、升华了患儿社会性融入。

中心借助互联网做公益，迅速地与需要即时帮助的唇腭裂患儿和家属对接；在宣讲唇腭裂知识之余，带动社会公益潮流，让大众群体切实参与到帮扶唇腭裂患儿家庭的公益活动中来；同时探求各种新形式，如网络商铺公益对接、网络众筹等方式，缩短广大社会爱心人士与唇腭裂公益之间的距离，将更多医疗团队及各方志愿者凝聚在"乐伢派"的志愿者旗帜下。

此外，中心针对我国唇腭裂公益服务"地方医疗良莠不齐，国际支援各自为战"的弊端，面对交通、病房、手术前后等治疗过程中的一系列重点难点问题，打造出可以突破时间与地域局限的"互联网+"公益品牌，用 5G 速度放大公益影响力，让全省乃至全国的唇腭裂儿童家庭得到更全面的康复治疗。

中心的事迹与服务受到了社会的广泛关注。2014 年，中心入选温州医科大学校园文化品牌；2015 年，入选温州市卫生和计划生育委员会"为民服务十件实事"，成为"微笑工程"在温州官方唯一指定大学生志愿服务团队，同年，美国微笑联盟副会长黄球纶先生对"乐伢派"的项目表示认可，并邀请成员前往美国太平洋大学交流。2017 年，"乐伢派"荣获浙江杰出志愿服务集体；2018 年，"流动的口腔医院"驶过第 100 站；2019 年，《中国青年报》全版报道"乐伢派"相关事迹；2020 年，"乐伢派"在新冠肺炎疫情中，鼓励成员自发为灾区捐款、并在社区进行志愿服务工作，同时在线上应急开展网络结对互动活动，得到患儿家长的肯定与好评。

导师评语及建议

阿利同学进入大学后，因为担当学院青年志愿者服务社社长职务，有更多机会接触到"微笑工程"医疗救助的患儿及家庭。在爱心和责任心的驱动下，2015 年 10 月，发起成立了"乐伢派"，开展对唇腭裂患儿的成长帮扶。目前该中心已进入较为稳定的发展上升期，逐渐引起了各方关注。虽然在项目推进过程中曾面临定位不清、资金困难、人员流动性较大等瓶颈。但在各方支持和共同努力下，该中心不断发展壮大，服务越来越精准、管理越来越规范、自我造血越来越专业，品牌影响力越来越大。虽然，创始人及首批核心成员已毕业离校，有的走上就业岗位，有的继续求学深造，有的选择自主创业。不管未来树立了怎样的职业理想和人生目标，大学期间有幸受到的公益熏陶和爱心传承，必将成为照亮诸君前行的明灯。让公益成为习惯，令人间更美好。

二、山川异域，风月同天——公益口腔正畸者的故事

小远（化名）某大学口腔医学院 2016 级口腔医学专业

编者按

等花开、春去春来，绿荫飞红不改，翠竹新几度？景景怡情，萝芷初栽；

梦茬苒、乐伢乐善，小楼金桂未摘，飞鸟惊何处？岁岁如今，心意常在。

他，在初入象牙塔之际思索着大学的意义；他，参加过挑战杯生命科学竞赛、互联网+大赛，担任过院学生会主席、大学生职业发展协会会长、民营非营利组织负责人等；他，和一群红色的人们，着手打造了以学生为主体的唇腭裂序列治疗服务品牌，探索公益口腔正畸的道路，用一双手、一颗心问情公益。接下来，请看一个公益口腔正畸者的梦想。

（一）自我认知

1. 问心何所往，迷途有微光 高中毕业，大学伊始，携着行李来到大学。小远进行了各种各样的尝试，针灸、数学建模、英语辩论，他会问自己："该做什么才是真正有用的呢？"幸运的是，很快地，时间给了他答案。2016 年 10 月底，开学 2 个月后，辅导员打电话跟他说，有个志愿服务活动。听从内心的召唤，小远转身走向前往服务地的公交车站，冥冥中也转头在那清晨厚重的迷雾中看到了一缕微光。

2. 问情何所至，大爱在身旁 记得小远在某医院下车后已经开始下雨，一路飞奔到口腔颌面外科住院部。这是一次在病房陪护手术患儿的工作，而这些患儿都是来自全国各地的唇腭裂孩子，他们将在"微笑工程"的医疗项目中得到免费的手术治疗。看着整整一层来来往往的"白色"与"红色"，看着那些有着焦虑、有着感激的家属们，他的心融入了这种氛围中，真切地感受到了一种将来在医院迎来、诊治、送走患者的奇异的韵律与节奏，仿佛他确实应该属于这里，仿佛现在的他就应该走着这样的路变成未来那样的他……那次服务结束后返校时，天晴了，一条光路迎来，小远对

自己说，"大雨中的人最需要的不仅是伞，还有雨后的太阳"。

3. 问己何所适，悠然见南山 回程路上，小远细细回想了这次服务经历，有一幕让他印象尤深。那是一个八岁孩子的母亲，她拉着医生的手，一遍遍地问，"我们孩子最后一次手术了，但话讲不清楚，牙也不齐，这怎么办啊"，医生告诉她，需要联系当地医院长期跟踪随访，进行语音治疗和口腔正畸治疗。想到这里，小远倏然抓住了作为医学生能在其中扮演的角色，于是他将这个想法写进了活动感想，意料之外又情理之中地，不久，辅导员便向他推荐了温州市乐伢派唇腭裂儿童关怀公益服务中心（简称"乐伢派"）。

4. 一棹清风三城柳，一纶新纱一丈秋 "乐伢派"是 2013 级本科学生在 2015 年 9 月成立的民营非营利组织，致力于唇腭裂儿童的手术陪护与宣传教育，行走于温州、台州等周边地区。小远思考着自己在大学是否适合加入并发展"乐伢派"，积累经验，以便日后在逐梦已久的口腔正畸领域也做些公益，他对自己的各项能力进行了评估。

（1）性格：小远的 MBTI 见图 10-25。

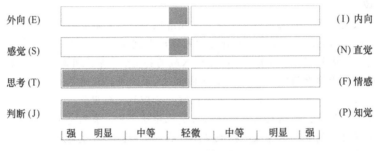

图 10-25　小远的 MBTI

由上述测验结果，明确了他是一个讲求效率、善于分析、严守规则、外向活跃的人，会习惯用缜密的逻辑对事件进行剖析，同时也会将感性合理地投入到生活与工作中，避免麻木。因此，他肯定自己能够妥善应对各项工作中伴随而来的人际交往上的难点。同时，他也是一个在未知事件上果断而在已知事件中会苛求完美的人，这样的他在一定程度上更适合决策，但亦需要足够的时间与精力来投入要做的事。

（2）技能：小远的学习风格分析见图 10-26。

由上述测验结果，他明确了自己是一个倾向于理论性、实际性与反省性的学习者，但实践性较弱。于是，他为自己规划了必备技能的磨砺，包括对专业知识、管理能力、文字功底、科研能力和公益认知五个方面的一定程度的训练与提升。同时，强化自己的动手操作能力，每件事情都做一做，初步养成自己的做事风格，为以后从事口腔医生的工作打下基础。

（3）兴趣：小远的霍兰德职业倾向测试见图 10-27。

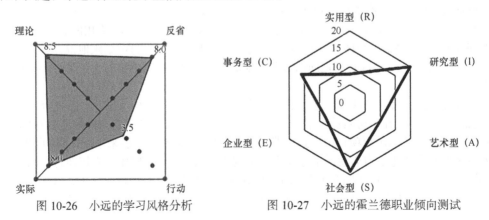

图 10-26　小远的学习风格分析　　　　图 10-27　小远的霍兰德职业倾向测试

上述测验结果，显示他的兴趣相对广泛，倾向于做研究型、社会型和事务型的事情，喜欢研究和观察人们的心理和行为，这些兴趣基础都有助于小远形成良好的应对医患关系的心态，对于成为一名医生、成为一名公益者都助益。

（4）价值观：小远的价值观分析见图10-28。

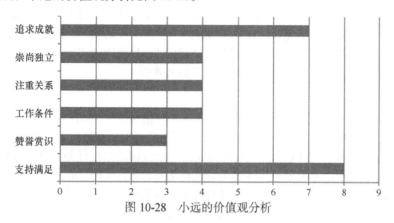

图10-28 小远的价值观分析

上述测验结果显示，他最突出的价值观是支持满足和追求成就，这意味着他以得到他人的肯定为动力，反思公益性事业：能在每天都帮助别人，能随时地收获自我认同，是有助于自身发展的；同时，这也提示他还需要进一步调整心态，因为如若在某段时间缺少新的奖项或是肯定，也许会产生自我怀疑，因而需要时刻警醒，避免迷失。

完成上述测验，经过全面分析与考虑后，他选择加入"乐伢派"，并开启了自己助力唇腭裂序列治疗的征程。

（二）职业环境认知

"乐伢派"的服务对象是有明确的社会需求的。唇腭裂作为一种先天性的出生缺陷，在中国的总体发病率约为1.82‰，流行病学调研资料显示，每500个新生婴儿中就有一个唇腭裂患儿，仅在温州每年就有约1200名唇腭裂婴儿出生。

然而，医疗资源的不平衡、不到位、不全面严重影响了唇腭裂患儿的康复。随着唇腭裂序列治疗体系引入中国，唇腭裂的治疗渐趋规范化、专业化，但由于地域、经济、医疗条件的限制，仍有许多患者无法得到系统的治疗，仍有许多患儿因家庭缺乏"医疗余力"而造成错殆畸形、面部瘢痕等"硬件损伤"，以及语言发音障碍、社会心理畸形等"软件损伤"。

令人欣喜的是，近年来，诸如"微笑列车""嫣然天使"基金会等诸多公益组织逐渐走入大众视野，唇腭裂治疗的局限性得到了局部的缓冲，然而渐渐地，此类组织的时代瓶颈也开始暴露：①部分基金或境外慈善组织仅负责提供资金，造成大量国内非专业医生提供治疗，治疗的效果并不理想，大量患者出现术后并发症；②境外组织仅负责提供最基本的初期治疗费用，造成很多唇腭裂患儿并未得到系统的序列治疗，术后仍然伴有畸形和功能障碍，甚至影响心理健康；③境外慈善性治疗未考虑我国长期进行医疗救助、构建和谐社会的初衷，不以建立符合我国国情的合理医疗救助网络模式为目的，各自为战。

同时，各种线上媒体的发展也为唇腭裂这种认知小众化、治疗长期化、资源局限化的难点疾病提供了新的解法。近年来，各大医院的线上医疗平台（如线上预约、线上筛查等主流APP）层出不穷，线上线下一体的医疗模式也在实践中大放异彩。那么，唇腭裂这个尚未通网的"疾病小山村"是否也可以打造一个"线上线下一体化"的序列治疗服务体系呢？

首先，针对上述社会现状与医疗现状，现对唇腭裂相关社会环境总结如下：①群众认知度不高，尚需扩大宣传面；②医疗资源分配不均衡，医疗服务缺乏可持续性；③线上服务平台缺失，尚需构建线上线下联动的医疗体系。

其次，在政策导向上，政策保障是让唇腭裂患者融入社会、共享成果的重要内容。

2019 年，山东威海等多个省市发布《关于组织开展"微笑一生"农村贫困唇腭裂患者专项救治公益活动的通知》，起草《关于将唇腭裂纳入按病种付费的通知》，来为贫困唇腭裂家庭减负。同时，国内有数个先天性唇腭裂慈善项目可以免费手术，"微笑列车"、中国红十字基金会、"嫣然天使"基金会均可以对唇腭裂孩子免费治疗。唇腭裂的公益活动逐渐增多。越来越多的唇腭裂医疗需求也意味着需要更多的口腔专业医生参与到公益活动中去，目前因为多家口腔医院与美国"微笑联盟"等基金会均有合作关系，这些医院每年都会进行人才引入。

（三）职业决策

在唇腭裂序列治疗的临床工作中，根据我国实际医疗情况，建立的医疗团队成员除日常从事手术与护理功能外，还需要分别兼顾学习和掌握以语音评估与治疗、心理咨询与治疗、生长发育评估、软硬组织形态评估、中耳功能评估、错𬌗畸形矫正等多个方向的治疗任务。目前，类似美国"微笑联盟"的援助团队，主要由整形外科手术医师、儿科医师、牙科医师、麻醉师、护士构成，并没有术后口腔正畸的专业医生加入。因此，我国对唇腭裂术后错𬌗正畸、语音训练、心理治疗的医生资源需求极大，迫切需要大量专业人士参与填补这块医疗空白区。

美国"微笑联盟"基金会副会长黄球纶先生在采访中提及："美国'微笑联盟'基金会对申请加入的医护人员有着严格的资格审定及表现考核程序，考察十分严格。所有志愿人员在报名之后，几乎都需要经过两到三年的考核，经考察确认，具备一定水准的专业能力和严谨工作态度的志愿者，才能被批准加入。"可见，成为一名优秀的公益口腔正畸者需要符合以下基本条件：专业的口腔正畸治疗技术；长期的耐心与恒心；对于公益事业的热情；良好的团队精神；针对贫困家庭的工作经验；应对工作压力的能力；语言交流能力。

"三人行，必有我师焉"，通过自我评价和环境分析后，小远同学认定加入"乐伢派"这是一件值得做的事。同时，他还进行了几类简单的实地访谈。

1. 应需彼皆是，年少当有为　小远先后咨询了前几届对专业课学习、公益服务、科研等话题涉猎颇多的十二位学长、学姐，得出了下面四点结论。

（1）大一、大二专业课较为简单，适合开发个人兴趣与能力，可以多做些对事业有用且自己喜欢的事情。

（2）公益服务不管在学校、医院还是社会都是一个良性循环的话题，现在很多的公益只是社会刚需的冰山一角，而大学生公益服务内容也只是对整个社会公益服务的一部分，有很多需要进步、需要完善。

（3）本科生科研在很多高校都在培养，为自己积累完成一项课题、发表一篇 SCI 的经验非常重要。

（4）不管有没有把握，只要有机会就去争取、去尝试，大学是一个选择从头开始所需要付出代价相对最小的地方。

总的来说，就是敢拼、敢做，可能有人会笑笑说怎么和那些青春励志剧异曲同工，但是事实就是这样。这里也援引一位学姐的话，"你看那瓶饮料，买了就能喝，不买就过期了"。

2. 中西非两极，白衣有共鸣　他的父母常会说，国外的牙医职业有多好；有些老师在上课时也会说，"我在某大学学习的时候，实验室如何，公益体系是怎样的"；对于这些较容易被网络舆论驱使的话题，年轻的大学生们亲眼所见往往更好，于是申请前往美国太平洋大学参加了交流访学。

交流前，他采访了学校招聘会的负责老师、医院的招聘老师，以及附属口腔医学院的任课老师；有所了解后，在访学期间与美国老师进行交流，大致有了以下三点认识。

（1）北美、西欧牙医与患者的比值远高于中国，因而为患者服务的周详程度、服务质量、就医环境相应提升，价格也随之提升。

（2）在设备与技术上，诸如香港某大学牙医学院、UBC（University of British Columbia）附属医院这类名校、名医院的水准确实高于国内地级市的三甲医院，但就一同学习的同学所说，"互有高下"。

（3）在实验室的运作和管理上，所访学校确实优于国内学校，尤其是规模巨大、极为贴近临床的临床培训诊室，是最突出的优势。

针对上述三点，小远觉得对于医疗资源而言，我国庞大人口基数导致了资源调配需要完善，但是就医环境、就医质量也在逐渐改善。至此，小远越来越体会到"乐伢派"项目的合理性、科学性，甚至是迫切性，对于就医体制的效率、市民看病的便利都有一定意义。

3. 公益非小事，事事皆公益 有句话叫作"穷则独善其身，达则兼济天下"，这也是小远定下"乐伢派"发展运作方向前最后的一道坎。一个大学生，医学了半斤八两，走出象牙塔就两眼一抹黑，自己都不一定管得好，还管这么多公益？这也是很多大学生拒绝志愿服务的理由，而小远要决定在大学加入"乐伢派"做公益，也必须考虑这个问题——"我要做多大的公益"，为此，他咨询了学校几位做出成果的公益组织负责人，也采访到了温州市卫生健康委员会有关部门负责人，得出了以下五点结论。

（1）大学生可以做公益，政府鼓励大学生做公益。

（2）医学生的公益需要跳出学校，与医生、医院联动，从而获得专业性。

（3）医学生的公益要善于发现医生与患者间各种交流、运作上的不足，用自己的言行来填补。

（4）医学生的公益可以是小事，但要注重细节，注重长期性。

（5）医学生的公益也要有大局观，要有时代性，能与互联网结合，与各地甚至海外的组织联合，逐步发展平台。

上述五点经验的分享，让小远对公益口腔正畸者的发展方向有了更清晰、更明确的蓝图，于是大学三年来，从互联网方向负责人到总负责人，最终成为"乐伢派"法人代表的过程中，他一直一步一步地履行这五项原则，为公益口腔正畸者的职业规划谋出路。

（四）计划与路径

1. 职业探索阶段——多向发展，厚积薄发

（1）形成适合自己的专业课学习方法。

（2）主持并完成一项科研课题。

（3）考取口腔正畸学专业硕士学位。

（4）注重临床技能锻炼。

（5）口腔医院口腔正畸科入职。

（6）加入一个唇腭裂公益医疗团队。

2. 职业发展阶段——提升知名度，优化诊疗模式

（1）临床实践，提升专业技术。

（2）完善公益模式，优化诊疗流程。

（3）广泛宣传，提升模式知名度。

（4）做公益实事，援助贫困唇腭裂儿童。

3. 职业稳定阶段——将公益口腔正畸的模式推广到全国、国际

（1）扩大合伙人团队，组建唇腭裂公益口腔正畸者联盟。

（2）帮助术后儿童重建自信、适应社会。

（3）前往世界各地开展唇腭裂医疗援助。

4. 作为临床口腔正畸医生的路

（1）考取执业医师资格证。

（2）成为一名主治医师。

（3）成为一名副主任医师。

（4）成为一名主任医师。

5. 作为公益口腔正畸者的路

（1）开展唇腭裂术后口腔正畸服务。

（2）发展公益口腔正畸者定位。

（3）组建新唇腭裂医疗团队。

（4）提升知名度与覆盖范围。

（5）组建我国唇腭裂口腔正畸联盟。

（6）国际化。

（五）结束语

公益口腔正畸，是生理层面的，也是精神层面的。2020 年全面建成小康，我国居民的生活水平与需求也将向更高的方向进步，作为一个顺应时代而成长的职业，小远很荣幸能选择并逐步走向公益口腔正畸者，为孩子的微笑，为家国的梦想，为山川异域生颜事，为日月同天著篇章。

导师评语及建议

小远同学是一个讲求效率、善于分析、严守规则、外向活跃的人，他对自己的未来已有明确的规划，制订了清晰的计划和方案。他很幸运一进大学就接触到与专业相关的志愿服务工作，这对于大学时期尽快明确职业目标和尽早开始职业规划非常重要。相信正是有了这样的专业相关志愿服务经历，才有了他对未来职业理想的思考与定位。可以预见，从事口腔正畸医生的职业可以获得较好的社会地位和稳定的收入，可以为发起创建一个某地区或全国的公益口腔正畸者联盟打下一定的基础。这也是小远同学将学生时代担任"乐伢派"负责人的所见所感、所思所悟融入自己的未来职业理想中，是很好的延续和传承！

几点建议供参考：一是职业理想的确立，一定是自我内心的真正接纳，而非来自外部压力；二是确立职业理想后，需要努力坚守和不懈追求，不因一时困难和挫折而放弃；三是需要将远大的理想与现实的追求紧密结合，既要志存高远，又要脚踏实地；四是懂得接纳和认同不完美的自我，于努力奋斗中不断丰富阅历、提升能力和增强自信。五是虽然职业理想是个人追求，但也需要善用资源，寻找志同道合的伙伴，借助团队力量，方可事半功倍。

第八节 口 腔 创 业

一、隐领数字口腔有限公司

小璐（化名）某大学口腔医学院 2017 级口腔医学专业

编者按

微笑正畸行，隐领新时代。她致力于为口腔正畸医生提供一站式口腔正畸技术服务，打造一个专业、规范的口腔正畸平台，以更好地服务患者，带动行业发展，让大众的微笑更加自信。隐领数字口腔有限公司（以下简称隐领）从专业角度运用全面的口腔正畸分析诊断工具，对 3D 模型、软组织、X 线片、CBCT 等内容进行全面、精确的分析，多角度全方位的病例信息让医生能够系统性地考虑口腔正畸问题并与医生沟通设计方案。同时通过开设网课、见面课的方式让更多口腔正畸科医生熟练掌握口腔正畸技巧。隐领全程跟踪患者口腔正畸情况，给予病患专业的护理和建设性建议，提高口腔正畸效果。同时通过平台向患者普及口腔正畸知识，推荐附近的优质医生，为患者的口腔正畸之路保驾护航。隐领数字口腔的一体化平台可以有效解决当前优秀口腔正畸资源紧张、患者口腔正畸效果差、口腔正畸道路难的问题。可以说，指明了互联网时代下口腔正畸发展的新方向。

（一）自我认知

1. 性格 小璐的性格类型倾向为"INFP"，作为"理想主义者"的她，做人原则是"真实地面对自己"，是精神上最具哲理性的人，乐于接受新的思想，善于容纳他人。

性格优势：性格平和，看重实现个人价值，待人忠诚，做事理想化，一旦做出选择，就会约束自己完成；非常善良，有同情心，善解人意；有独创性、有个性，好奇心强，思路开阔，有容忍力。乐于探索事物，挖掘事物背后的道理，致力于自己的梦想和远见；一旦确定去完成一项工作时，往往全身心投入，奋力拼搏，全力以赴。对人、事和思想信仰负责，一般能够忠实履行自己的义务。

2. 技能 小璐负责过科研创新创业方面的工作，对于科研创新创业的发展有全面的认识。具有良好的团队意识，组织能力和人际交往能力。踏实肯干，富有开拓能力和创新意识。善于管理人际关系，建立公司理念及企业文化。

3. 兴趣 小璐喜欢要求自己具备经营、监督、管理和领导才能，以实现机构、社会、政治及经济目标的工作，并具备相应的能力，如销售人员、项目经理、营销管理人员、政府官员、律师、企业领导、法官应具备的能力。小璐的霍兰德职业倾向测试结果见图 10-29。

4. 价值观 小璐崇尚自由自在的生活，不喜欢被拘束。不断实现自己想要做的事，获得丰厚的报酬，使自己有足够的经济基础去追求自己想要的东西，让生活过得较为富足是她的向往。从小就被教育要有团体合作精神，所以她一直认为，人最可贵的就是能团结合作，全力以赴。这样可以做到事半功倍。

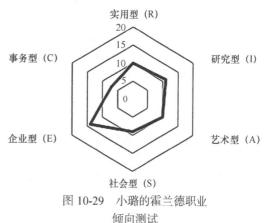

图 10-29 小璐的霍兰德职业
倾向测试

5. 总结

（1）干练、果断，能够妥善解决各种问题，是天生的领导者和组织者。很愿意指导他人，擅长发现一切事物的可能性，是思想家和长远规划者。

（2）善于分析，逻辑性强，能很快地在头脑里形成概念和推论，并能把想法实施为计划。树立自己的标准并坚持它。看重智力和能力，讨厌低效率。习惯用批判的眼光看待事物。

（3）善于宏观、全局地分析和解决各种疑难杂症，喜欢研究复杂的理论问题，为了达到目的，会采取积极行动，通过分析事情发展方向，事先考虑周到，准备一切可能的变数，制订系统计划和制度并安排好人和事物的运作，推动变革和创新。

（二）创业环境认知

1. 错𬌗畸形发病率高 据中华口腔医学会统计，我国患者在乳牙期、替牙期、恒牙期错𬌗畸形的患病率为 67.82%，其中以乳牙期患病率最高，可达 54.84%，而且调查发现错𬌗畸形的患病率在全国范围内仍呈上升趋势，然而治疗率却非常低，显示了口腔正畸医师肩负的艰巨任务。根据调查，由于口腔正畸及有关健康宣传教育工作还不完善，绝大多数青少年不能识别异常𬌗；不知道牙𬌗畸形的危害性；不知道能够通过口腔正畸治疗手段对错𬌗畸形进行纠正。说明配套口腔正畸资源仍然缺失，迫切需要加强口腔正畸方面的推广教育工作（图 10-30）。

2. 错𬌗畸形危害大 其危害见图 10-31。

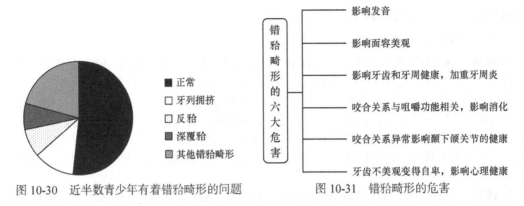

图 10-30　近半数青少年有着错殆畸形的问题　　　　　图 10-31　错殆畸形的危害

3. 优质口腔正畸资源紧缺　错殆畸形发病率高，但是全国注册的全职口腔正畸医生人数少，远远不能满足临床需要。而且专业的口腔正畸医生往往集中在公立医院，私立诊所急需专业的口腔正畸医生。目前，口腔正畸主要有固定矫治和隐形矫治两种手段。固定矫治器主要依靠医生设计。隐形矫治技术也不是主要靠牙套制作方，它只是一个工具，如何实现它是靠医生来完成的，医生负责方案的设定，牙齿如何移动，如何实现矫正目标，而工程师只负责去生产制作，所以最终决定隐形矫正效果的是医生的设计。两种矫治器都需要专业的口腔正畸医生的设计，而这正是市场稀缺的。

（三）创业决策

1. 提供高质量的系统软件　医生依靠会员账号登录隐领，可在资源共享窗口下载 3D 排牙软件、测量软件、分析软件等资源。传统口腔正畸大都基于牙殆实体模型进行测量，不仅误差很大更无法获取完整数据，而且根据粗略测量的数据和以医生个人经验指定的治疗方案往往使患者难以信服。隐领的测量软件采用数字化技术采集、重建牙殆三维数据并进行测量，为病例分析和治疗计划提供系统、全面和准确的数据基础。医生可以使用隐领提供的测量软件对数字模型、X 线片进行快速精确测量，并可实时查看测量结果，为制订治疗方案提供依据。治疗方案确定后，利用隐领的3D 排牙软件进行模拟排牙，医生可全方位无死角查看模拟治疗结果，精确计算每一颗牙的移动方向和距离。另有全面的口腔正畸分析诊断工具对 3D 模型、软组织、X 线片、CBCT 等内容进行全面、精确的分析，为医生的 3D 设计方案提供合理建议，结合多角度全方位的病例信息让医生能够更系统地考虑口腔正畸问题。

2. 电子病历系统实现临床监控　在隐领的电子病历单元，医生可以手动输入或拍照的形式录入患者的电子病历，保存并上传后即可实时查看病例信息、服务内容、临床资料、治疗方案、流程进度等内容。批量导入功能支持 word、pdf 格式批量上传。电子病历功能不仅实现医生对患者远程临床监控，随时随地查看临床资料，还将病例整合成医生独有的资料库，系统地累积信息后可为医生提供指导方案。

3. 专家团队为医生提供全方位的方案建议　隐领拥有经验丰富的口腔正畸专家团队，聘请三甲口腔医院口腔正畸专家担任平台医学顾问，为医生提供全方位的方案建议和治疗指导。医生关注隐领数字口腔公众号后，将解决困难的口腔正畸案例上传至平台，平台则会联系口腔正畸专家实现线上会诊，评估资料，沟通方案。"一对一"为医生提供全面的治疗方案建议和治疗指导，让医生在解决个别案例的同时举一反三，学到更多。医生可从平台自主挑选专家，也可选择由平台推荐专家。每次交流结束后，医生可根据患者的最终反馈，为此次咨询的受用度打分。平台也会为每季度评分最高的外聘顾问发放奖金，增强顾问对客户倾囊相助的积极性，让医生们收获更多。

4. 硬件对接　隐领支持与先进的矫治技术，包括固定矫治器和隐形矫治器的高效对接，帮助医生服务好每一位患者。隐领更与隐适美和时代天使有了长期业务合作意向，以优惠合理的价格为医生提供隐形矫治器，强强联合，让专业更专业。

5. 为医生提供专业的医学培训 平台拥有优质专家资源，搭建系统全面课程体系，开展丰富多样的授课形式，为不同层次的医生提供系统学习和培训机会。在公众号中拥有教学视频板块，板块中分为免费视频（隐领功能介绍、数字化模拟排牙系统应用、数据对接和提交等教程视频）和付费视频（口腔正畸研讨会病例分析等由特级专家主讲的培训视频）。除线上外，隐领定期会根据会员分布图在会员密度最大的城市附近举办线下培训班，让更多医生了解口腔正畸界最前沿的技术。培训中更有答疑环节，由口腔正畸专家免费为医生解答疑难病例。

隐领通过一站式的平台与医生与患者沟通。隐领从专业角度运用全面的口腔正畸分析诊断工具，对 3D 模型、软组织、X 线片、CBCT 等内容进行全面、精确分析，多角度全方位的病例信息让医生能够系统性地考虑口腔正畸问题并与医生沟通设计方案。同时通过开设网课、见面课的方式让更多口腔正畸科医生熟练掌握口腔正畸技巧。隐领全程跟踪患者口腔正畸情况，给予患者专业的护理和建设性建议，提高口腔正畸效果。同时通过平台向患者普及口腔正畸知识，推荐附近的优质医生，为患者的口腔正畸之路保驾护航。

（四）计划与路径

1. 发展初期 构筑网络平台，并依托平台优质专家资源，搭建系统全面课程体系，开展丰富多样的授课形式，为不同层次的医生提供系统学习、培训机会，让医生与专家零距离沟通，体验一场美妙的口腔正畸医学之旅。同时，注册隐领公众号以发布隐形矫治相关知识和培训信息，建成与医生沟通方案的桥梁。

2. 发展中期 此阶段发展需进一步扩大知名度，可在参与口腔正畸知识讲座时顺带宣传，亦鼓励医生、学生们口口相传；注册官方微博，发布口腔正畸相关知识，通过新媒体平台拓宽宣传渠道。具有一定知名度可帮助公司吸纳更多人才，并可视情况招募投资商，利用资金扩大公司规模，开发新业务。

3. 发展长期 线下与投资商合作举办专项讲座，线上进一步占据互联网口腔领域市场，并开始尝试研发其他医疗领域的软件，随着时代信息的更替判断相应的发展方向。合并市面上同类平台，寻找有潜力的创业项目进行合作或者投资。

总结：隐领团队制订了长远的发展战略。发展初期，团队构筑网络平台，依托平台优质专家资源，搭建系统全面的口腔正畸学习课程体系。发展中期以扩大知名度为主要目标，并在成熟期进一步占据互联网口腔领域市场，并开始尝试研发其他医疗领域的软件，合并市面上同类平台，寻找有潜力的创业项目进行合作或投资。

（五）自我监控

小璐的风险评判层次见表 10-27。

表 10-27 小璐的风险评判层次

风险类型	分类	对策
市场风险	市场接受	持续跟进口腔正畸市场调研工作、与母校的附属医院取得合作
	行业竞争	推进线上平台建设
经营风险	服务质量	建立医生、用户信任体系，取得与保险公司的合作
	服务体系	制订医生考核及培训机制
财务风险	盈利来源	建立财务预警系统，拓宽创收渠道
	资金管理	来源、支出全透明化

续表

风险类型	分类	对策
技术风险	技术泄露	建立技术保密机制
	技术发展	持续科研投入
管理风险	资源分配	建立医疗资源等待系统
	团队合作	多活动融汇公司文化
	人员招募	招聘会招收人员

1. 市场风险

（1）市场接受风险：传统就医观念下的人群短时间难以适应此类的医疗外包服务，难免产生排斥心理。群众对服务本身的了解欠缺，如果没有人加以引导，公司的运营将会出现很大的局限性。

对策：持续跟进市场调研、撰写调研报告，以了解市场需求量及市场竞争状况，包括消费者的需求变化趋势，如消费者的现实需求、积极潜在需求等，并且掌握竞争对手的数量、规模、市场占有率及竞争同类服务的品质、价格等信息。通过与母校的附属医院进行合作，巩固技术支持，加大市场影响力。

（2）行业竞争风险：经了解，目前市场上已有的隐形口腔正畸公司有隐适美、时代天使等，与本公司的服务项目有一定的相似度，并且隐领作为新成立不久的公司，在品牌、信誉等方面存在一定劣势。

对策：公司拟打造 APP、建设公众号，以此作为信息平台打破地域限制，广阔发展范围。此外，本公司将通过对医生的考核和培训，打造更为专业、可靠的技术团队，在服务质量上下功夫。

2. 经营风险

（1）服务质量风险：在技术服务中，将难以避免地出现医生与患者之间产生纠纷的现象。此外，用户的恶意评价、医师不负责任的行为也容易影响公司的口碑。同时，公司也面临着创业初期的技术缺陷，技术人才的缺少难以有效保证服务质量的优越性和保障性等问题。

对策：公司将建立医生、用户信任体系，监督小组将通过跟踪服务的前、中、后整个环节，并通过问卷方式收集医生、患者的建议、评价。针对医患纠纷问题，公司拟通过与保险公司合作，购买保险规避因平台上的医疗纠纷对公司造成的损失。

（2）服务体系风险：目前本公司的服务项目为四项，在公司成熟后，如果在拓展服务项目方面并没有很大突破则会出现服务结构单一的问题，进而引发一系列的不良反应，限制公司的发展。

对策：公司拟建立医生考核及培训机制，保证本色服务的专业性和先进性。此外，公司将进一步加大科研投入，开拓服务范围和水平努力，同时培育和扩大其他渠道的利润增长点，以降低服务体系方面的风险指数。

3. 财务风险

（1）盈利来源风险：资金供需市场、宏观经济环境在持续变化，公司在筹集资金过程中将面临难以筹到所需资金的风险，从而导致公司管理的混乱。并且当公司计划进一步发展的时候，需要融入新的资金。

对策：公司拟通过扩大销售、加大外联力度等拓宽创收渠道，保证持续融资。此外，公司将通过建立财务预警系统，在日常财务管理业务中增设财务监督环节，通过财务预测等及时反馈财务情况。

（2）资金管理风险：合作的资金涌入、资金的使用、员工工资的发放等一系列财务问题如果得不到合理的统筹安排，对公司来说都将产生巨大的损伤。需要保证公司的日常开销、员工的工资、线上平台运营，也要拿出部分资金用于公司发展，如技术研发、推广宣传等。

对策：对外做到外来资金来源与用途的全透明化，对内做到公司盈利与开支的全透明化，财政方面由三个负责人负责，涉及资金方面的事务都要三人共同决策。

4. 技术风险

（1）技术泄露风险：隐领的核心竞争力在于对口腔正畸问题进行专业性、全面性的分析和处理，包括对 3D 模型、软组织、X 线片、CBCT 等内容进行全面、精确的分析，修改 3D 设计方案和临床监控，组织专业的医学培训、搭建医生与专家零距离沟通平台等。一旦服务体系核心技术泄露，被竞争者获得，公司将会受到极大的阻滞。

对策：公司拟建立技术保密机制，非技术人员未经许可不得擅自接触任何技术资料，技术人员与公司签订协议，达成双方的互相信任。此外，公司将通过加强文化建设构建核心凝聚力。

（2）技术发展风险：如果公司缺乏相关学科尖端人才，势必在运营过程中出现技术落后的危机。因此，对技术发展的投入、技术发展的机制都是公司发展过程中值得重视的一点。

对策：公司拟通过与母校的合作，发动有兴趣的医学生在医生、专家的指导下进行院校、省级、国家级课题研究。此外，公司将通过完善管理机制，建立专业人员考核及培训机制，并合理分配科学研究经费，保证技术前沿性、自主发展性。

5. 管理风险

（1）团队合作风险：一个成功的创业团队必须要有一套合理的管理体系，团队成员之间要有共同的理念和目标。随着公司的不断扩大，员工与员工、员工与管理层之间的关系也是风险之一。患者资料的管理，慈善个人、机构的资料管理，医疗中的资源管理，也是工作中的一大难题。

对策：建立良好的公司文化，使创业宗旨深入人心。公司将定期举办茶话会、座谈会，重温中心的创业初衷，培养员工与员工，员工与管理层之间的感情。各项事宜增设民主决策渠道，增强员工的归属感和主人翁意识。

（2）资源分配风险：公司推广后，运营不可避免地存在消费者等待时间、员工服务项目和工作范围分工、科研等额外资金分配等资源分配的问题，如果不能合理地进行医疗资源的分配，使部分消费者不能得到及时、有效的治疗，会违背团队创业的初衷。

对策：为防止出现资源的分配不合理现象，公司将建立医疗资源等待系统，通过对医生、消费者进行多指标的综合评价进行顺序排列，做到医疗资源整体的相对公平。

（3）人员招募风险：经项目组成员的访谈调查与了解，众多在职专业口腔正畸医生表示，由于工作繁忙、科研压力、家庭压力等各种原因对加入此类公司较为谨慎和犹豫。而众多口腔医学毕业生虽有较大的热情，却往往经验、技术不足，难以保证公司服务的质量水平。因此，公司难以招募到专业人员成为一大风险。

对策：本公司通过与母体学校合作，在春、秋季招聘会上设招聘点，吸引口腔正畸医生的加入。为发展资历尚浅、技术有待提升的医生，公司内部设立帮带制度，由业务能力较强的医生帮带业务能力稍差的医生。此外，公司拟通过培训班的组建，吸引广大毕业生进行交流培训，通过考核及实践选取其中业务能力较强者进行任用。

（六）结束语

隐领是一个线上结合线下以口腔正畸为特色的数字化口腔科技公司。针对口腔正畸专业医生缺乏，医生对隐形矫治技术学习不系统，没有信心，难以接诊和完成病例的行业痛点，隐领从专业角度运用全面的口腔正畸分析诊断工具，对 3D 模型、软组织、X 线片、CBCT 等内容进行全面、精确分析，多角度全方位的病例信息让医生能够系统性地考虑口腔正畸问题并与医生沟通设计方案。主要利用互联网实现远程指导口腔正畸医生。结合自己的线下隐形矫治工作室，隐领通过一站式的平台沟通了医生与患者之间的联系，努力打造成为地区隐形矫治的中心；同时，成立口腔正畸医生集团，派驻医生接入诊所的口腔正畸业务；最后，建立口腔正畸教育学院，从软件到硬件，隐领一应俱全，另有经验专业扎实的口腔正畸专家为医生保驾护航，让医生会正畸，敢正畸。

导师评语及建议

　　小璐同学着眼于当下优质口腔正畸资源紧缺的行业痛点，希望打造一个口腔正畸临床对接平台以展开方案设计、口腔正畸培训，最后成立医生集团的创业理念是符合当下时代背景的。她结合创业环境和自身具备的创业所需特质，争取在隐形矫治方面建立自己的事业。我们谈创业，首先就要明确自己需要实现什么样的目标。数字化口腔已渐至成熟，但如何让口腔正畸医生掌握较强的正确诊断和矫治设计的临床分析思维能力，以及临床操作基本技能，一直是口腔正畸培训的难点。首先要让人家看到你的实力，可以先扩大医生的网络，熟悉隐形矫治器的营销体系，从经销商入手，铺开之后，掌握了资源，用户量增大，经过市场检验就可以反馈出这个模式有没有问题。不知小璐同学如何规划，通过自己的专业基础形成自己的社会经济理念并且得到社会经济的认可？

二、"滴滴"看牙

小谦（化名）某大学口腔医学院 2016 级口腔医学专业

编者按

　　"滴滴"看牙——顾名思义，借鉴滴滴打车软件的模式，普通用户在手机上装一个滴滴打车的软件，不论随时随地都能叫到车，十分方便快捷，而且采用支付宝、微信支付等线上支付形式，免除了因没有零钱而找不开的现象。滴滴打车在使乘车用户得到方便快捷的服务的同时，节省了乘车成本，省钱又省时。不仅乘客获得了实惠，滴滴平台上的车主也能通过 GPRS 定位快速找到需要乘车的乘客，增加了客流量，实现车主与乘客的利益双赢。

　　借鉴这一种商业模式，小谦结合自己所学专业，致力于开展口腔治疗的互联网模式，在传统就诊的基础上加上生动的抢单模式，实现口腔患者与口腔医生的双赢。

　　他将这一款借助平台软件，实现线上线下看牙的项目，命名为"滴滴"看牙。

（一）自我认知

1. 职业兴趣　　通过霍兰德职业倾向测试，小谦对自己的职业兴趣有了初步的了解，最强的兴趣为企业型和社会型。

　　根据小谦最强的兴趣，可见他的特点是对创业活动很有兴趣，也非常喜欢与人打交道，喜欢表达自己，喜欢影响和感染他人；做事积极而有计划，以任务为导向，关注结果，但也重视团体的契合与和谐，希望自己能成为团体中的焦点人物；对新鲜的事物很感兴趣，关心的问题广泛；有志于参与服务性的活动，担任组织、管理与决策等相关角色，获得良好的效果回报。

　　小谦在社会生活中喜欢结交朋友，待人热情，乐于助人，能迅速与别人建立亲密关系，行为大方慷慨，态度和蔼可亲，处事周密得体，处理各种复杂人际关系游刃有余，对自己的行为有责任感，这些正是他受人尊重和欢迎的原因。

2. 通用技能　　人员管理、人际协调、软件开发、演讲、团体活动组织、政论聚会、经营管理等。

3. 职业性格　　总体来说，小谦的类型是工商业领域型——严肃的、有责任心的、通情达理的社会坚定分子。

　　性格优势：工作缜密，讲求实际，很有头脑也很现实。具有很强的集中力、条理性和准确性。无论做什么，都相当有条理和可靠。具有坚定不移的品质，一旦着手自己相信是最好的行动方法时，就很难转变或变得沮丧。特别安静和勤奋，对于细节有很强的记忆和判断。能够引证准确的事实支持自己的观点，把过去的经历运用到现在的决策中。重视和利用符合逻辑、客观的分析，以坚持不懈的态度准时地完成工作，并且总是安排有序，很有条理。

4. 价值观　　小谦最突出的职业价值观是崇尚独立、赞誉赏识。

　　（1）崇尚独立：他是一个期望能够独立工作、独立决策，而且能够表现出自己的创新，发挥自己的责任感、自主性的人。能够以自我监督的形式使自己的工作按照自己的计划顺利进行。把"崇尚独立"视为自己重要的职业价值观的他，希望自己的工作具有不确定性，在这种不确定性中可以充分发挥自己的创造力；具有比较自由的空间，能够尝试使用自己的新想法；具有较多的自由，可以自己安排工作的步骤与进度；工作范畴内的事务自己可以较自由地决策。

（2）赞誉赏识：对职业的追求，是能够使自己获得充分领导力的提升机会，并拥有充分的权威，能够对他人的工作提供指导。这个职位要很有社会声望。把"赞誉赏识"视为自己重要的职业价值观的小谦，希望在工作中：自己所付出的努力与才智能够及时被同事领导认可；有较充分的职位或地位提升空间与机会；渴望通过努力获得较好的社会地位，从而获得同学、朋友的认同；渴望着对工作的付出和在工作方面取得的成绩可以取得业界的认可；希望通过积极的工作，能够获得更多的指导权；逐渐能有较充分的管理权力，从而可以自主把事务依自己的想法进行恰当安排；希望工作内容是制订行动计划，并指导大家共同努力。

5. 总结

（1）坚韧、不轻易放弃：互联网最大的特点是竞争激烈。每一个领域，都有大量的资本和创业公司涌入，竞争非常激烈。这中间，非常重要的是具备一种坚韧的性格。

（2）有大局观：创业是一个漫长的过程。在激烈的竞争中，应时刻保持清醒，养成从长远看问题的习惯和宽广的视野，能够看清楚未来行业发展和竞争大势的走向。

（3）创新精神：互联网需要创新，这里面的创新，有可能是颠覆性的创新，更多的是局部的微创新。

（二）创业环境认识

1. 龋病、牙周病患病率高 根据第三次全国口腔健康流行病学调查资料显示，我国口腔疾病患病率仍然高达90%以上。我国5岁组乳牙、12岁组恒牙、35～44岁组、65～74岁组的龋齿患病率分别为66%、28.9%、88.1%和98.4%。与高患病率形成鲜明对比的是，目前国内口腔疾病患者的就诊率非常低。该数据显示，龋齿患病率达到66%的5岁组儿童，其中只有3%进行了治疗；龋齿患病率达到88.1%的中年组，就诊率只有8.4%；而患病率高达98.4%的65～74岁老年人的治疗率也只有1.9%。

2. 看病难、看病贵得不到改善 对于患者来说，看病贵、看病难始终是围绕患者的核心问题。除此之外，在口腔医疗行业这个特殊市场中，治疗价格混乱、对治疗项目及相关收费不清晰、医疗数据不随身导致的重复检查，口腔相关知识匮乏导致的对医生不信任等问题尤为突出。

3. 市场规模不断扩大 与我国口腔疾病治疗率低下形成鲜明对比的是，国内口腔市场规模自2014年开始以每年15%的速度快速增长，并且增长率呈上升趋势。口腔行业快速增长的驱动力主要源自以下四点。

（1）中国人均可支配收入的快速提高。

（2）牙科教育在中国的快速普及。

（3）国外先进技术的引进，医生的再教育需求越来越大，水平不断提升。

（4）口腔市场化，加大了推广力度和范围。

目前全国已有6.5万家民营口腔诊所和近万家国立口腔医院及口腔科门诊，且这一数字正在飞速地扩大。

在快速增长的同时，也伴随着牙科口腔的市场化不断加深，很多问题也逐渐显现。围绕医疗服务本身，患者、医生、医疗服务机构这三大医疗服务参与主体相应的矛盾与诉求也不断加深。

4. 口腔互联网软件的兴起 2016年初，在互联网医疗陷入低迷之时，北京优益齿科技发展有限公司针对口腔行业及口腔医疗服务本身将优益齿移动口腔医疗平台推入市场。从诊前、诊中、诊后实现咨询全面互联互通。平台利用互联网模式的优势，将医疗服务参与主体及上下游产业对接，形成资源互补、咨询互通局面，从而满足各方需求，实现多方共赢。同时，平台根据口腔医疗服务中患者、医生、医疗服务机构的不同需求，分别开发了优益齿患者端 APP、优益齿医生端 APP 及优益齿后台管理系统（WEB 端）。从口腔医疗服务查询、预约就诊、医疗服务能力提升、病例随身、数据互联等各个环节优化整个医疗服务流程，并且从各个角度满足了医疗服务各主体的切实诉求。

5. 市面软件效果并不理想，滴滴有良招 从优益齿平台的成功例子可以看到口腔医学+互联网模式满足了医疗服务主体的切实需求，具有良好的可行性。但是，此平台并没有完全改变患者在治疗中处于的被动地位，线上诊断仍然存在许多弊端，与在实体医院、诊所的诊断效果相比，网络诊断效果不佳，仍有很大一批患者选择去大医院求医。本项目的任务是开创一款线上线下同步合作的医疗软件，开辟让患者寻找医生的新模式，使患者处于主动地位，能根据自己想要的服务和理想的价格选择口腔医生。

（三）创新点与项目特色

1. 在以往的互联网口腔软件中增设了用户发单和牙医抢单的功能。使牙齿疾病治疗变得更有目的性，治疗过程更加方便快捷。

2. 新增诊疗评价和排名推荐功能，使优秀的诊所医师能在众多的诊所之中脱颖而出，并在地区产生一定的竞争压力，逐渐提高整体的服务水平。

3. 软件平台上的口腔网络课程，不仅让患者了解口腔知识，了解医生治疗手段，更能使他们配合医生治疗，拉近医患关系，逐步迈向共同决策。后期的口腔医学网络课程平台，以打造全国口腔医学生课外拓展平台为目标，邀请各大医学院校开展口腔专业教学录制，争取成为诸如玩课、超星尔雅这类课后学习平台。

4. 对注册的民营诊所和医师、以个人名义注册的公立医院医生进行等级与擅长领域划分（专业划分）。

5. 系统将平台上用户的病例史、医疗检查数据进行登记，患者和医生可以通过 APP 查看患者以往的病例史和做过的检查数据，避免一些重复检查，也能使医生较快地了解患者疾病的情况。

（四）行动计划

1. 大学阶段 小谦的大学阶段行动计划见表 10-28。

表 10-28　小谦的大学阶段行动计划表

阶段	目标	行动
大一	适应大学生活，确定职业目标	积极参与院学生会活动，拓宽人际圈，知道怎样与他人更好地融洽地相处，在一定程度上锻炼组织能力和管理能力；参与学院组织的各种活动，丰富课余生活，加深对集体荣誉感的理解；参加素质拓展中心的项目，培养自己创新创业方面的能力
大二、大三	多渠道培养职业技能	利用大二、大三两年时间，为成为一名创业者打下坚实的基础，掌握口腔专业、互联网、企业管理理论的知识，制订出以下行动计划：认真学习专业知识，为自己打下扎实的理论基础；认真学习英语，目前已通过大学英语四级、六级考试，下一步将继续考研英语、医学英语、英语口语方面的学习；加强对办公软件（Word、Excel、PPT 和 PS 等实用工具）的学习；在学院教师的指导下，完成科技创新作品，参加科技创新比赛、挑战杯等比赛
大四、大五	进一步强化理论与实践相结合的能力	回顾科技创新过程，总结和复习科技创新过程中的得与失，准备与同学们一起考研，争取考研成功接受更专业的学习；进一步强化职业技能，不断参加各类语言类、科技创新类的比赛，继续关注创业方面的动态新闻，定期参加社会实践，如学院暑期社会实践、附属口腔医院暑期工作实践等

2. 职场适应计划

（1）了解（工作 2 个月内）：刚踏上工作岗位，要多听、多看、多问、多学。利用所学知识、技能进行实际工作，对所做工作、工作环境和人员安排部署进行一个全面的了解。向创业成功的前辈讨教意见，脚踏实地，与创业合伙人一步步地进行创业探索。寻找投资商，争取与投资公司取得战略合作关系，并对创业理念进行投资。

（2）适应（工作 3～6 个月）：从工作时间、工作内容、工作方式、人际交往及日常生活安排方面进行适应。开始独立完成工作任务；同时可以独立完成软件设计、推广工作，并参加口腔总局开设的讲座，认识更多的口腔医生，走访周边口腔诊所，分发调查问卷，做市场调查工作和创业理念初步分享，收集诊所医师的建议或意见。

（3）小结（工作 8 个月内）：对自己的工作情况、工作成效进行分析总结，找到优缺点，便于改正。

3. 职业生涯中长期规划 见表 10-29。

表 10-29 小谦的职业生涯中长期规划表

阶段	目标	行动
毕业后 3～5 年	开始与合伙人一起践行自己的创业想法	通过对市场环境的适应，成为一名合格的创业人后，开始自己真正的创业之路；和创业大学生一起工作，从创业者中借鉴他们的经验，寻找投资商开始软件开发，寻找商业加盟对象，推广此软件；经营该软件平台，并不断扩展软件功能，真正实现一体化的口腔医疗服务，按市场趋势调整前进路线；学习更多专业知识，强化自身优势
毕业后 5～10 年	巩固软件效益，开发其他医疗软件	不断推陈出新，增强本软件在口腔互联网的强势地位，占领浙江 40% 的口腔市场；及时把握社会医疗方向，寻求其他医疗软件的开发创业，完善互联网医疗
毕业后 10～15 年	成为一名投资商	全面了解创业投资原理；运用自身积累的丰富经验对可行性高的互联网医疗方案及其他创业项目进行投资，挖掘创业型人才

（五）风险预测及应对措施

在如今的互联网创业浪潮下，极大的竞争压力、混乱的秩序使得互联网创业存在一定的风险，对于医疗行业的创业者来说，主要面对的是经营风险、市场风险和技术风险。

1. 经营风险 面对众多的口腔互联网软件，参差不齐的服务水平很容易会使社会大众丧失对医疗软件的信心。

对策：应不断提升服务水平，不断宣扬团队的服务宗旨，致力于打造一个完善的口腔医疗软件。对入驻的医师进行特定的等级分级制度，对他们的营业执照、营业资历、营业水平进行综合考察，审核他们提供的证明信息，为每一位医师判别一个等级，并对他们擅长的领域进行分类。患者可通过医师的等级和擅长治疗的疾病进行自主选择。另外，制作一些宣传片来介绍"滴滴"看牙的功能，突出其便捷的服务体系。

2. 市场风险 习惯了固定医疗的人群短时间难以适应移动的医疗软件，难免会产生排斥的心理。普通群众不明白这样的软件到底有什么效果，如果没有人对他们进行引导，那么"滴滴"看牙软件的使用群体就不多，也难以获得成功。发展过程中难免会出现一些医患纠纷。除此以外，用户的恶意评价、医师的故意欺骗等不负责任的行为也容易影响软件平台的口碑。

对策：建立一个医师信用体系，根据医师在平台上的就诊人数、用户星级评价等对入驻医师进行等级划分，信用等级越高的医师享有的优惠政策越多（如推荐排名、年度分红、管理费的减免等）。公司需要与保险公司合作，购买保险规避因平台上的医疗纠纷对公司造成的损失。同时，注册的医师诊所也需要购买营业保险，对于比较大的医疗纠纷，本公司将根据信用等级对医师和患者进行相应的补偿。

3. 技术风险 最大的技术风险即能否确保患者信息不被他人窃取。如今的互联网四通八达，一台电脑加一定的技术就能下载云端服务器的资料。而这些患者的医疗信息一旦落入不法分子的手中，后果是难以想象的。作为一个创业公司，保护患者隐私是创业成功的前提。另外，软件程序（如后台管理系统、支付系统、预约系统的正常运行）也是技术问题所在。后期服务的跟进及如何获得患者病情的反馈也需要技术的突破。

对策：对此应对患者信息进行加密处理，对云端服务器进一步加固封锁，每一关卡都有验证密码，防止他人窃取患者及公司的信息。不断完善软件系统的运行功能，定期检查维护系统的安全，更新子系统的操作。

（六）自我监控

1. 职业路径的评估 当职业路径与自己原先制订的不一样时，小谦将调整好心态，以不变应万变。任何创业道路都会遇到大大小小的挫折，以一颗平常心去面对自己的得失。多将错误归集在自己身上，不要因为一时的失败而抱怨身边的人。

2. 实施策略评估 如果当时的环境比预期的坏，小谦会积极寻求和探索解决问题的其他办法。向专业人员寻求解决办法，并开始采取行动尝试改变局面。

3. 其他因素评估 如果遇到意外情况，要及时根据实际情况选择有效的方案。

4. 阶段目标的修正 大学阶段的计划主要应该考虑到的是自身的学习效率和工作状况。要处理好学习和工作之间的问题，当工作和学习发生冲突时，应当选择以学习为主，同时，在科技创新的过程中，必须要放弃一些东西，有取有舍，随机应变。

5. 职业方向的重新选择 如果毕业后不能顺利地创业，小谦会先选择第二职业，在口腔医院或口腔公司做一名口腔医生，不断积累经验，为几年以后开始正式的创业积累经验，随着职业进程的发展，随时调整自己的职业规划，待时机成熟，再投入创业的怀抱中去。

（七）结束语

对于患者来说，看病贵，看病难始终是围绕患者的核心问题。除此之外，在口腔医疗行业这个特殊市场中，治疗价格混乱、对治疗项目及相关收费不清晰、医疗数据不随身导致的重复检查，口腔相关知识匮乏导致的对医生不信任等问题尤为突出。"滴滴"看牙的出现，有望将口腔医疗资源进行合理的配置，让患者处于更加主动的位置，帮助他们了解口腔，以便与口腔医生进行良好的沟通。在缓解这一紧张趋势的同时又增进了医疗体系的完善、提升医患交流的和谐程度，又为社会公众提供了一个学习平台，增进民众的口腔保健知识，提高我国口腔医疗保健水平。将传统医疗与互联网结合起来，顺应时代发展、医疗数字化的趋势，给患者和医生提供更多的便利，也为社会做出了一份自己的贡献。

导师评语及建议

小谦同学从自己的专业出发，带着一份对创业的热情，借鉴滴滴的商业模式，创新性地提出了"滴滴"看牙的构想，这样的热情和眼光值得肯定。互联网+医疗是当前的热点，是对未来医疗新模式的一种积极探索，可以说正是商业发展的新风口。"滴滴"看牙着眼于打造一个面对普通老百姓和众多牙科医疗机构的线上互联网平台，通过对社会牙科医疗资源的重新整合分配，解决老百姓看牙难、看牙贵问题的同时，也帮助了一些难以获客或者自身营销推广能力低的民营牙科机构降低了营销成本。不仅有牙科科普宣教有效提高老百姓的牙科保健意识，引入的排名推荐机制也很好地营造了一种优胜劣汰的良性竞争环境。项目很好，就看如何脚踏实地地落实，作为学生创业，会遇到许许多多的问题，要有创业不怕难的勇气，并保持自我更新的能力，来适应创业带来的不确定性。面对将来的几年，小谦同学已经做好了规划，需要注意的是，规划要随着时间的变化而不断地充实更新。我给小谦同学的建议是，多了解我们的竞争对手，找到行业内已经小有气候的产品，分析他们的成功因素及成长历程，同时着眼于温州，着眼于当下，找到最适合自己的发展之路，创业，只有"活下来"才能有资格成功！

三、思贝斯 3D 打印

小龙（化名）某大学口腔医学院 2018 级口腔医学专业

编者按

小龙致力于为广大顾客提供个性化 3D 打印技术，打造一个专业、规范的 3D 打印定制平台，以更好地服务顾客，带动行业发展。思贝斯从专业角度运用全面的高精度 3D 打印技术及三维扫描成像技术打造产品，贴合高校教师课程需要，契合高校教学模式；高精度的假肢可以带来心理和生理上的补偿，减少异物感和不适感；3D 打印人像应用于婚礼、纪念日等特殊时间点，也可以记录孩子的成长变化、作为家人朋友的礼物等，让记忆中最美好的时刻成为永恒。

（一）自我认知

1. 性格 他的性格类型倾向为"ESTP"，作为"促进者"他不会焦虑，因为他们是快乐的，随遇而安、天真率直。性格优势如下：擅长通过现场及时处理问题；喜欢做事的过程，并乐在其中；喜好运动及技术性事务；有一定的适应性、务实性和容忍度；擅长处理、组合或分解各种复杂事务。

2. 技能 他负责过创新创业方面的工作，对于创新创业的发展有全面的认识。责任心强，具有开放的探索精神和深刻的洞察力；具备较好的团队精神和领导才能；善于处理人际关系，处理管理事宜，打造企业文化。

3. 兴趣 擅长处理解决实时问题，善于组织与影响他人共同完成组织目标，如成为项目经理，营销管理人员，社会服务指导人员，政治工作人员，食品销售、戏院、酒店、旅社的经理，房屋管理人员。小龙的霍兰德职业倾向测试结果见图 10-32。

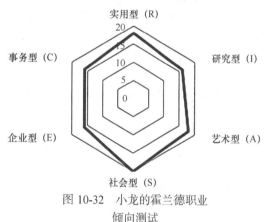

图 10-32 小龙的霍兰德职业
倾向测试

4. 价值观 他喜欢自由的生活，在掌握一项技能能够带给自己丰厚的报酬并保障家人的生活后，渴盼着接触新鲜事物、新朋友。他对事物的包容性强，对自己的能力极为自信，渴望能够在新天地大展身手，总是在寻求与群众接触的机会，渴望发挥自己的社会作用。他珍视现在拥有的一切，也期待着未来的无限可能。

5. 总结

（1）他坚定，果断，能够妥善解决各种问题，善于组织与影响他人共同完成组织目标，具有较强的领导力，善于规划未来的事务，是践行家与领导者。

（2）他善于最大化利用现有资源，统筹规划，习惯于合理分配时间。尽力提高办事效率，是效率至上者。

（3）他乐于面对困难，并一步步解决，他享受解决困难后的成就感。

（4）他看待事物全面，却不拘泥于事物的悲观层面，做好最坏的打算之后，以乐观积极的心态处理事物。

（二）创业环境认知

1. 时代潮流　在工业 4.0 的大背景及各国政府的大力支持下，预计全球的 3D 打印产业将在未来十年里处于高速增长时期。我国作为全球 3D 打印产业的大力推动者，将在 3D 打印专业人才的培养、行业标准的制定、前沿技术的研发等方面投入更多的精力。现如今，大到飞机、汽车，小到玩具、义齿，3D 打印的产品类型越来越多，这些产品将以精美的外观设计和较为齐全的功能，带给人们全新的视听感受。在个性化定制方面，3D 打印也将给人们带来更多惊喜。

2. 3D 打印优势明显

（1）减少副产品浪费。

（2）一体成型、无须组装。

（3）精度高、不拘泥于模具化生产。

（三）主要产品

1. 3D 打印人像　使用高精度扫描仪，对人体全身及任何姿势表情进行全面彩色扫描，并可用于模型打印。主要步骤：建模，通过 3D 扫描仪对人体进行全方位 360° 无死角扫描，并将获取的数据导入 3D 建模软件中进行修补完善，随后将数据保存为 STL 格式；切片，将 STL 文件导入 3D 切片软件中进行打印参数设置，并保存为 G 代码；打印，将 G 代码文件拷贝到 U 盘，插入 3D 打印机，开始正常打印；后处理，通过打磨、上色等后处理工艺，增加人像模型的表现力。应用于婚礼、纪念日等特殊时间点，也可以记录孩子的成长变化、作为家人朋友的礼物等，让最美好的瞬间成为永恒。

2. 医学解剖模型　解剖学往往是医学生学习过程中的难点，虽然现今有了解剖软件，但如果解剖图变成了实实在在的 3D 打印模型，那么学生们学习人体结构和各种内部器官就会变得容易很多。3D 打印人体解剖模型让解剖图从 2D 平面跳脱出来，成为真正可触摸的实物。对比传统的模型，3D 打印令各部位变得可编辑化，允许老师和学生根据实际需求打印需要的产品，提高学习效率和理解深度。

3. 定制假肢、康复辅助工具　3D 打印假肢可以根据需求更好地进行复原，在色彩、形态、大小方面契合原生肢体，提高患者生活质量和保持心理健康。康复辅助工具在扫描基础上，与健康形态做对比，设计出个性化的康复辅助工具，利于伤情康复。

4. 在研产品　3D 定制人工骨，主要用于额头填充、眉弓填充、泪沟填充、鼻基底填充、下颌整形、颏部整形、颧骨整形等面部修复美化。采用螺旋 CT 或 CBCT 扫描顾客的颅骨获得颅骨三维 CT 数据，进行三维建模后打印颅骨模型，设计满足其需求的 3D 定制人工骨，并制作模具灌注骨水泥或者 EH 复合型骨水泥获得 3D 定制人工骨，而后用于手术进行修复美化。

（四）计划与路径

1. 发展初期　以温州为中心，通过和温州医科大学 3D 数字医疗中心合作，深入掌握并不断完善 3D 建模等核心技术，为未来占据一定份额的 3D 定制市场提供了夯实的技术支持，并与各大高校、医院、企业取得合作，推行 3D 定制，积累一定的客户群体、发展市场。

2. 发展中期　通过前四年的发展，在储备了一定资金、技术、市场的条件下，可在浙江省其他地区寻求发展并进行市场开拓。再根据客户的相应反馈，不断深入研究改善 3D 定制技术，建立"研发—反馈—完善—应用"的发展模式。

3. 发展后期　在成为浙江省内具有一定影响力的 3D 定制公司之后，开始计划在全国开拓发展市场、扩大规模的同时，与其他企业或医疗机构达成合作，致力提高完善 3D 定制技术及更新打印材料。

（五）自我监控

小龙创业风险评判层次见表 10-30。

表 10-30　小龙的风险评判层次

风险类型	分类	对策
市场风险	市场接受	保障产品质量、加强宣传力度
	行业竞争	加强宣传及产品创新
财务风险	现金流短缺	开拓创收渠道、财务监督
	融资风险	资金来源与用途全透明化
技术风险	技术泄露	保密条款与科技保险
	技术发展	加大科研投入
管理风险	人才流失	加强管理、提高收入
政策风险	政策变化	及时调整、建立相关部门

1. 市场风险

（1）市场接受风险：在投入市场初期，将会遇到以下困难。首先，本公司的品牌知名度确立缓慢，市场影响力不易形成；其次，部分客户对质量保持怀疑的心态；最后，前期市场投入过大，导致现金流不畅，影响到公司的可持续发展。另外，新产品在投入初期往往不易被市场接受，市场容量太小或者公司收入的不足将会导致后期的资本积累难以实现，有中途夭折的风险。

对策：对此，本公司不仅将在质量把关上予以充分保证，即初期用优质产品吸引顾客，赢得信任；还将在推销手段上予以加强，完善销售队伍和售后服务，保持与目标客户和潜在客户的良好关系，加强资源管理。此外，通过广告媒体，加强产品宣传和树立品牌形象。在市场方面，更要加快探索的步伐，通过更加精细化、精准化的市场调研深入了解潜在客户群的深层次需求。

（2）行业竞争风险：虽然 3D 打印定制在高教园区内尚未有竞争者，但仍然存在潜在竞争者加入的风险，与此同时，网络电商也占取了一定的市场份额。因此，竞争风险仍然存在。

对策：加大公司产品宣传投入，突出优势，提高产品品牌知名度，同时为客户提供优质的服务。加强产品创新，增加一定的用户黏滞度，并不断提高自身产品的劳动生产率，降低成本，提高质量，把市场占稳、占牢。坚持自身细分市场的差异化战略，在目前的市场空白期，迅速占领市场，获取有利地位。

2. 财务风险

（1）现金流短缺风险：本公司发展到一定阶段之后，随着经营规模的扩大，对资金的需求迅速膨胀。而资金来源有限，不能满足公司快速发展的需要，可能会陷入财务困境。

对策：公司拟通过扩大销售、加大外联力度等拓宽创收渠道，保证持续融资。此外，公司将通过建立财务预警系统，在日常财务管理业务中增设财务监督环节，通过财务预测等及时反馈财务情况。

（2）融资风险：融资活动可能会给企业的经营成果带来不确定及可能引起股权变动，从而导致公司内部混乱。

对策：每个月举行公司例会，财政部门需要对本月的财政收入和支出做一个详细的反馈。

3. 技术风险

（1）技术泄露风险：技术是企业的核心竞争力。它代表着该行业的技术壁垒。对于公司来说，核心技术是 3D 建模系统与打印技术。技术的泄密直接导致市场竞争力的直线下滑和产品特色的丧失。

对策：根据相关法律，公司拟建立技术管控条例，非相关技术人员不得擅自接触任何技术资料，技术人员除与公司签订正常的劳动合同外，公司还会在合同里明确泄露企业商业秘密的违约条款及对研发人员流动而做出的竞业限制条款。另外，公司将通过各类活动加强企业凝聚力和认同感，塑造健康的企业文化。此外，充分利用科技保险，尽可能规避研发人员流动及企业各类业务中的风险，减少损失。

（2）技术发展风险：科技人才是高科技企业的发展核心，对于企业的业务与产品发展至关重要。而市场经济又注定了企业和人才都有双向选择的权利，注定了人才流动又是必然的，核心研发人才流失对企业产生的杀伤力、破坏力、影响力都可能是毁灭性的，足以让一个企业大伤元气甚至使企业倒闭。

对策：公司拟通过与各大高校的合作，签订长期人才储备协议，吸引毕业大学生作为新鲜血液进入公司。在公司中树立科研致富的风气，提高科研投入，增加科研人员的收入，重奖做出杰出贡献的科研人员，

4. 管理风险 人才流失风险：随着自身相应能力提升，当公司提供的技术提升空间受限时，出于个人原因，员工就会选择跳槽。组织原因：由于公司内部组织管理系统不完善，不科学，导致员工对工作时间、工作压力、工资待遇及福利产生不满。竞争对手挖人：猎头公司挖走公司技术或专业骨干人员。

对策：甄选人才，选择稳定性较高、具有契约精神的高素质人才；提升公司内部管理机制，实行各部门不同的考核制度（如 KPI 考核）；提高技术人员工资待遇，鼓励员工创造业绩，实行一定程度的"高业绩高收入，低业绩减收入"的奖惩制度；定期组织团队建设活动，加强企业文化建设活动。

5. 政策风险 政策变化风险：在 2016 年国务院印发的《"十三五"国家科技创新规划》第五章 "构建具有国际竞争力的现代产业技术体系" 中明确指出要大力发展新材料技术和先进高效生物技术。在生物医用材料方向，指出加快生物打印、材料表面生物功能化及改性、新一代生物材料检验评价方法等关键技术突破，重点布局可组织诱导生物医用材料、组织工程产品、新一代植介入医疗器械、人工器官等重大战略性产品。其中，3D 打印技术作为代表性的新兴技术，在推动智能制造中将发挥重要的作用，故而我国大力支持 3D 打印技术。但是，本公司核心产品 3D 定制成骨在临床方面的推广可能受到国家政策要求严格的限制。

对策：关注政策，跟随政策调整战略方向；引进更多的法律行业人才，来完善公司的法律团队，并有公司的法律团队来把控法律风险。在申请科研试剂临床化的过程中，准备齐全完善的申请材料；并建立网监部门，避免业务触及法律，控制由此带来的政策管控风险。

（六）结束语

思贝斯是一家致力于推广 3D 打印的个性化技术，为广大客户提供个性定制的数字化高科技有限公司。3D 打印技术作为新兴产业和未来科技发展的方向当今市场，其走进生活和校园是大发展趋势，思贝斯希望可以用 3D 打印定制服务应用于生活来吸引学生们的注意，从侧面引发他们对这项技术的兴趣。同时也结合课堂教学，研发定制医学教具和模型辅助课堂，让 3D 打印走进学校。同样思贝斯希望在残障人士的假肢制作领域有所发展，展开假肢的私人定制服务，突破传统技术的限制。发展后期，生产人工定制骨，以满足颌面部缺陷患者的整形和修复需求，提高他们的生活质量。思贝斯也将不断提高、改进核心技术，为顾客打造准确度高、生物相容性好的产品。

导师评语及建议

近年来，3D 打印技术蓬勃发展，在医学领域的应用越来越广泛，3D 打印的产品方便医生与患者交流，治疗过程更加微创、精准，提高了医疗的水准，降低了操作门槛。小龙致力于推广 3D 打印个性化定制服务，符合工业技术和医学发展的潮流趋势，值得肯定！但是，抢占市场并非易事，3D 打印用于临床已有多年，已经有多家相对成熟的公司深耕市场，与各大医院

建立了良好的合作关系,除非有绝对的技术优势或以更低的价格提供同等的技术服务,否则很难获得这些客户。3D打印产品的设计需要既懂技术又懂医学、能与临床医生顺畅沟通的复合型人才,但是目前此类人才非常缺乏。所以,创业过程需要重点注意三个方面:①充足的资金储备,用于设备采购及人才待遇开支;②储备技术过硬的人才队伍,满足客户需求;③深入市场调研,了解客户需求,夹缝中求生存。

参考文献

陈凯. 2011. 医学生职业道德素质问题的伦理思考. 中国医学伦理学, 24（3）: 382-384

杜凯民, 吕鹏翔. 2013. 口腔医学发展趋势与国外牙医从业环境浅析. 大家健康（学术版）, 7（17）: 190-191

冯凤莲, 段西涛, 王培宏等. 2015. 医学生职业道德教育现状及思考. 吉林省教育学院学报, 31（10）: 50-51

冯征, 赵丽颖. 2018. 就口腔人才就业意向看地区口腔人力资源配置. 医学教育管理, 4（3）: 200-204

郭倩, 张研. 2018. 基于社会认知职业理论的医学院校就业指导教育策略分析. 医学与社会, 31（10）: 82-84

洪傲. 2017. 高校专业详解与选择指南. 杭州: 浙江摄影出版社

金树人. 2007. 生涯咨询与辅导. 北京: 高等教育出版社

李红, 方爱珍. 2008. 医学类专业大学生职业发展与就业指导. 北京: 高等教育出版社

李诗佩, 冷贵兰, 顾红晖. 2003. 口腔医学继续教育的实践. 中国高等医学教育,（3）: 33-39

梁美英. 2018. 社会主义核心价值观对医学生人文情怀培育的影响研究. 教育评论,（3）: 140-143

缪勇, 高萍. 2011. 略论职业生涯规划教育与思想政治教育的融合. 学校党建与思想教育,（32）: 76-77

刘复兴, 朱俊华. 2017. 大学生就业结果的影响因素研究——人力资本、SCCT 职业发展理论的视角. 西南大学学报（社会科学版）, 43（5）: 30-37

刘晓, 黄顺菊. 2019. 职业启蒙教育: 内涵审视、作用机制与实现路径. 职教论坛,（11）: 28-34

柳路行. 2014. 试论职业规划书撰写的原则、技巧及注意事项. 语文学刊,（3）: 109-110

唐闻捷, 王占岳. 2013. 医学生职业生涯规划与发展. 杭州: 浙江大学出版社

田飒. 2009. 大学生职业规划的现状与教育研究. 职教论坛,（14）: 59-60

王沛. 2007. 大学生职业决策与职业生涯规划. 北京: 科学出版社

王群, 夏文芳. 2011. 医学类学生职业生涯与就业指南. 上海: 复旦大学出版社

王水香. 2017. 马克思主义中国化视角下的医学生职业道德教育. 读与写（教育教学刊）, 14（9）: 62-64

韦婵. 2017. 微课在中职德育课程中的研究与实践——以"职业道德"内容为例. 教育现代化, 4（32）: 203-204

向欣. 2008. 当前大学生职业生涯规划教育的现状与对策思考. 现代教育科学,（9）: 39-43

肖英杰, 郑琛, 陈茂怀等. 2017. 医学生家庭背景、学医动机与学业成绩的相关分析. 中华全科医学, 15（5）: 834-837

辛璐, 周文霞, 唐方成. 2019. 职业成功观清晰度的前因变量及其作用机制——社会认知生涯理论（SCCT）视角. 经济管理, 41（4）: 127-141

袁彦华, 方芳. 2016. 大学生自我认知与职业规划. 文学教育（上）,（10）: 140-143

曾祥龙. 2016. 口腔正畸医患沟通之我见. 现代口腔医学杂志, 30（1）: 1-5

张劲龙. 2015. 医学生职业生涯规划问题研究. 福州: 福建师范大学

张晶昕. 2018. 医学生职业道德教育现状及提升路径. 吉林广播电视大学学报,（7）: 73-74

赵弼洲, 余占海. 2010. 口腔医学生人文素质教育的意义和思考. 医学与哲学（临床决策论坛版）, 31（10）: 72-73

赵燕. 2015. 基层口腔医生的继续教育状况与建议. 中医药管理杂志, 23（21）: 44-45

钟谷兰, 杨开. 2008. 大学生职业生涯发展与规划. 上海: 华东师范大学出版社

朱松, 高平, 魏茜茜等. 2018. 论口腔医学人文教育的重要性//中华口腔医学会口腔医学教育专业委员会, 2018 年中华口腔医学会口腔医学教育专业委员会第二次学术年会论文集. 武汉: 中华口腔医学会口腔医学教育专业委员会

附录 I 口腔医生的主要职业环境举例

对口腔医生的主要职业环境举例包括三种职位信息：职位特征、任职资格要求、任职者属性要求。具体内容为职业描述、工作内容，工作方式和环境，工作活动，职位所需使用的现代技术工具，任职者必备的职业技能、知识、智体能力及职位的任职资格，工作要求具备的性格、职业兴趣、企业氛围、工作价值观总共 13 项分类信息。

需要注意的是，该职业环境为通用的标准，在使用该职业标准的时候，应结合口腔医学毕业生就业的主要行业和用人单位特点，进行相应的走访、调研、修正，如对重要性排序的调整，采用更贴合实际的举例等。以下职业环境仅供参考。

一、职 业 描 述

口腔医生主要针对口腔常见病、多发病进行诊治、修复和预防。口腔疾病对治疗的操作要求超过了对诊断的要求，精细的治疗操作技术是口腔疾病诊治的关键。

二、从业者的工作要求

TOP6	主要任务
1	负责常见及一般的口腔与牙齿治疗，包括假牙补缀、根管治疗、牙周病治疗、拔牙等，为患者解决口腔疾病
2	治疗后清洁患者的口腔周围血迹、唾液，叮嘱治疗后的注意事项及可能有的症状及处理方法
3	负责患者的口腔健康咨询，尽量全面地回答患者提出的口腔问题，让患者能够自己预防疾病及尽早发现问题
4	为患者出具药方，指导药物的使用方法，预约复查时间
5	对口腔问题较严重的患者，要及时转交相关部门的牙科医生进行治疗，并记录初步诊断结果
6	负责口腔科固定器械及各类耗材的申购及登记工作

TOP5	工作要求具备的主要技能	举例说明
1	基本技能——学习方法	例如，学到完成任务的不同方法
2	基本技能——积极学习	例如，理解一条新闻的启示
3	基本技能——有效的口头沟通	例如，能快速了解患者口腔的健康状况
4	基本技能——科学分析	例如，进行常规体检化验来判定健康状况
5	基本技能——积极聆听	例如，听懂患者的需求

TOP4	工作中需要的知识	具体的知识结构
1	中文语言	关于汉语言结构和内容的知识，包括词的意义和书写、构成规则和语法
2	数学	关于算数、代数、几何、微积分、统计及应用的知识
3	生物学	关于植物和动物有机体、组织、细胞、功能依赖性、互为影响及与环境之间的关系等知识
4	计算机与电子学	关于线路板、处理器、芯片、电子设备和电脑软硬件的知识，包括应用软件和程序编写

TOP4	资格要求	具体要求
1	学历	专业要求为口腔医学，中专以上学历
2	外语水平	部分医院部分岗位对是否通过大学英语四级、六级考试有要求
3	年龄	部分医院部分岗位对年龄有要求
4	资格证	要求取得执业医师资格证

续表

TOP5	工作方式和环境	具体要求
1	用手操作、控制和接触医疗工具	该工作需要从业者花费较长时间用手操作、控制和接触控制器
2	身体接触的密切程度	该工作需要从业者经常与他人进行身体上的密切接触
3	与疾病或传染病的接触	该工作需要从业者暴露在疾病或某些传染病之中
4	重复工作的重要性	该工作需要重复相同的身体动作
5	人与人的交流	该工作要求从业者频繁地与他人交流

TOP3	工作活动	具体要求
1	资讯输入	对过程和周边环境进行监控
2	资讯处理过程	处理资讯、更新并运用相关知识
3	工作产出	归纳、简历档案或信息记录在案、操作计算机

TOP5	类别	工作要求的智体能力	具体要求
1	认识智能	对问题的敏感度	指出错误或可能出现错误的能力，但不包括解决该问题
2	认识智能	归纳推理的能力	将零散信息组合从中找出一般规律或结论的能力
3	认识智能	话语理解能力	通过倾听理解口语语句所包括的信息和思想能力
4	认识智能	口头表达能力	与他人进行口头交流，使其明白自己传达的信息和思想的能力
5	认识智能	演绎推理能力	将总体规则运用到具体问题中，并据此找出有意义的答案的能力

TOP5	工作要求具备的性格	具体要求
1	分析思考	要求工作者分析资讯，运用逻辑思维处理工作相关问题
2	细微观察	要求工作者在工作中注重细节，完美完成任务
3	正直	要求工作者诚实，有道德感
4	协作精神	要求工作者乐于与他人协作，并在工作中表现和善的态度
5	可靠性	要求工作者可靠地、有责任感地、值得信赖地履行自己的职责

三、从业者追求的工作满足

TOP1	职业兴趣	兴趣描述
1	社会性	社会性职业通常需要与他人沟通、协作或教育来为他人提供帮助或服务

TOP3	工作价值观	价值观内容
1	成就感	满足此项工作价值观的职业看重工作结果，通过成就感的刺激，使工作者的能力得到最大限度地发挥，相应的前提是才能得到充分发挥及获得成就感
2	人际关系	满足此项工作价值观的职业允许工作者为他人提供服务，并在非竞争性的友好环境中与同事协作。相应的前提是同事、道德价值观和提供服务
3	独立性	满足此项工作价值观的职业允许工作者独立工作、独立决策。相应的前提是创造力、责任感及自主权

TOP7	企业氛围	具体内容
1	个人发展	该项工作的从业者可以获得较多的学习和培训的机会，企业支持个人和专业的发展，提供更多具有挑战性的工作
2	认可	该项工作的从业者的工作得到认可和欣赏
3	报酬	该项工作的从业者的报酬较其他多数从业者丰厚
4	安全	该项工作的从业者可以在安全的环境下工作，不受暴力犯罪的伤害
5	工作环境	该项工作的从业者有良好的工作环境
6	尊重	该项工作的从业者提出个性化想法和意见能够得到相应的尊重
7	独立	该项工作的从业者在工作中自由度较高

四、职业招聘广告事例

1. 某口腔诊所招聘口腔医生，条件如下。

修复牙科医生

任职资格

（1）技术职称：口腔执业医师，主治医生及主治医生以上职称优先。

（2）学历要求：口腔修复专业，硕士及硕士以上学位，有口腔临床工作经验，具备执业医师资格。

（3）有2年以上种植修复经验者优先。

（4）具有仁爱之心、优秀医德、良好的语言沟通能力、医疗服务和客户意识；能虚心学习、与同事共同进步。

（5）具有独立胜任口腔临床医疗工作的能力，严格执行临床诊疗技术操作常规、严格无菌操作、保证医疗安全，服从工作安排。

（6）能正规操作拔牙、基本治疗、修复，技术全面（种植修复专业强者优先）。

2. 某医院招聘口腔医生，条件如下。

口腔正畸科临床研究人员

任职资格

（1）具有生物学、分子生物学、基础医学、生物材料学等相关专业的博士学位。

（2）年龄40岁以下，具有副高级及副高级以上专业技术职务任职资格。

（3）近五年以第一作者或通讯作者发表多篇高质量的SCI收录的研究论文。

（4）有海外知名高校、科研院所或知名企业研发机构工作经历者优先；对于特殊优秀人才或紧缺人才不受年龄、职称限制。

（5）具有独立工作的能力和团队合作精神；主要从事口腔正畸临床研究、基金申报及协助指导研究生等。

附录 II 口腔医患沟通指南

第一节 口腔医患沟通的内涵

口腔医患沟通，指口腔医师在诊治患者口腔疾病的过程中，围绕患者的口腔健康问题进行的一种必需且细致的交流，所交流的信息包括与疾病相关的内容、医患双方的思想、愿望、要求等，以更快更有效率地改善患者的疾病。其方式包括语言技巧和非语言技巧。而口腔医患沟通是建立良好医患关系的前提，古希腊医学家希波克拉底说过，有两件东西能治病，一是语言，二是药物。口腔医患之间的沟通不仅为诊断所必需，也是治疗中不可缺少的一个方面。

第二节 口腔医患沟通的原则

一、真　诚

口腔医生应以真诚的态度向患者传达关心和责任。医务人员面对的是患者的痛苦，患者常心存顾虑和难言之隐，医生此时应当坦诚地、实事求是地与患者沟通。如果口腔医生态度不友好，就会丧失患者的信任，出现难以预料的结果，甚至导致医患纠纷。

二、换　位

口腔医生应学会换位思考，及时了解患者及其家属的诉求和心理，以假设"自己是一个患者"的思路，考虑心理、语言、行为等方面，多角度、艺术化地处理口腔医患关系，从而不断提高自身修养品德和医患沟通能力。

三、主　动

从临床角度来说，患者处于相对弱势的地位，医生是医疗行动的主动实施者，是医患关系中的主角，积极的行为会营造积极的医患关系。

四、详　尽

医患沟通时尽可能不要漏掉诊疗过程中的任何重要细节，只有详尽，才能避免一些无法预料的情况。例如，实施某项医疗决策前需要告知患者情况并让患者签署"知情同意书"，如果后来的发生的情况在"知情同意书"中没有提及，或口腔医生做的医疗决策没有被患者认可，就会发生纠纷。

五、谨　慎

口腔医生的举止和表情在患者眼中有特定的含义，所以医师应当掌握自己的情绪变化，避免流露不适当的情绪，传递给患者错误的信号。例如，当口腔医生露出笑脸，患者会理解为友好或病情好转的信息，患者也将医生皱眉头的表情理解为病情不佳或恶化的信号。

六、守　法

口腔诊疗过程中，口腔医生应当切实恪守医疗道德，严格遵守法律法规，既要利用法律赋予的权利，也要履行法律规定的义务。口腔医生应当保持良好的医德医风，不能收受患者礼物，更不能向患者索要红包。法律和道德是医患沟通的保障，口腔医生自身坐得端、行得正，就能赢得患者的尊重和信任，就能在沟通中处于主动地位。

第三节 口腔医患沟通技巧

一、口腔医患沟通的语言技巧

（一）语法类交流技巧

1. 设问 避免暗示性提问；避免审讯式提问；避免逼迫式提问。

2. 请求 多用"请"，对医患沟通有益无害，如"请坐""请张开嘴"。

3. 告知 口腔医生对患者的医治有法律责任，所以对患者必须知情同意的诊治决定，医生的告知须持慎重态度，少发表主观性意见。

4. 感叹 感叹用得好，能使病情云开雾散见太阳；用得不好，病情恶化吓到人。

（二）功能类交流技巧

1. 倾听 在接诊时，应仔细听取患者陈述，避免遗漏重要信息以至出现误诊，导致医患纠纷。

2. 解释 对于病情，应对患者及其家属做详细、耐心的解释。

3. 说服 当患者不理解、不合作时，除必要的解释外，还需要进一步的说服工作，说服比解释要求更高更多。

4. 指导 既涉及患方诉说病情的要点，也涉及医方表达处理疾病的意见。

5. 安慰 常规性安慰：常用于日常医疗实践，尤其适用于住院患者。针对性安慰：用于特定患者，尤其是慢性病患者、老年患者及疑难杂症患者。

6. 鼓励 对于严重病症的患者，心理治疗则不是可有可无的，而是非有不可的，能够帮助患者树立生活的信心。

7. 幽默 医患交流中的幽默，需要医务人员提高人文修养，具备洞察世事的能力，针对患者的具体情况，三言两语，妙趣横生，使患者在开怀大笑中摆脱因疾病带来的负面情绪。

8. 致谢 患者将信任托付给口腔医生，口腔医生应当有神圣的使命感，"感谢患者信任"的理念应当成为当代医学伦理道德之一。

（三）通俗类交流技巧

1. 医学术语通俗化 医患沟通时，尤其对经济条件差、文化程度不高、对自身疾病认知程度低的患者，尽可能用简单易懂的通俗语言代替复杂深奥的专业术语。

2. 普通话与方言 患者来自五湖四海，方言各异，所以口腔医生应尽量使用普通话。但某个口腔医生能说所接诊患者的方言，可使用该方言，拉近医患的距离。

（四）语音类交流技巧

口腔医生应该善于利用语音来表达自己的感情，也应该善于识别患者语音所表达的感情，如此才能主动创造一种亲切和谐的氛围。

二、口腔医患沟通的非语言技巧

（一）静态非语言交流技巧

1. 仪表 口腔医生应当服饰整洁、仪态庄重、颇有风度，会使患者感到可靠。对于患者，不可以貌取人。

2. 姿势 俗话说，坐有坐相，立有立相。口腔医生有必要注重塑造自身良好的职业形象，就要从小事做起，注意自己的身体姿势就是其中一项。

3. 体距 口腔医生接诊异性患者时，距离不可太近，以避嫌疑；也不可太远，以免显得疏远。对于儿童、老年和孤独患者交谈时，可适当缩短距离。

4. 方向 即口腔医生接诊时的"颜面方向"，医患沟通时应该是面对面，极少背对背。但有时患者就座后，口腔医生只顾写病历，给人一种无视患者的感觉，实在不可取。

（二）动态非语言交流技巧

1. 观察　口腔医生不但要从专业角度，还要从心理学角度观察患者表情，揣摩患者对诊疗措施的接受程度，及时调整诊治措施。

2. 面部表情　真诚可带给患者慰藉、信心；遇病情危重、疑难杂症的患者时，应脸色凝重，不可有丝毫微笑；在平时的医疗场合，应具有一定的庄重仪态；看到患者的病情好转和恢复时，开怀大笑也未尝不可。

3. 目光接触

分类	目光投射特征	效果	场合	注意
正视	面部眼鼻嘴三角区，以鼻尖为中心	患者感到一丝的认真与诚恳	问诊、医疗指导、释疑	不可滞留过久或直视眼球
斜视	侧目而视	鄙视与轻视	一般禁忌	可用于无理取闹患者
环视	在特定范围内做目光"扫描"	尊重全体在场人员	教学查房，与患者及其家属谈话	眼神柔和，避免扫视
点视	目光专注一点	提请患者注意	体格检查	
虚视	视向远方却视为不见	缓解患者紧张心理	用于神经质患者，避开异性敏感部位	
无视	低头不见	无视患者	绝对禁忌	

4. 身体接触　在医患交流中，适当的身体接触也能体现口腔医生对患者的一种关怀。例如，对于儿童口腔患者，可以适当抚摸其脑袋，可充分体现一位口腔医生对儿童患者的真心关怀。

第四节　口腔医务人员应具备的沟通能力

一、提高自我情绪觉察的能力

很多不良事件的发生与当事双方的情绪管理有着密不可分的关系。情绪是指人对客观事物的态度体验及相应的行为反应。口腔医生在职业活动中，要提高自我情绪觉察的能力，妥善应用积极情绪的协调作用，避免消极情绪的破坏作用。

二、感知患者情绪变化的能力

口腔医疗纠纷的发生和发展与口腔医生、患者及其家属的心理情绪状况密切相关，特别是在应激状态下，医患双方的负性心理情绪都会对医疗纠纷的升级和矛盾的扩大起到推波助澜的作用。为此，口腔医生要学会察言观色，做到积极感知、发现和引导患者的情绪，妥善化解医疗纠纷的情绪隐患。

三、了解患者的能力

不进行充分的沟通，不了解患者的真实感受和需要，仅凭自己的好心和技术进行诊治，常常事与愿违。

四、告知病情的能力

向患者或其家属告知病情，尤其是坏消息，是口腔医生遇到的最困难的交流任务。合理分析病情，有针对性地表达预期，会让患者感觉到医学的科学性与权威性，同时建立起对口腔医生的信任，提高对医嘱的依从性。当传达坏消息时，在传达之前应特别留意患者的心理状况，学会因人而异，见机行事。

五、治疗指导的能力

随着医学的发展，大型综合医院的专业分科越来越细，口腔医生在关注本专业疾病的同时，也不可忽视同时伴随其他疾病的存在，在没有进行全面综合评价的情况下采取的措施无法收到预期的效果。另外，也要注意避免过度承诺，否则发生会让患者和家属无法接受与其心理预期不符的结果，更不要说治疗后出现严重的并发症，甚至意外死亡。

附录Ⅲ　口腔相关职业规划量表

一、MBTI

MBTI 是目前国际应用最广泛的性格类型测试系统，已成为企业员工职业定位和职业发展规划的主要手段之一。MBTI 的性格类型分为四个维度，分别为外向（extroversion，E）和内向（introversion，I）；判断（judgement，J）和知觉（perception，P）；感觉（sensation，S）和直觉（intuition，N）；思考（thinking，T）和情感（feeling，F），四个维度共组成 16 种性格类型。

MBTI 问卷如下所示。

注意事项

1. 参加测试的人员请务必诚实、独立地回答问题，只有如此，才能得到有效的结果。

2.《性格分析报告》展示的是你的性格倾向，而不是你的知识、技能、经验。

3. MBTI 提供的性格类型描述仅供测试者确定自己的性格类型之用，性格类型没有好坏，只有不同。每一种性格特征都有其价值和优点，也有缺点和需要注意的地方。清楚地了解自己的性格优劣势，有利于更好地发挥自己的特长，尽可能地在为人处世中避免自己性格中的劣势，更好地和他人相处，更好地做出重要决策。

4. 本测试分为四部分，共 93 题；需时约 18 分钟。所有题目没有对错之分，请根据自己的实际情况选择。将你选择的 A 或 B 所在的○涂黑，如●。

只要你是认真、真实地填写了测试问卷，那么通常情况下你都能得到一个确实和你的性格相匹配的类型。希望你能从中或多或少地获得一些有益的信息。

（1）哪一个答案最能贴切描绘你一般的感受或行为？

序号	问题描述	选项	E	S	N	T	F	J	P
1	当你要外出一整天，你会	A						○	
	A. 计划你要做什么和在什么时候做	B							○
	B. 说去就去								
2	你认为自己是一个	A							○
	A. 较为随兴所至的人	B						○	
	B. 较为有条理的人								
3	假如你是一位教师，你会选教	A		○					
	A. 以事实为主的课程	B			○				
	B. 涉及理论的课程								
4	你通常	A	○						
	A. 与人容易混熟	B			○				
	B. 比较沉静或矜持								
5	一般来说，你和哪些人比较合得来？	A			○				
	A. 富于想象力的人	B		○					
	B. 现实的人								
6	你是否经常让	A					○		
	A. 你的情感支配你的理智	B				○			
	B. 你的理智主宰你的情感								
7	处理许多事情上，你会喜欢	A							○
	A. 凭兴所至行事	B						○	
	B. 按照计划行事								
8	你是否	A	○						
	A. 容易让人了解	B		○					
	B. 难于让人了解								

序号	问题描述	选项	E	S	N	T	F	J	P
9	按照程序表做事	A						○	
	A. 合你心意	B							○
	B. 令你感到束缚								
10	当你有一份特别的任务，你会喜欢	A						○	
	A. 开始前小心组织计划	B							○
	B. 边做边找需做什么								
11	在大多数情况下，你会选择	A							○
	A. 顺其自然	B						○	
	B.按程序表做事								
12	大多数人会说你是一个	A							○
	A. 重视自我隐私的人	B	○						
	B. 非常坦率开放的人								
13	你宁愿被人认为是一个	A		○					
	A. 实事求是的人	B			○				
	B. 机灵的人								
14	在一大群人当中，通常是	A	○						
	A. 你介绍大家认识	B		○					
	B. 别人介绍你								
15	你会跟哪些人做朋友？	A			○				
	A. 常提出新主意的	B		○					
	B. 脚踏实地的								
16	你倾向	A				○			
	A. 重视感情多于逻辑	B					○		
	B. 重视逻辑多于感情								
17	你比较喜欢	A							○
	A. 坐观事情发展才作计划	B						○	
	B. 很早就作计划								
18	你喜欢花很多的时间	A							○
	A. 一个人独处	B	○						
	B. 和别人在一起								
19	与很多人一起会	A	○						
	A. 令你活力倍增	B		○					
	B. 常常令你心力憔悴								
20	你比较喜欢	A						○	
	A. 很早便把约会、社交聚集等事情安排妥当	B							○
	B. 无拘无束，看当时有什么好玩就做什么								
21	计划一个旅程时，你较喜欢	A							○
	A. 大部分的时间都是跟当天的感觉行事	B						○	
	B. 事先知道大部分的日子会做什么								
22	在社交聚会中，你	A							○
	A. 有时感到郁闷	B	○						
	B. 常常乐在其中								
23	你通常	A	○						
	A. 和别人容易混熟	B		○					
	B. 趋向自处一隅								
24	哪些人会更吸引你？	A			○				
	A. 一个思维敏捷、非常聪颖的人	B		○					
	B. 实事求是，具丰富常识的人								

续表

序号	问题描述	选项	E	S	N	T	F	J	P
25	在日常工作中，你会 A. 颇为喜欢处理迫使你分秒必争的突发事件 B. 通常预先计划，以免要在压力下工作	A B						○	○
26	你认为别人一般 A. 要花很长时间才认识你 B. 用很短的时间便认识你	A B	○	○					

（2）在下列每一对词语中，哪一个词语更合你心意？请仔细想想这些词语的意义，而不要理会他们的字形或读音。

序号	问题描述	选项	E	I	S	N	T	F	J	P
27	A. 注重隐私 B. 坦率开放	A B	○	○						
28	A. 预先安排的 B. 无计划的	A B							○	○
29	A. 抽象 B. 具体	A B			○	○				
30	A. 温柔 B. 坚定	A B					○	○		
31	A. 思考 B. 感受	A B					○	○		
32	A. 事实 B. 意念	A B			○	○				
33	A. 冲动 B. 决定	A B							○	○
34	A. 热衷 B. 文静	A B	○	○						
35	A. 文静 B. 外向	A B	○	○						
36	A. 有系统 B. 随意	A B							○	○
37	A. 理论 B. 肯定	A B			○	○				
38	A. 敏感 B. 公正	A B					○	○		
39	A. 令人信服 B. 感人的	A B					○	○		
40	A. 声明 B. 概念	A B			○	○				
41	A. 不受约束 B. 预先安排	A B							○	○
42	A. 矜持 B. 健谈	A B	○	○						

续表

序号	问题描述	选项	E	I	S	N	T	F	J	P
43	A. 有条不紊	A							○	
	B. 不拘小节	B								○
44	A. 意念	A				○				
	B. 实况	B			○					
45	A. 同情怜悯	A						○		
	B. 远见	B				○				
46	A. 利益	A					○			
	B. 祝福	B						○		
47	A. 务实的	A			○					
	B. 理论的	B				○				
48	A. 朋友不多	A		○						
	B. 朋友众多	B	○							
49	A. 有系统	A							○	
	B. 即兴	B								○
50	A. 富想象的	A				○				
	B. 就事论事	B			○					
51	A. 亲切的	A						○		
	B. 客观的	B					○			
52	A. 客观的	A					○			
	B. 热情的	B						○		
53	A. 建造	A			○					
	B. 发明	B				○				
54	A. 文静	A		○						
	B. 爱合群	B	○							
55	A. 理论	A				○				
	B. 事实	B			○					
56	A. 富同情	A						○		
	B. 合逻辑	B					○			
57	A. 具分析力	A					○			
	B. 多愁善感	B						○		
58	A. 合情合理	A			○					
	B. 令人着迷	B				○				

（3）哪一个答案最能贴切地描绘你一般的感受或行为。

序号	问题描述	选项	E	I	S	N	T	F	J	P
59	当你要在一个星期内完成一个大项目，你在开始的时候会	A							○	
		B								○
	A. 把要做的不同工作依次列出									
	B. 马上动工									
60	在社交场合中，你经常会感到	A		○						
		B	○							
	A. 与某些人很难打开话匣儿和保持对话									
	B. 与多数人都能从容地长谈									

续表

序号	问题描述	选项	E	I	S	N	T	F	J	P
61	要做许多人也做的事，你比较喜欢	A			○					
	A. 按照一般认可的方法去做	B				○				
	B. 构想一个自己的想法									
62	你刚认识的朋友能否说出你的兴趣?	A	○							
	A. 马上可以	B		○						
	B. 要待他们真正了解你之后才可以									
63	你通常较喜欢的科目是	A				○				
	A. 讲授概念和原则的	B			○					
	B. 讲授事实和数据的									
64	哪个是较高的赞誉? 或被称许为	A						○		
	A. 一贯感性的人	B					○			
	B. 一贯理性的人									
65	你认为按照程序表做事	A								○
	A. 有时是需要的，但一般来说你不大喜欢这样做	B							○	
	B. 大多数情况下是有帮助而且是你喜欢做的									
66	和一群人在一起，你通常会选	A		○						
	A. 跟你很熟悉的个别人谈话	B	○							
	B. 参与大伙的谈话									
67	在社交聚会上，你会	A	○							
	A. 是说话很多的一个	B		○						
	B. 让别人多说话									
68	把周末期间要完成的事列成清单，这个主意会	A							○	
	A. 合你意	B								○
	B. 使你提不起劲									
69	哪个是较高的赞誉? 或被称许为	A					○			
	A. 能干的	B						○		
	B. 富有同情心									
70	你通常喜欢	A							○	
	A. 事先安排你的社交约会	B								○
	B. 随兴所至做事									
71	总的说来，要做一个大型作业时，你会选	A								○
	A. 边做边想该做什么	B							○	
	B. 首先把工作按步细分									
72	你能否滔滔不绝地与人聊天?	A		○						
	A. 只限于跟你有共同兴趣的人	B	○							
	B. 几乎跟任何人都可以									
73	你会	A			○					
	A. 跟随一些证明有效的方法	B				○				
	B. 分析还有什么毛病，及针对尚未解决的难题									
74	为乐趣而阅读时，你会	A				○				
	A. 喜欢奇特或创新的表达方式	B			○					
	B. 喜欢作者直话直说									
75	你宁愿替哪一类上司（或者老师）工作?	A						○		
	A. 天性淳良，但常常前后不一的	B					○			
	B. 言词尖锐但永远合乎逻辑的									
76	你做事多数是	A								○
	A. 按当天心情去做	B							○	
	B. 照拟好的程序表去做									

续表

序号	问题描述	选项	E	I	S	N	T	F	J	P
77	你是否	A	○							
	A. 可以和任何人按需求从容地交谈	B		○						
	B. 只是对某些人或在某种情况下才可以畅所欲言									
78	要作决定时，你认为比较重要的是	A					○			
	A. 据事实衡量	B						○		
	B. 考虑他人的感受和意见									

（4）在下列每一对词语中，哪一个词语更合你心意？

序号	问题描述	选项	E	I	S	N	T	F	J	P
79	A. 想象的	A				○				
	B. 真实的	B			○					
80	A. 仁慈慷慨地	A						○		
	B. 意志坚定地	B					○			
81	A. 公正的	A					○			
	B. 有关怀心	B						○		
82	A. 制作	A			○					
	B. 设计	B				○				
83	A. 可能性	A				○				
	B. 必然性	B			○					
84	A. 温柔	A						○		
	B. 力量	B					○			
85	A. 实际	A					○			
	B. 多愁善感	B						○		
86	A. 制造	A			○					
	B. 创造	B				○				
87	A. 新颖的	A				○				
	B. 已知的	B			○					
88	A. 同情	A						○		
	B. 分析	B					○			
89	A. 坚持己见	A					○			
	B. 温柔有爱心	B						○		
90	A. 具体的	A			○					
	B. 抽象的	B				○				
91	A. 全心投入	A						○		
	B. 有决心地	B					○			
92	A. 能干	A					○			
	B. 仁慈	B						○		
93	A. 实际	A			○					
	B. 创新	B				○				
	每项总分									

（5）评分规则

1）当你将●涂好，把8项（E、I、S、N、T、F、J、P）中的●数量分别加起来，并将总和填在每项最下方的方格内。

2）请复查你的计算是否准确，然后将各项总分填在下面对应的方格内。

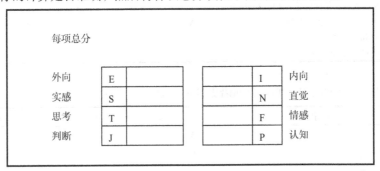

（6）确定类型的规则

1）MBTI以四个组别来评估你的性格类型倾向："E-I""S-N""T-F"和"J-P"。请你比较四个组别的得分。每个组别中，获得较高分数的那个类型，就是你的性格类型倾向。例如，你的得分是E（外向）12分，I（内向）9分，那你的类型倾向便是E（外向）了。

2）将代表获得较高分数的类型的英文字母，填在下方的方格内。如果在一个组别中，两个类型获同分，则依据下边表格中的规则来决定你的类型倾向。

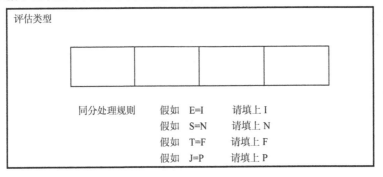

二、霍兰德职业倾向测试表

约翰·霍兰德（John Holland）是美国约翰斯·霍普金斯大学心理学教授，美国著名的职业指导专家。他于1959年提出了具有广泛社会影响的职业兴趣理论。认为人的人格类型、兴趣与职业密切相关，兴趣是人们活动的巨大动力，职业兴趣可以提高人们的积极性，促使人们积极地、愉快地从事该职业，且职业兴趣与人格之间存在很高的相关性。Holland认为职业取向可分为实用型、研究型、艺术型、社会型、企业型和事务型六种类型。

请根据对每一题目的第一印象作答，不必仔细推敲，答案没有好坏、对错之分。具体填写方法是，根据自己的情况，如果选择"是"，请打"√"，否则请打"×"。

1. 我喜欢把一件事情做完后再做另一件事。（　　　）

2. 在工作中我喜欢独自筹划，不愿受别人干涉。（　　　）

3. 在集体讨论中，我往往保持沉默。（　　　）

4. 我喜欢做戏剧、音乐、歌舞、新闻采访等方面的工作。（　　　）

5. 每次写信我都一挥而就，不再重复。（　　　）

6. 我经常不停地思考某一问题，直到想出正确的答案。（　　　）

7. 对别人借我的和我借别人的东西，我都能记得很清楚。（　　　）

8. 我喜欢抽象思维的工作，不喜欢动手的工作。（　　）

9. 我喜欢成为人们注意的焦点。（　　）

10. 我喜欢不时地夸耀一下自己取得的成就。（　　）

11. 我曾经渴望有机会参加探险。（　　）

12. 当我一个人独处时，会感到更愉快。（　　）

13. 我喜欢在做事情前，对此事情做出细致的安排。（　　）

14. 我讨厌修理自行车电器一类的工作。（　　）

15. 我喜欢参加各种各样的聚会。（　　）

16. 我愿意从事虽然工资少但比较稳定的职业。（　　）

17. 音乐能使我陶醉。（　　）

18. 我办事很少思前想后。（　　）

19. 我喜欢经常请示上级。（　　）

20. 我喜欢需要运用智力的游戏。（　　）

21. 我很难做那种需要持续集中注意力的工作。（　　）

22. 我喜欢亲自动手制作一些东西，从中得到乐趣。（　　）

23. 我的动手能力很差。（　　）

24. 和不熟悉的人交谈对我来说毫不困难。（　　）

25. 和别人谈判时，我总是很容易放弃自己的观点。（　　）

26. 我很容易结识同性朋友。（　　）

27. 对于社会问题，我通常持中庸的态度。（　　）

28. 当我开始做一件事情后，即使碰到再多的困难，我也要执着地干下去。（　　）

29. 我是一个沉静而不易动感情的人。（　　）

30. 当我工作时，我喜欢避免干扰。（　　）

31. 我的理想是当一名科学家。（　　）

32. 与言情小说相比，我更喜欢推理小说。（　　）

33. 有些人太霸道，有时明明知道他们是对的，也要和他们对着干。（　　）

34. 我爱幻想。（　　）

35. 我总是主动地向别人提出自己的建议。（　　）

36. 我喜欢使用榔头一类的工具。（　　）

37. 我乐于解除别人的痛苦。（　　）

38. 我更喜欢自己下了赌注的比赛或游戏。（　　）

39. 我喜欢按部就班地完成要做的工作。（　　）

40. 我希望能经常换不同的工作来做（　　）

41. 我总留有充裕的时间去赴约会。（　　）

42. 我喜欢阅读自然科学方面的书籍和杂志。（　　）

43. 如果掌握一门手艺并能以此为生，我会感到非常满意。（　　）

44. 我曾渴望当一名汽车司机。（　　）

45. 听别人谈"家中被盗"一类的事，很难引起我的同情。（　　）

46. 如果待遇相同，我宁愿当商品推销员，而不愿当图书管理员。（　　）

47. 我讨厌跟各类机械打交道。（　　）

48. 我小时候经常把玩具拆开，把里面看个究竟。（　　）

49. 当接受新任务后，我喜欢以自己的独特方法去完成它。（　　）

50. 我有文艺方面的天赋。（　　）

51. 我喜欢把一切安排得整整齐齐、井井有条。（　　）

52. 我喜欢做一名教师。（　　　）

53. 和一群人在一起的时候，我总想不出恰当的话来说。（　　　）

54. 看情感影片时，我常禁不住眼圈红润。（　　　）

55. 我讨厌学数学。（　　　）

56. 在实验室里独自做实验会令我寂寞难耐。（　　　）

57. 对于急躁爱发脾气的人，我仍能以礼相待。（　　　）

58. 遇到难解答的问题时，我常常放弃。（　　　）

59. 大家公认我是一名勤劳踏实、愿为大家服务的人。（　　　）

60. 我喜欢在人事部门工作。（　　　）

职业取向类型

符合以下"是"或否答案的记 1 分，不符合的记 0 分。

（1）事务型："是"（7，19，29，39，41，51，57），否（5，18，40）

（2）实用型："是"（2，13，22，36，43），否（14，23，44，47，48）

（3）研究型："是"（6，8，20，30，31，42），否（21，55，56，58）

（4）企业型："是"（11，24，28，35，38，46，60），否（3，16，25）

（5）社会型："是"（26，37，52，59），否（1，12，15，27，45，53）

（6）艺术型："是"（4，9，10，17，33，34，49，50，54），否（32）

请将得分最高的三种类型从高到低排列，得出人格类型。

三、决策风格量表（GDMS）修订版

下面每个问题描述的是您在面对重要决策时所采取的态度，请您根据自己的实际情况，认真思索后，在每一个陈述旁写下一个数字来表示你同意或不同意该陈述的程度。其中，1 表示非常不同意，2 表示比较不同意，3 表示一般同意，4 表示比较同意，5 表示非常同意。

1. 对于重大的决策，我总是三思而后行。（　　　）

2. 做决策时，我倾向于依赖我的直觉判断。（　　　）

3. 面临重大决策时，我常常需要他人的帮助。（　　　）

4. 我总是回避重大的决策，直到压力来了，不得不做出决定。（　　　）

5. 做决策之前，我会反复检查我所掌握的信息以确保其正确性。（　　　）

6. 我常常会凭一时冲动，仓促地做出决策。（　　　）

7. 如果不参考他人的意见我很少能做出重大的决策。（　　　）

8. 只要有可能我总会推迟做出决策。（　　　）

9. 做决策时，我会对所要决策的问题进行逻辑和系统的思考。（　　　）

10. 我常常会快速做出决策。（　　　）

11. 做重大决策时，如果能得到他人的帮助，我感觉会更容易一些。（　　　）

12. 当面临做重大决策时，我常常犹豫不决，以至延误。（　　　）

13. 我做决策需要经过认真仔细的思考。（　　　）

14. 当我做决策时，感觉它正确比有一个合理的理由更为重要。（　　　）

15. 做重大决策时，我会采纳别人的意见。（　　　）

16. 我经常会坚持到最后一刻，才能做出重要的决策。（　　　）

17. 做决策时，我会就一个具体的问题考虑不同的解决方案。（　　　）

18. 当要做重大决策时，我希望有人向我指明正确的方向。（　　　）

19. 我会推掉许多做决策的机会，因为考虑这些决策会让我感到不安。（　　　）

20. 做决策时，我会选择在当时看似是合适的决定。（　　　）

四、大学生职业价值观调查问卷

答题时请注意：问卷中的题目均为单项选择，且所有的选项均为：1 表示不重要，2 表示不太重要，3 表示一般，4 表示比较重要，5 表示非常重要。请在题后的括号中写出您的选项。

1. 努力工作就能得到较高的奖金。（　　　）
2. 工作内容经常变换。（　　　）
3. 能从工作中获得较高的工资。（　　　）
4. 工作单位不会因性别原因而对员工区别对待。（　　　）
5. 能在工作中感觉到工作团队对你的重视。（　　　）
6. 工作单位在招聘过程中并不受应聘者家庭经济条件的影响。（　　　）
7. 工作中你有可能经常变换工作地点、工作场所或工作方式。（　　　）
8. 工作不受家庭背景的影响。（　　　）
9. 工作上下班时间比较宽松、自由。（　　　）
10. 工作可以使你不断取得成功。（　　　）
11. 工作中你能拥有高于别人的权利。（　　　）
12. 在工作中，能实现你的一些新想法。（　　　）
13. 在完成工作的过程中，能够逐渐提高自己的知识水平和工作技能。（　　　）
14. 工作需要经常外出，参加各种集会或活动。（　　　）
15. 只要干上这份工作，就不会再调到其他的单位去。（　　　）
16. 工作能够得到社会的认可。（　　　）
17. 在工作中，不会有人经常来打扰你。（　　　）
18. 工作单位在招聘时，并不受应聘者年龄的影响。（　　　）
19. 工作是对自己能力的一种挑战。（　　　）
20. 工作要求你为社会做出更大的贡献。（　　　）
21. 工作单位能为你提供良好的生活环境。（　　　）
22. 工作单位在招聘大学生时不受他们学习成绩的影响。（　　　）
23. 在工作中，能和同事建立良好的关系。（　　　）
24. 在别人的眼中，你的工作是很重要的。（　　　）
25. 在工作中你可能要完成不同的工作内容。（　　　）
26. 工作符合你的兴趣。（　　　）
27. 工作单位可能会经常要求你从事不同的工种。（　　　）
28. 工作需要你有优异的学习成绩。（　　　）
29. 在工作单位，同事人品较好，相处比较随便。（　　　）
30. 工作符合你所学的专业。（　　　）
31. 工作场所很好，如有适度的灯光，宽敞、舒适、安静、清洁的工作环境。（　　　）
32. 在工作中，你要为他人服务，使他们感到满意。（　　　）
33. 在工作中，经常需要你去组织别人的工作。（　　　）
34. 在工作中常常要你提出许多新的想法。（　　　）
35. 工作可以使你获得较多的额外收入，如常发实物，常可购买打折扣的食品，常发紧俏商品的购货券等。（　　　）
36. 在工作中，别人不会干扰你的正常工作。（　　　）
37. 在工作中，你和你的领导、同事有融洽的关系。（　　　）
38. 在工作中，你可以看见你努力工作的结果。（　　　）
39. 工作单位在招聘大学生时，不受应聘者性别的影响。（　　　）

40. 工作单位能为你解决家属或亲人的户口问题。（　　　）

41. 工作成果能够得到上级、同事或社会的肯定。（　　　）

42. 户口不是工作单位人才招聘的影响因素。（　　　）

43. 从事的工作经常在报刊电视中被提到，因而在人们心目中很有地位。（　　　）

44. 工作有数量可观的夜班费、加班费、保健费或营养费等。（　　　）

45. 工作可以满足你的业余爱好或兴趣。（　　　）

46. 工作单位具有很大的发展前景。（　　　）

47. 工作能为你提供深造或继续学习的机会。（　　　）

48. 工作需要你有丰富的专业知识或技能。（　　　）

五、求职自我效能问卷

以下问题，主要想了解您在求职的过程中的自信心，请阅读以下问题，并将代表自己想法的选项号填入题后的括号中。其中，1 表示很不自信，2 表示较不自信，3 表示一般，4 表示比较自信，5 表示很自信。

你在找工作的时候是否有信心做好下面的事？

1. 列出你掌握的对求职有帮助的技能。（　　　）

2. 通过朋友或其他认识的人，找到需要你技能的单位。（　　　）

3. 准确地评价自己究竟适合干什么工作。（　　　）

4. 写好你的求职信和简历。（　　　）

5. 联系并说服应聘单位考虑录用你。（　　　）

6. 在面试中尽量给人留下最好的印象，并按设想表现自己。（　　　）

7. 成功地应付求职面试过程遇到的问题。（　　　）

8. 了解目前人才市场的需求现状。（　　　）

9. 通过朋友或其他认识的人，找到适合自己的岗位。（　　　）

10. 清楚地描述你想要从事的职业。（　　　）

11. 了解你应聘单位的发展前景。（　　　）

12. 选择一个适合你兴趣的工作。（　　　）

13. 了解自己究竟想干什么工作。（　　　）

14. 选择一个适合你个人前途的职业。（　　　）

15. 了解目前的就业政策。（　　　）

16. 利用国家就业政策或法规，保护自己的正当权益。（　　　）

17. 恰当地与用人单位商量工资待遇。（　　　）

六、职业个性及适应性问卷

对下面的表述您如果同意就在后面的括号中填 1，如果不同意就填 2。

1. 我喜欢自己动手干一些具体的能直接看到效果的活。（　　　）

2. 我喜欢弄清楚做一件事的具体要求，以便明确如何去做。（　　　）

3. 我认为追求的目标应该尽量高些，这样才能在实践中获得成功。（　　　）

4. 我很看重人与人之间的友谊。（　　　）

5. 我常常想寻找独特的方式来表现自己的创造力。（　　　）

6. 我喜欢阅读比较理性的书籍。（　　　）

7. 我喜欢工作场所布置得朴实些、实用些。（　　　）

8. 在开始做一件事以前，我喜欢有条不紊地做好所有准备。（　　　）

9. 我善于带动他人、影响他人。(   )

10. 为了帮助他人，我愿意做些自我牺牲。(   )

11. 当我进入创造性工作时，我会忘了一切。(   )

12. 在我找到解决困难的办法之前，通常我不会罢手。(   )

13. 我喜欢直截了当，不喜欢说话拐弯抹角。(   )

14. 我注重检查细节。(   )

15. 我乐于在工作中承当主要责任人。(   )

16. 在解决个人问题时，我喜欢找他人商量。(   )

17. 我的情绪经常很激动。(   )

18. 一接触到有关部门新发明、新发现的信息，我就会感到兴奋。(   )

19. 我喜欢在户外工作与活动。(   )

20. 我喜欢干净整洁。(   )

21. 每当我做重大决策前，总觉得异常兴奋。(   )

22. 当别人叙述个人烦恼时，我能做一个很好的倾听者。(   )

23. 我喜欢观赏艺术展和好的戏剧与电影。(   )

24. 我喜欢先研究所有的细节，然后再做出合乎逻辑的决定。(   )

25. 我认为手工操作和体力劳动永不过时。(   )

26. 我不喜欢由我一个人负责做重大决定。(   )

27. 我善于和为我提供好处的人交往。(   )

28. 我善于调解他人之间的矛盾。(   )

29. 我喜欢比较别致的衣装，喜欢新颖的色彩与风格。(   )

30. 我对各种大自然的奥秘充满好奇。(   )

31. 我不怕干体力活，通常还知道如何巧干体力活。(   )

32. 在做决定时，我喜欢保险系数比较高的方案，不喜欢冒险。(   )

33. 我喜欢竞争与挑战。(   )

34. 我喜欢与人交往以丰富自己的阅历。(   )

35. 我善于用自己的工作体现自己的情感。(   )

36. 在动手做一件事情之前，我喜欢先在脑中思索几遍。(   )

37. 我不喜欢购买现成的物品，希望能买到材料自己做。(   )

38. 只要我按照规则做，心里就会踏实。(   )

39. 只要能有显著成果，我愿意冒险。(   )

40. 我通常能敏感地觉察到他人的需求。(   )

41. 音乐、绘画、文字，任何优美的东西都特别容易给我带来好心情。(   )

42. 我把受教育看成是一辈子提高自我的过程。(   )

43. 我喜欢帮助别人，以提高他人的学习能力。(   )

44. 我喜欢每一分钱都花得有名堂。(   )

45. 我喜欢启动一项工作，而具体的细节则让他人去负责。(   )

46. 我能设计有直观效果的东西。(   )

47. 我善于想象。(   )

48. 有时候我能独坐很长时间来阅读、思考或做一件难以对付的事情。(   )

49. 我不会在干活时弄脏自己。(   )

50. 只要能仔细地、完整地做完一件事，我就感到十分满足。(   )

51. 我喜欢在团体中担任主角。(   )

52. 如果我与他人有了矛盾，我喜欢采取和平的方式加以解决。(   )

53. 我对环境布置比较讲究，哪怕是一般的色彩、图案都希望赏心悦目。（　　）

54. 哪怕我明知道结果会与我期盼的相悖，我也要探究到底。（　　）

55. 我很重视身体的健康灵活。（　　）

56. 如果我说了我来干，我就会把这件事彻底干好。（　　）

57. 我喜欢谈判，喜欢讨价还价。（　　）

58. 人们喜欢向我倾诉他们的烦恼。（　　）

59. 我喜欢尝试有创意的新主意。（　　）

60. 凡事我都喜欢问一个"为什么"。（　　）